中华文脉
SINIC CONTEXT

从 中 原 到 中 国

王战营 / 主编

U0137343

中华文脉
SINIC
CONTEXT

从 中 原 到 中 国

王战营 / 主编

商人相国

吕不韦传

林剑鸣 著

中原出版传媒集团
中原传媒股份公司

河南文艺出版社

图书在版编目（CIP）数据

商人相国：吕不韦传／林剑鸣著. --郑州：河南文艺出版社，2022.6
（中华文脉：从中原到中国）
ISBN 978-7-5559-1306-1

Ⅰ.①商… Ⅱ.①林… Ⅲ.①吕不韦（？-前235）-传记 Ⅳ.①B229.2

中国版本图书馆 CIP 数据核字（2022）第 024237 号

商人相国：吕不韦传

林剑鸣 著

选题策划：杨彦玲　刘晨芳
责任编辑：王战省
责任校对：赵红宙
责任印制：陈少强
装帧设计：吴　月

出版发行：河南文艺出版社
本社地址：郑州市郑东新区祥盛街 27 号 C 座 5 楼

经　　销：新华书店
承印单位：河南新华印刷集团有限公司
开　　本：700 毫米 × 1000 毫米　1/16
印　　张：18.25
字　　数：252 000
版　　次：2022 年 6 月第 1 版
印　　次：2022 年 6 月第 1 次印刷
定　　价：56.00 元

序

王子今

东周时期，中国历史发生激变，中国社会走向动荡，而中国文化也获得了丰收。当时社会经济实现空前进步，同时若干强势军事政治势力迅速崛起。在这一历史阶段，列国"宰割天下，分裂河山"。一时英雄辈出。有两位在商业经营和军政决策方面均有突出表现的人物，其事迹留下了深刻的历史记忆。这就是先从政而后经商的范蠡，和起先以富商身份成为闻人，后来又介入高层政治生活，插足执政集团的决策班子，最终影响了中国政治史走向的吕不韦。唐人柳宗元《招海贾文》所谓"范子去相安陶朱，吕氏行贾南面孤"，并说"范子"与"吕氏"故事，讲的即是这两位重要人物特殊的人生经历和特殊的历史表现。明人姚夔《耕云纪》所谓"吕不韦之识奇货，陶朱公之丰府库"，大致也表达了同样的意思。

吕不韦是兼跨商界与政坛的名人。他以财富投资政治，以个人经济实力影响了政治进程。作为秦史重要人物，他的人生轨迹，与秦统一的历史进程相叠合。唐人李商隐诗句"嬴氏并六合，所来因不韦"，明确肯定了吕不韦对于秦实现统一这一历史大变局的作用。

《战国策·秦策五》"濮阳人吕不韦贾于邯郸"条记述了吕不韦决意就秦国政治继承人的择定进行政治投资的心理动态："濮阳人吕不韦

贾于邯郸，见秦质子异人，归而谓父曰：'耕田之利几倍？'曰：'十倍。''珠玉之赢几倍？'曰：'百倍。''立国家之主赢几倍？'曰：'无数。'曰：'今力田疾作，不得暖衣余食；今建国立君，泽可以遗世。愿往事之。'"司马迁《史记》卷八五《吕不韦传》专门为这个人物立传。其中指出吕不韦因经商成功积累了可观的财富："吕不韦者，阳翟大贾人也。往来贩贱卖贵，家累千金。"对于"建国立君"以求"利""泽"之成本以及"赢几倍"的核算，《史记》记述没有《战国策》具体，只是写道："子楚母曰夏姬，毋爱。子楚为秦质子于赵。秦数攻赵，赵不甚礼子楚。子楚，秦诸庶孽孙，质于诸侯，车乘进用不饶，居处困，不得意。吕不韦贾邯郸，见而怜之，曰'此奇货可居'。"吕不韦以"往来贩贱卖贵"的商业经验思考政治问题，是把可能有乐观政治前景的子楚看作经营对象"货"的。他后来果然取得了"立国家之主""建国立君"的政治成功。和"奇货可居"对应的说法是，司马迁记述他对子楚的利用，称"欲以钓奇"。司马迁以史家敏锐的眼光，发现了政治生活中在许多冠冕堂皇的标榜道德的宣传话语的背后，其实是"赢""利"的直接物质追求。

司马迁并非完全漠视儒学有关"义""利"的理念。《史记》卷二四《乐书》可见"明乎《齐》之诗者，见利而让也"，"见利而让，义也"的说法。《史记》卷三〇《平准书》也写道："《书》道唐虞之际，《诗》述殷周之世，安宁则长庠序，先本绌末，以礼义防于利。"《史记》卷八三《鲁仲连邹阳列传》记载了这样的态度："盛饰入朝者不以利污义，砥厉名号者不以欲伤行。"这也是强调"义""利"关系的原则。《史记》卷一三〇《太史公自序》概括《孟子荀卿列传》的内容，也说："猎儒墨之遗文，明礼义之统纪，绝惠王利端，列往世兴衰。"《史记》卷九二《淮阴侯列传》也可见韩信对"乡利倍义"的否定。《史记》卷四四《魏世家》引录了孟轲的话："君不可以言利若是。夫君欲利则大夫欲利，大夫欲利则庶人欲利，上下争利，国则危矣。为人君，仁义而已矣，何以利为。"对于"言利""欲利""争利"的批判，又称"好利"，是直接指向"秦"的："秦与戎翟同俗，有虎狼之心，贪戾好利无信，不识礼义德行。"汉代政论家徐乐总结"秦失"的历史教训，也以为实现统一之后的秦帝国如果"贵仁义，贱权利"，"变风易俗，化于海内，则世世必安矣"。

"秦与戎翟同俗"，"贪戾好利"，"不识礼义"的批判，和中原人对于草原游牧射猎民族"苟利所在，不知礼义"的指责，是一致的。中原诸国对于秦人曾经"夷翟遇之"，视之为"夷狄也"，史称"诸夏宾之，比于戎翟"。东方人又有"秦戎翟之教""秦与戎翟同俗"的说法。司马迁在《史记》卷一五《六国年表》中说，"秦杂戎翟之俗，先暴戾，后仁义"，"秦之德义不如鲁卫之暴戾"。然而他又写道："秦取天下多暴，然世异变，成功大。"肯定了"秦"的"成功"。其中所谓"世异变"的说法值得深思。司马迁曾经说，"末世争利"。秦人正是顺应了社会价值取向的"世异变"，因而能够"取天下"，"成功大"。

《史记》卷一二四《游侠列传》中有这样一段话，说明了"义"和"利"在战国晚期社会意识中的历史性"异变"："鄙人有言曰：'何知仁义，已飨其利者为有德。'故伯夷丑周，饿死首阳山，而文武不以其故贬王；跖、蹻暴戾，其徒诵义无穷。由此观之，'窃钩者诛，窃国者侯，侯之门仁义存'，非虚言也。"对于所谓"已飨其利者为有德"，司马贞《索隐》的解释是："言已受其利则为有德，何知必仁义也。"以往坚守"仁义"理念的动摇，以及"德"的原则的淡化，是时代演进造成的。"已受其利则为有德"，时势变化，使得"德"在"利"的面前，已经严重贬值。

司马迁在《史记》卷三〇《平准书》中以"太史公曰"的口吻更为明朗地肯定了战国以来的"事变"怎样否定了儒学"以礼义防于利"的传统宣传："《书》道唐虞之际，《诗》述殷周之世，安宁则长庠序，先本绌末，以礼义防于利；事变多故而亦反是。是以物盛则衰，时极而转，一质一文，终始之变也。"所谓"时""转""事变"，"天下争于战国，贵诈力而贱仁义，先富有而后推让。故庶人之富者或累巨万，而贫者或不厌糟糠；有国强者或并群小以臣诸侯，而弱国或绝祀而灭世。以至于秦，卒并海内。"秦统一，是全面影响中国政治格局和文化面貌的重大的历史事变。秦人之所以能够实现统一，"并天下""竟并天下""尽并天下"，是顺应时代趋势的结果，也是秦文化重实用、重实力之传统与世运相合的表现。而出身"大贾人"，"往来贩贱卖贵，家累千金"的吕不韦，正是以"贵诈力""先富有"的商人资质，与秦国当时的进取国策和激越节奏完全合拍，从而成为一个特殊时段的有影响的政治领导人。

吕不韦言子楚"奇货可居"时对"利"的明确谋求，司马迁并没有予以批评和斥责。这是因为他对于追求创造和积聚物质财富即"利"的心理和实践有所理解的缘故。《史记》卷一二九《货殖列传》中相关内容体现的社会理念，是有进步意义的。

从秦庄襄王元年（前249）起，到秦王政十年（前237）免职，吕不韦在秦国为相12年。而这一历史阶段，正是秦国军威大振，兼并战争取得决定性胜利，统一局面已经形成，正处于确定基础的时期。秦庄襄王元年，吕不韦亲自率领秦军灭东周，扫荡了周王室的残余，真正结束了以周天子为天下宗主的时代。如《吕氏春秋·谨听》所说，"今周室既灭，而天子已绝，乱莫大于无天子。无天子则强者胜弱，众者暴寡，以兵相残，不得休息，今之世当之矣"，提出了"当今之世"实现新的"主贤世治"的时代期望。同年，秦军伐韩，取得成皋和荥阳，置三川郡。次年，秦军强攻魏、赵，得赵地37城。秦庄襄王三年（前247），秦军又攻韩、赵，置太原郡，并瓦解了进逼函谷关的五国联军。秦王政尚幼弱，而吕不韦实际执政的数年间，秦军顺利进取韩、赵、魏，又击破五国联军，逼迫楚国迁都。在吕不韦时代，秦国的经济实力已经远远优越于东方六国，秦的军事实力也已经强锐无敌。当时，

"以天下为事"，期望"得志于天下"，已经成为秦人直接的政治目标。应当说，秦实现统一，在吕不韦专权时大势已定。后来大一统的中央集权的秦王朝的建立，吕不韦是当之无愧的奠基者之一。

除了在军事政治方面的积极贡献，吕不韦在文化史上也有重要的地位。司马迁在《史记》卷一三〇《太史公自序》中用这样一句话概括吕不韦事迹："结子楚亲，使诸侯之士斐然争入事秦。"可以说，吕不韦时代，是秦国吸引东方士人西行参与秦政，从而使秦的文化实力空前扩充的时代；也是秦文化汲取东方文化的成熟内涵，取得历史性跃进的时代。这一文化进步的突出的标志，是《吕氏春秋》的问世。《史记》卷八五《吕不韦列传》写道，当时魏有信陵君，楚有春申君，赵有平原君，齐有孟尝君，都能够礼待士人，致使宾客倾心相从，吕不韦以秦虽军力强盛，却未能形成同样的文化气氛而深以为羞，于是，同样招致士人，给予优遇，食客一时多至三千人。当时列国学者游学成风，多有倡论学说，著书流传天下者。吕不韦于是组织其宾客各自著述所见所思，"集论"以为《吕氏春秋》，以为天地万物古今之事，都充备其中。据说书成之后，曾经公布于咸阳市门，请列国诸侯游士宾客修正，号称有能增减一字者，给予千金奖励。可见这部书当时在秦国已经占据了某种文化权威的地位。

《汉书》卷六二《司马迁传》载司马迁《报任安书》有"不韦迁蜀，世传《吕览》"的名言，又与《周易》《春秋》《离骚》《国语》《孙子兵法》《韩非子》以及《诗经》等名著相并列，称其"贤圣发愤之所为作"。虽然"迁蜀""世传"之说时序有误，却是高度肯定了《吕氏春秋》的文化价值的。《汉书》卷三〇《艺文志》将《吕氏春秋》归入"杂家"之中，又说"杂家"的特点，是兼采合化儒家、墨家、名家、法家诸说，而所谓"国体""王治"，即合理的政体和成功的政策，正应当兼合诸学，博采众说，取百家思想之所长。《吕氏春秋》的这一特点，应当与吕不韦往来各地、千里行商的个人经历有关。这样的人生阅历，或许可以使得见闻较为广博，眼光较为阔远，胸怀比较宽容，策略比较灵活。不过，《吕氏春秋》能够成为杂家集大成之作的更主要的原因，可能还在于即将来临的"大一统"时代，对文化形态提出了涵容百家的要求。而曾经领略过东方多种文化因素不同风采的吕不韦及其宾客们，敏锐地发现了这一文化进步的方向，明智地顺应了这一文化发展的趋势。

《吕氏春秋》的重要的文化价值，突出表现在撰著者有意在大一统的政治体制即将形成的时代，为推进这一历史进步进行着一种文化准备。《古今考》写道："吕不韦作此书，欲秦并天下而行之。"清人喻端士说："愚按吕不韦相秦十余年，此时已有必得天下之势，故大集群儒损益先王之礼而作此书。名曰《春秋》，将欲为一代兴王之典礼也。故其间多有未见与《礼经》合者。"这些分析，都是大致符合吕不韦"作此书"的动机的。

据《吕氏春秋·序意》，有人问这部书中《十二纪》的思想要点，吕不韦回答：调整天、地、人的关系使之和谐，要点在于"无为而行"。他的这番话，很可能是说明《吕氏春秋》中《十二纪》写作宗旨的序言。全书的著述意图，自然也可以因此得到体现。所谓"无为而行"，对于未来政治的设计，是体现出合理的历史逻辑的。汉初的文景之治，证明了这一点。由于吕不韦政治生涯的终结，也由于秦王朝统治年祚的短暂，以致《吕氏春秋》中提出的有关思想，并没有来得及走向真正的成熟。

在政治文化的总体构想方面，吕不韦和他的助手们为秦的最高统治者进行了认真的设计。《吕氏春秋》中，《序意》申明"智"识应当"由公"的理念，《顺民》强调执政要"顺民心"的原则，指出："先王先顺民心，故功名成。夫以德得民心以立大功名者，上世多有之矣。失民心而立功名者，未之曾有也。""凡举事，必先审民心然后可举。"《贵公》发表了有关政治公平的主张："昔先圣王之治天下也，必先公。

公则天下平矣。平得于公。""凡主之立也，生于公。"至于"天下非一人之天下也，天下人之天下也"的思想，尤其体现了非常开明的政治意识。

《汉书》卷三〇《艺文志》谓《吕氏春秋》"秦相吕不韦辑智略士作"。刘向也说"秦相吕不韦集知略之士而造《春秋》"，称许其"皆明于事情者也"。他们都肯定了《吕氏春秋》执笔者的知识等级和文化层次。

《吕氏春秋》是战国百家争鸣时代最后的文化成就，同时作为文化史即将进入新的阶段的重要的文化标志，可以看作一座文化进程的里程碑。尽管吕不韦在秦王朝建立时已经退出历史舞台，然而《吕氏春秋》的文化倾向，对秦政依然有一定的影响。宋代仍然有学者称美《吕氏春秋》。朱熹说，"云其中甚有好处"，"道里面煞有道理"，"道他措置得事好"，推想所谓"措置得事好"，很可能是在肯定《吕氏春秋》为即将出现的秦王朝所设计的政治蓝图的合理性。我们或许可以说，《吕氏春秋》一书的文化内涵，体现了吕不韦较其政治实践更为突出的历史贡献。

吕不韦历来是富有争议的人物。在《汉书》卷二〇《古今人表》所列九个人物等级中列为"中中"。《史记》卷八五《吕不韦列传》之后，历代史论对吕不韦评价者颇多，专门的传记则仅见于马非百《秦集史》中《人物传》之《吕不韦》，惜文字简略，大约只有二千字的史料辑合以及一千五百字以"元材按"为形式的论说。史料只是《史记》与《战国策》相关文字的简单拼合，及《汉书·艺文志》所见"杂家：《吕氏春秋》二十六篇"句。林剑鸣先生所著的吕不韦传记，可以说是现代史家第一部以吕不韦研究为主题的认真全面的史学著述。

林剑鸣先生是秦汉史研究大家。他的代表性学术专著如《秦史稿》《秦汉史》《法与中国社会》等成书于二十世纪八十年代，奠定了他在秦汉史研究领域的学术地位。及至九十年代初，市场经济大潮滚滚而来，史学研究面临新的环境，"人们对虚构的文学作品的阅读兴趣远比对某些历史著作浓厚"。在此背景下，林剑鸣先生希望写一部"深刻、真实、生动的，既有哲理性又有可读性的，不使读者生厌，不让出版社赔钱的历史传记"。他选择了吕不韦这一中国古代商人群体的代表性人物作为书写对象，"不仅因其经历曲折、神秘"，更是因为历史研究的当代价值即在于发现历史与现实的相通之处，给读者以启迪和感悟。由此，他创作了这部代表着史学论著方式重大创新的《商人相国：吕不韦传》。

在二十余年后的今天，中原出版传媒集团启动了"中华文脉——从中原到中国"丛书项目。这一文化盛举，对讲好中华故事、延续历史文脉无疑具有重大意义。林剑鸣先生的这部旧作，无论是内容还是创作手法，都完美契合该套丛书的主题和定位，依旧具有强大的生命力和鲜活的时代价值。河南文艺出版社再次以《商人相国：吕不韦传》的形式向读者介绍这部论著，是书界致力于历史知识普及的有意义的贡献。这部书的面世，相信应该受到读书人的欢迎，也会得到关心秦史与秦文化的朋友们的关注。

2021 年 11 月 15 日

于北京大有北里

目　录

上篇

发迹

凡遇，合也。时不合，必得合而后行。故比翼之鸟死乎木，比目之鱼死乎海。

《吕氏春秋·遇合》

一　邯郸觅宝　奇货可居

时光倒转，一直退到二十个世纪以前，在亚洲东方的中国，出现了这样的场面：

从塞北高原吹来的冷风挟着阵阵黄沙，席卷华北大地，在黄河以北、太行山以东的这一片战场上，暂时的沉寂使得广阔的原野显得更加悲凉、萧瑟……"当啷啷……"一阵清脆的銮铃声伴着细碎的马蹄响，透过黎明的薄雾，从通往邯郸（今河北省邯郸市附近）的驿道上传来。一匹雄健的乘马，驮着一个商贾打扮的年轻人，向邯郸城里驰去。乘骑轻快的步伐和马背上的人踌躇满志的神情，与周围凝重肃杀的气氛形成鲜明的反差。

这是公元前3世纪中叶。当时的中国北方，除了游牧于蒙古草原的匈奴和戎人、狄人外，农业地区的人们将马用于骑乘还不到三个世纪。除作战的将士外，只有少数得风气之先的富豪和贵族才纵马驰骋于通衢大道，以显示其富有和风流。这个乘着时髦的交通工具风尘仆仆地赶到赵国首都邯郸的人是谁呢？

他就是腰缠万贯、风流倜傥，而又野心勃勃地要闯进战国上层政治圈里的大商人吕不韦。

商海弄潮

吕不韦并不是赵国人，他的家乡在邯郸以南数百里。可是，在那兵荒马乱的年头，他却不辞辛苦，急急忙忙地奔往邯郸。

他从哪里来？

他为何而去邯郸？

说起来话长。吕不韦是古代一个有声望家族的后代，他的祖先可以追溯到传说中的炎帝时代。据说，炎帝之裔、伯夷之后因有功而被封于吕（今河南省南阳市西），子孙就以吕为姓，其中就有吕不韦的远祖。

公元前11世纪，吕氏门中出了一个大人物，从而使吕氏族谱耀然生辉。

那是殷朝末年，在渭水上游的磻溪河畔（今陕西省宝鸡市北部磻溪河），有一位老者在垂钓。只见这老翁手持钓竿端坐岸边，两眼凝视滔滔东去的河水，动也不动，像一座石雕。三天三夜过去，老翁连一条鱼也没有钓到。原来，这老翁所持的渔竿根本没有钓钩，当然不会有鱼被他钓上来。此人就是历史上有名的姜太公。姜太公字子牙，原名吕尚，是吕氏祖先中第一个显赫人物，他之所以无钩而垂钓，其心并不在鱼，而是别有所求。当时，正是殷朝末年，殷王纣暴虐无道，民不聊生。在殷人统治区域的西方（今陕西省岐山县、凤翔区一带），有一个周族，趁殷朝统治腐败之际发展起来，这一支以农业经济为主的民族，社会经济进步很快，并不断向东扩展，欲取殷而代之。但开始时，新兴的周族毕竟敌不过数百年统治经验的殷人强大的武力，屡遭殷人的打击。率领周人发愤向东扩展的周文王尚未行动，就被殷王囚禁起来。据说周文王被囚在羑里（羑音"有"，在今河南省汤阴县），曾潜心研究古代流传下来的八卦，作《周易》①。后来，文王从囚禁处返回周人住地，就决心积蓄力量推翻殷商的统治。为此他访贤求才，果然在渭水边遇到姜子牙，交谈之后两人相见恨晚，文王拜姜尚为师，共同筹划伐殷大业。不久，文王去世，其子武王继位。姜太公以"师尚父"之尊辅佐武王，终于率领周人及其各族人推翻殷商王朝，在公元前 11 世纪建立了西周王朝（前 11 世纪至前 8 世纪）。姜子牙（吕尚，姜尚）不仅能在乱世之时审时度势，顺从潮流从而取得不朽功业，而且他本人确有运筹帷幄之中、决胜千里之外的韬略，流传至今的一部古代兵书《太公兵法》，就是记载吕尚用兵之术的军事专著。

机遇加韬略，是吕尚成功的两大因素。八百年后，吕氏门中出现的吕不韦也是靠这两条发迹的。

人世间的某些规律不断重现于历史发展的长镜头之上，似乎有意向人们昭示着什么。

西周建立之后，吕尚被封于齐，称姜姓，吕姓反倒逐渐被人淡忘。而原来吕氏集中的吕国，也不知何故而被除国。从此，吕姓后裔辗转流徙四方，散布中原各地②。

从公元前 770 年开始，历史进入了"春秋时代"。那时候，经历了数百年之久的西周王朝已开始走下坡路，"礼崩乐坏"。统一的天下实际上已分裂为数十个大大小小的诸侯国。周天子虽名义上仍是"天下共主"，事实上各地诸侯多不服从朝廷的号令。各诸侯国的君主又常常打着"尊王攘夷"的旗号，借维护周天子"共主"地位的名义相互攻伐，攻城略地，借以扩大本国的地盘。到后来"尊王"的招牌也不要了，公

① 见《史记·太史公自序》。
② 见《史记·齐太公世家》。

开厮杀。这种"乱哄哄，你方唱罢我登场"的争霸战争一直持续了三百多年，到公元前 400 多年①，战争打得愈来愈大、愈来愈频繁，以致后来的人们把此后的二百余年，直至公元前 221 年秦统一中国以前的这段时间，称为"战国时代"。吕不韦生活的那个年月，已经到了战国的末期。经过长期的吞并战争，在中国这片土地上主要有七个大国，那就是：楚国，占据长江流域的中部，其疆域从今四川省东端起，有今湖北省全部和今湖南省东北部，今江西省、安徽省北部，今陕西省、河南省、江苏省的一部分，国都是郢（今湖北省江陵县西北的纪南城），曾是七国中疆域最大的一国。仅次于楚国的是秦国。秦国原来很小，最初仅占据今甘肃省东南部一小块地区，但到吕不韦生活这个年代，秦已由一个"西戎小国"发展到拥有函谷关（今河南省灵宝市附近）以西的大国，国都在咸阳（今陕西省咸阳市东北）。其领土包括今陕西省、甘肃省主要地区，尚有小部分土地伸入今河南省境内。楚、秦以外的大国还有赵国（在今河北省东南部及山西省、山东省、陕西省的一部分），国都在邯郸（今河北省邯郸市）；齐国（在今山东省偏北，兼有河北省东北部），国都在临淄（今山东省淄博市东）；燕国（在今河北省北部及今辽宁省、山西省一部分），国都是蓟（今北京市西南）；魏国（在今陕西省、山西省、河南省交界处，其大部国土在今河南省中部），国都大梁（今河南省开封市）；韩国（在今山西省东南部及河南省中部），国都郑（今河南省新郑市）。以上这楚、秦、赵、齐、燕、魏、韩七个大国，就是所谓"战国七雄"。除这七个大国以外，还有一些小国，如宋、鲁、郑、卫、莒、周、杞、蔡、郯，等等。

那位行色匆匆赶赴邯郸的吕不韦，就是居住在卫国的吕氏后裔。应当算作卫国人。

卫国早先也是个大国。公元前 11 世纪西周王朝建立之初，周武王

_____

① "春秋""战国"的断限年代有公元前 475 年、前 403 年、前 468 年三种。

封其弟康叔为卫君，建都朝歌（今河南省淇县）。春秋时代的卫国，上层腐败，政治混乱，公元前 660 年被翟国打败，后来靠齐国帮助，将国都迁到楚丘（今河南省滑县），从此成为无足轻重的小国。公元前 629 年又迁往帝丘（今河南省濮阳市西南）。战国时帝丘改名为濮阳，吕不韦的家乡就在这里。

在春秋战国的四百余年中，卫国的国君一个比一个昏庸、无能，在卫国的历史上留下一连串令人齿冷的丑行记录。其中突出的有卫宣公（前 718—前 700 年）。这个老色鬼为儿子仍娶妻，娶的是齐国女子。接来一见齐女貌美，宣公竟将这个儿媳夺过来变成自己的姜。后来，宣公害怕儿子对自己不满，又密令强盗杀死自己的儿子仍。后世的卫懿公的行径更是荒唐，他淫乐奢侈无以复加，竟给养在宫中的鹤建造豪华的轩车。这些动物神气活现地乘着高轩华辇，比王公贵族还排场地炫耀于国人面前，令国人怨声载道，气愤至极。

公元前 660 年（懿公九年），狄兵攻卫，懿公慌忙召集国人出征。但愤怒的国人没有一个愿替他卖命的："请您让那些鹤去打仗吧！"国人对懿公说："鹤乘着那么好的轩，比我们的待遇高多了。我们哪里能作战呢？"结果那些乘轩的鹤丝毫没给国君帮什么忙，懿公被入侵的狄兵杀死，在历史上留下笑柄。以后的国君献公、灵公、出公、庄公、悼公、昭公、怀公等都是无能之辈，使卫国国势江河日下。到战国中期，卫国已经成为任人宰割的小国。有远见的人已对卫国失去希望，连国内的一些王公贵族和政治家都纷纷流向其他诸侯国，其中生于卫国左氏（今山东省曹县北）的吴起（？—前 381 年）就是一个杰出的人才，但他在卫国无用武之地，很早就离开本土，先在鲁国、后到魏国为将，都立有战功，最后到楚国辅佐楚悼王实行变法改革，为使楚国强大立下了不朽功勋。卫国的公子王孙卫鞅（商鞅）也是有谋略的政治家。他同样不留在卫国，而先到魏国，又投奔秦国，自公元前 361 年至前 338 年协助秦孝公在秦国实行变法，使秦国由落后的小国一跃成为先进强国，奠定了统一中国的基础。可见，卫国并非没有人才，只是由于国内政治腐败，而使卫国人才外流，成为一个历史趋势，结果，人才愈外流国势愈弱，国势愈弱人才愈留不住。

在吕不韦出生之前，卫国衰落日甚一日：公元前356年（卫成侯十六年），卫国国君的地位已由"公"被贬为"侯"。再过二十余年，即公元前330年（卫嗣君五年），卫侯又被贬为卫君。国土更加缩小。

卫嗣君之后是卫怀君统治时代（前282年至前252年），吕不韦就是在这风雨飘摇的时代诞生于濮阳的①。

幼年时代的吕不韦，耳闻目睹自己国家的衰败，感受到弱肉强食的残酷现实。这时，经过商鞅变法强大起来的秦国，正蚕食鲸吞地向关东扩展领地，而关东各国也在相互攻伐。在各大国攻伐中，又产生了"合纵""连横"的运动。所谓"合纵"即"合众弱以攻一强"，就是许多弱国联合起来抵抗一个强国。这种活动主要是在关东的韩、赵、魏、齐、楚、燕之间展开，目的是对付秦军的东进。所谓"连横"，就是"事一强以攻众弱"（《韩非子·五蠹》），即由一强国拉拢一些弱国来进攻另外的弱国。这主要是秦国使用的外交策略，以达到其兼并土地的目的。而小小的卫国处于各国"合纵""连横"的夹缝之中，常常是被凌辱、被兼并、被蚕食的对象。大约在吕不韦一两岁时，卫国的国君卫怀君去朝拜魏安釐王。这原是小国讨好大国的表示，不料怀君一去即被魏国囚禁起来，随即杀掉。然后，魏国竟擅自做主立元君为卫国国君。因为元君乃是魏安釐王的女婿②。魏国在强大的秦国进攻面前虽节节败退，而在弱小的卫国面前却称王称霸，这正是战国时代各国之间的外交准则。此时的卫国已成了魏国的附庸。而卫国的国土实际上也只剩下濮阳一地了。

---

① 见《战国策·秦策五》及《史记·吕不韦传》。
② 见《史记·卫世家》。

提起吕不韦的故乡濮阳，倒是个很有意思的地方。这里地处黄河北岸，混浊的河水冲积出大片的黄土地，连原野上稀疏的树叶都像披上了一层透明的黄纱。在干旱的日子里，黄土地裂出一道道深沟浅缝，农夫、农妇心焦如焚地看着田里的豆、麦秧苗由枯黄而逐渐枯死。然而，一遇发水的年景，数百里的范围都成了泽国，那些穷困的村庄大部分被大水冲扫、淹泡而荡然无存。一般的百姓在一次又一次的旱、涝、疾疫和战乱中挣扎，每一个生命都像系在一根细细的游丝上，稍稍一碰就会中断。就是侥幸能多在这个世界上存活些时日的人，也只有以豆为饭，或以豆叶为羹，甚至用糠来填充肚皮。贫穷和饥饿一直是笼罩在这一带绝大多数家庭头上的两大阴影。

濮阳的土地虽然长不出什么好庄稼，可濮阳城却是当时的一个有名的商业城市。

中国古代城市的迅速发展，是在战国时期。春秋时期以及春秋以前的西周、殷商，国都以外的城市是寥寥无几的，而且城市的规模很小，人口也很少。春秋时期的诸侯国的国都也不过方圆九百丈，卿大夫的都邑仅有国都的三分之一、五分之一甚至九分之一。一般的邑，住户不过千室，多数的邑有百室，最少的只有十室。到战国时期都市的规模显著扩大，都邑的数目迅速增加，全国各地大小都市星罗棋布。三里之城、七里之郭的城市相当普遍，千丈之城、万家之邑已十分寻常。各诸侯国的国都所在，都是相当大的城市，首都以外还有许多商业城市。齐国的国都临淄是各国国都中最大的一个城市，它建立在淄河西岸，有大、小两城。大城南北约4.5公里，东西约4公里。小城在其西南角，周围约7公里。豪华的宫殿就矗立在小城的西南角。据记载，战国时期的临淄城十分繁华，城内共有七万户人家，约二十一万男子。商业活动构成城市生活的重要内容，市民生活相当富裕，丰富多彩。城里有各种各样的文娱活动：斗鸡、走狗、六博、蹴鞠（踢足球）等游戏和吹竽、鼓瑟、击筑、弹琴等演奏，供人们欣赏和消遣。宽阔的街道上往来着忙碌的官吏、商贾和农夫、士人，人多时常常挤得车轮相撞，肩膀互碰。城里的人多到衣襟连起来可以当帐帷，衣袖举起来可合成幕，大家一挥汗就犹如下雨一般。这是一个多么繁华、热闹的都市啊！

其他国家的国都，虽不如临淄大，但也都相当繁荣：楚国国都郢，人多时街上也是车相碰，人擦肩，你挤我，我挤你。有的文献记载形容：在郢都早上穿上新衣出门，晚上回来就挤破了。燕国的国都之一武阳（燕下都，在今河北省易县东南）有东西两城，河道将两城隔开。东城的北半部和东半部有宏丽的宫殿群。宫殿区的西半部和南侧，有密集的冶铁、铸钱、制骨、制陶等工业作坊。坊中的大道两旁店铺林立，热闹异常。郑国的国都新郑，其大城南北也有4.4公里，东西达2.8公里。商业、手工业发达程度一点都不亚于郢和武阳。大的国都还有秦的咸阳和赵的邯郸以及韩的郑、荥阳，魏国的大梁等。

各国国都之外，战国时期还出现一批商业城市。其中重要的有燕的涿（今河北省涿州市）、蓟（也是燕国国都之一，今北京市西南）。

魏国的温（今河南省温县西南）、轵（今河南省济源市东南轵城）、安邑（今山西省夏县西北）。

韩国的屯留（今山西省屯留县南）、长子（今山西省长子县西南）。赵国的蔺（今山西省柳林县西）、离石（今山西省长治市离石区）。

齐国的即墨（今山东省平渡县东南）、安阳（今山东省曹县东）、薛（今山东省滕州市东南）。

宋国的陶邑（今山东省定陶县北）。

楚国的寿春（今安徽省寿县）。

秦国的雍（今陕西省凤翔县南）、栎阳（今陕西省西安市临潼区北）。

三川之二周（洛阳、巩义），等等。

这些都是交通发达、商业繁盛的重要城市。

卫国的濮阳在这些城市中，虽不如临淄、咸阳、邯郸大，但也相当繁华。其程度可与陶邑相比，人们常常是"陶卫"并称。这里，地理位置给经商的人们以发财的机会：濮阳恰在黄河的弯曲处，喧闹的河水虽然常常把两岸的庄稼、村庄以至老百姓都冲得一干二净，用厚厚的黄沙一遍又一遍地覆盖大水后的中原大地。但是，当黄河不发脾气的时候，她又像一个温顺的少妇，稳重而和缓地从这里流过。在这些岁月里，她又为人们提供舟楫之利。地处黄河岸边的濮阳因此成为交通十分便利的地方：从这里溯河而上，不远就可到达周朝的国都洛阳。进入战国后，洛阳虽已不是全国的政治中心，可仍是全国有数的几个繁华都会之一。从濮阳顺黄河而下，可到以盛产鱼盐粟帛豆麦著称的齐鲁文明、富庶之乡；由濮阳向南，黄河水系又与鸿沟水系和淮河平原水道交通网联结起来；向北过黄河则可直抵北方的大都会邯郸。四通八达的优越地势，为濮阳人经商致富准备了天然条件，从而造就了一批商人。濮阳也就成为当时中国境内的一个商业都会。吕不韦就是出生在濮阳的一个家富千金的大商人家庭里。

商人，是商品经济出现后社会上出现的一个阶层。早在公元前16世纪至前11世纪的殷王朝时期，由于农业和手工业的发达，都市和交通的发展，商品经济就呈现出空前繁荣的景象。不少奴隶主贵族从事商业交换的活动，在殷都（今安阳）有众多的行商坐贾。商贾的活动足迹东北达到渤海乃至朝鲜半岛，东南达到今日之江浙，西南达到今日之皖鄂乃至四川，西北远达今日之新疆。从甲骨文中可知：殷代已出现具有货币性质的等价交换物——贝。用来交换的商品除农产品、手工业产品、珠宝、猎物以外，还有奴隶。有的商人长途贩运，驾车浮舟数月往返一次；有的商人结队远行，获利达十倍数十倍。商业活动在殷人社会生活中占极重要地位，所以殷人又称为商人。到西周时代（公元前11世纪至公元前8世纪）因实行庄园制经济，商业活动似不如殷代繁盛，但仍有不少封建领主在经营商业。他们往往派出家臣和武士"肇牵牛车远服贾"，牵牛驾车到远地去经商。有时竟能获三倍以上之利。这个时期已出现了金属货币，商品经济有一定发展。然而，作为独立的商人，即并非奴隶主和封建领主而专门以经商为生的商人，是从春秋时期才开始出现的。他们是当时新兴的阶层，最早的一代商人是从下层奴隶主、封建地主、庶民或被解放的奴隶中分化出来的。商人是生产发展、经济繁荣的产物，又以自己的经营活动推动经济向前发展。哪里有商人活动，哪里经济就活跃，交通就便利，市场就繁荣，生活水准就较高，社会风气就较开放。总之，商人集中的地区往往是社会的先进地区。

然而，中国商人自从作为独立身份刚一出现，就遭到统治者的歧视和排挤。春秋时期的齐国政治家管仲（？—前645年）将国中居民分为士、农、工、商四类，令其分区定居，不准杂处，也不准改变身份，"商"则居于末位。管仲还是一位懂经济、善理财的改革家，对商尚如此看待，其他的统治者更不待言。而春秋战国时期的绝大多数思想家和政治家，无论是持何观点，几乎都鄙视商人。以孔子为代表的影响极大的儒家，主张"君子喻于义，小人喻于利"。认为经商是"小人之事"，"君子"是不屑为的。而重视发展生产的法家，也视商业为"末业"，宣扬只有农业才是"本业"。商人被指定要穿特定颜色和质料的衣服，以与其他身份的人相区别。有的诸侯国还规定商人不准乘车，不准当官，等等。这都反映了统治阶级和全社会对商人的歧视和打击。"重农轻商"是从商人一出现就开始的，它是统治阶级一贯的政策，又是社会普遍心理和价值观，最后形成一种根深蒂固的、顽固的传统势力。

不过，社会发展自有其本身规律。中国古代虽一贯"轻商"，但随着经济的发展，到春秋战国时期，商人已经形成一股不可忽视的社会力量。有些商人拥有巨额资本，足以垄断市场；有的富商竟能与国君分庭抗礼；有的大商人还能左右政局。如春秋战国之际的范蠡，在齐的交通中心、商业城市陶邑经商。他采用古代经济学家计然的贸易理论"候时转物，逐什一之利"，十九年中三次致富千金，家富巨万，号称"陶朱公"。又如卫国的端木赐，字子贡，经商于曹、鲁两国，家富千金。他常常带着成群马匹驮着礼品聘问各国，国君无不与之抗礼。到战国末期，这种大商人愈来愈多，而不少大商人在拥有巨额财富之后，往往像端木赐一样，插手政治，其原因固然是经济活动需要有政治上的保障这一必不可免的规律；而在商人的潜意识中对"重农轻商"传统的逆反心理，大约也是使他们热衷于政治活动的重要原因。

吕不韦经商，由经济领域伸向政治领域，从贩运财货进而买卖国君、从操纵市场发展到控制政权，正是代表了中国商人投机的一般轨迹①。

在吕不韦的故乡，因为商业发达，风气更加开放，男女之间的往来似乎比中国的其他地方更随便。早在战国时期以前，一些文化"先进"的地方，比如齐国和鲁国境内，早把异性之间的接触视为"大防"。尤其是春秋时期，经过出生于鲁国曲阜的孔子（前551年—前479年）那么一提倡，恨不得连街上行走也要男女分开，以显示"礼仪之邦"的高度"文明"。尽管在这些地区不少王公贵族背地里偷鸡摸狗：有的奸继母，有的淫儿媳，有的与嫂通奸，有的霸占弟媳，甚至嫖妓宿娼无所不为，而表面上还将"男女授受不亲"奉为准则。正是所谓"礼教"把男女之间的关系弄得越来越不可思议的时候，在吕不韦的家乡濮阳却可以常常见到另外的一些场面：不论是在风和日丽的白天，还是明月高照的夜晚，在濮水岸边总是有一些青年男女双双前来幽会。他们卿卿我我地嬉戏于桑林之内，或用情歌表达思慕之苦。从流传下来的一些歌词中也可以想象出这些热恋中的男女行为是多么自由、大胆，他们唱道：

> 心上的人儿，等着我啊，
>
> 等我在桑中。
>
> 咱俩悠闲地漫步，走啊走啊，

---

① 所谓"投机"，只是抓住机遇的意思。现在人们把它理解为贬义，显然是不对的。一进行商业活动，必须投机，不会投机，必定失败。

不觉地走到上宫。
平日去淇水的路那么遥远，
今天怎么这样快，
你就送完了这一段路程①！

深情的歌词，反映出这里的社会风气多么开放。可是，这种开放的风气却被那些"礼仪之邦"的"正人君子"斥为"淫邪"。流行于濮地的大胆表示男女之爱的情歌，也被视为洪水猛兽，被称为"亡国之音"。其实，几支流行歌曲如何能使国亡？所谓"桑间濮上"简直被人说成是古代的红灯区。奇怪的是，尽管外地的贵族老爷们对濮地的风俗看不惯，把包括濮阳在内的郑、卫地区的流行音乐称之为"郑卫之音"，并嗤之以鼻，可他们背地却又偷偷地学起这种"淫邪"的郑卫之音。到后来连保守出名的秦国宫廷内也公然欣赏起郑、卫的轻歌曼舞了。可见，濮阳地区的音乐、歌舞必是相当动人的，这里在其他方面也应是开风气之先的地区。包括商人在内，郑、卫之地的居民文化和意识，都居领先地位。

这里的商人走南闯北，见多识广，又居于开放的文化氛围之中。因此，政治上极其敏感，许多商人参与当时的政治、军事斗争，表现出相当高的水平。

春秋时期，距卫国不远的郑国，有个大商人弦高。郑穆公元年（前627年），弦高贩牛途中，在滑国（今河南省偃师市）偶然碰到大批的秦国军队从此地经过，向郑国开去，经探询原来是秦军偷袭郑国。刚刚离开郑国的弦高知道国内毫无防备，秦军一至必遭灭顶之灾。他急中生智，当即将所贩之牛赶进秦军阵营，并请见主帅。"敝国国君知将军来下国，"弦高对秦军主帅镇定地说，一点也看不出这是临时编造出来的，

---

① 据《诗经·国风·桑中》改写。

"特派我送牛犒劳贵军。"

秦军主帅大吃一惊，以为郑国早知此次军事行动，不免放慢进军速度，接受弦高犒劳。而弦高则暗暗派人回国报信。待秦军抵郑国时，郑国早已得到弦高的密报，举国上下厉兵秣马充分作好迎敌准备。秦军主帅得知，自然不敢轻易进犯，原来计划好的偷袭方案从而宣告破产，率兵悻悻而返。可见弦高这个商人如何机敏，也表明商人并非不关心政治。

到吕不韦生活的那个年代，郑、卫之地成为秦军与东方各国交战的前线，每个有识之士都必须根据战争的变化，选择自己的前途，至于商人对政治的关心程度，当然也远远超过弦高的时代。

事实上，卫国的处境也迫使吕不韦到卫国以外去谋求出路。因为魏国一直是秦国的攻击对象，而从公元前275年开始秦国大举进攻魏国，曾三次围攻魏国的国都大梁，企图灭亡魏国，只因燕、赵与魏联合抵抗秦国，才使秦放慢了亡魏的速度。但此后的十年，秦和魏、赵的大战连年不断。卫国的濮阳处在双方交战的要冲，秦军早已兵临城下，作为魏国卵翼下的卫国，被秦吞并只是迟早的问题。吕不韦的父亲，是个"家富万金"的大商贾。年轻的吕不韦自幼在商人家庭熏陶下成长，又生长在卫国濮阳这种特殊的文化背景中，面对着即将来到的社会剧变，无论是为保住万金的家资，还是追求个人出路，他都必须将活动范围扩大到卫国以外。而商贾的本性不仅是要保持家产，且随时要准备将资本投向利润最大的场所，以便积聚更多的财富。邯郸又是当时全国有名的大都会。所以，抱着对未来的憧憬和游乐的目的，怀着冒险心情，大约在公元前的265年，吕不韦便来到向往已久的赵国国都邯郸。

吕不韦初次来到邯郸，这里的一切使他眼花缭乱。邯郸远比濮阳繁华得多，这座赵国的国都始建于公元前386年（赵敬侯元年），到那时已有百年的历史。这里不仅是赵国的政治中心，而且是南通郑、卫（今河南省境内），北接燕、涿（今北京市附近），东连齐、鲁（今山东省境内）的交通枢纽，是关东各诸侯国中最大的商业城市之一，在政治上和经济上都占有重要地位。

邯郸城建得规模宏伟，布局严谨。全城呈不规则的"品"字形，由北、西、东三城组成。其中的西城耸立着巍峨的宫殿，北城和东城为市区和臣民住宅。全城安排得井然有序。那西城的区域中，高高的围墙内，信宫和东宫等一座座龙楼凤阁、桂殿兰宫，错落有致地伫立，有数不尽的瑶草琼葩、珍禽异兽养育其间。还有闻名各国的丛台，如同仙境。王城长宽均逾千米，气势恢宏。在当时各国的王宫中，尚没有能与之相当的。连接王城和东、西两城的几条大道，可以并排走几辆车。那道路两旁的店铺、驿舍、酒肆鳞次栉比，行商坐贾云集。就是那一般百姓的住宅，也比其他小城的茅屋草舍洁净、整齐。这里且不说赵王的宫殿金碧辉煌，也不说那通往大路上的高轩华辇、熙来攘往，就说那邯郸城内的女子，在当时的中国，也是极其时髦的。邯郸女子头发梳成高髻，髻上缀满珠光宝气的发饰，甩动着一双飘然欲仙的长袖，走在路上那种姿势简直美极了。所以，连邯郸男人走路的风度、姿势，也成了各地追求新潮的年轻人竞相模仿的对象。有一个故事说，燕国的寿陵有几个风流少年，闻知邯郸人走路姿态优美大方，就相约到邯郸来学走路。他们来到邯郸后，竭力模仿这里人的动作。可是他们只是从形式上模仿，结果不妙——这几个追求新潮的小伙子，不但没学会邯郸人走路的样子，而且连自己原来走路的能力也失去了，最后只好爬着回去[①]。这个"邯郸学步"的故事虽然不免有点夸张，不过从这个故事中可以得知邯郸是个多么使人向往的地方。吕不韦来到这花花世界，不觉神魂飘荡、目不暇接。

邯郸城里车水马龙，俊俏的姑娘和年轻的媳妇打扮得花枝招展，在闹市上游来荡去，一点也没有齐鲁之地婆姨们的那种朴实之风。这里的

————————
① 见《庄子·秋水》。

女子观念十分开放：富贵、讲究享乐是她们人生的宗旨。吕不韦走在街上，只见道路两旁的红门粉墙之后，时时闪现出浓妆艳抹的美人，深院绣楼之间断断续续地传出筝瑟管弦之声。有些倚在门前的漂亮姐儿，大胆地向这位外地来的年轻商贾频送秋波。赵国和郑、卫的风俗一样：女子皆以进入富贵之家为荣。因此，当时各国诸侯王的后宫和有钱人家的姬妾，几乎都有来自赵国的风流女子。她们可没有那么多的顾虑和牵挂，只要符合她们的条件，就会不远千里、不择老少地投进一个哪怕是不相识的人的怀抱，而这唯一的条件就是资财①。

　　吕不韦是濮阳有名的阔老板，就那一身装束入时的打扮和随身携带的贵重行李，就引得那些风流浪荡的赵国女子垂青了，更何况吕不韦正满怀壮志，眉宇间自不免流露出超凡脱俗的神采，简直把邯郸城里所有的轻薄娘们儿都勾得魂不守舍。所以，当吕不韦经过长途跋涉，刚在馆驿里住下之后，就不断有长衣曳地身着流行服装的时髦女人找上门来。这位花花公子不仅来者不拒，而且主动出击，到处寻花问柳。举凡歌舞宴饮淫乐之所，都留下过他的足迹和钱财。不长的时间，他几乎把这个豪华城市的酒楼、妓馆、赌场和艳窟都玩遍。和他相好的俊俏姑娘、媳妇、歌妓、舞妓以至姬、妾，等等，当然是不会少的。流连于邯郸的歌楼舞榭，怀抱着粉面细腰、如花似玉的美姬艳妓，吕不韦并没有沉湎于眼前的享乐而忘却他来到此地的目标。他是为获取更多的财富而来，是要搜索一种能赢大利的商品。早在离开家乡之前，他就下定决心，不能像自己的父亲一样铢积寸累地一点一点地捞取财富，而要做大买卖。因此，不论是那些勾魂摄魄的秋波，还是那令人骨酥肉麻的玉体，都丝毫未能削减他发大财的野心。他一面有一搭无一搭地做着生意，一面在歌舞场上、宴席之间寻找那种一本万利的商品。

　　真可谓功夫不负有心人，这种一本万利的货物终于被吕不韦发现

---

①　见《史记·货殖列传》。

了。有一天，吕不韦行色匆匆地跑回家来，急不可待地对他的父亲报告说：

"我找到了一宗一本万利的生意。"

"什么生意？"他父亲急切地问道。

"春种秋收凭卖力气耕田能收到几倍的利？"

"大约有十倍吧？"

"贩卖珠玉珍宝能挣几倍利呢？"

"百倍！"

"那么，立主定国，把一个国家的头儿买过来能赚多少倍呢？"紧接着吕不韦提出一个令人意想不到的问题。

不难想象，听到这样的话，老吕头儿吓得目瞪口呆，停了半天才从嘴里挤出两个字："无数……"

这个"无数"的含义，不知是指"立主定国"这种骇人听闻的生意，自己从来没听说过，心中"无数"，还是指这宗胆大的买卖，可赢利"无数"？反正老头儿对自己的儿子想干什么已经无法猜测了，只好听吕不韦自己亮出底牌。

"当今之世，拼命种田，出死力耕作，到头来也只能混个吃饱穿暖。"吕不韦以教训的口吻说出了自己的打算，"若能定国立君，把一个国家的头儿买到手，不仅一生吃穿不愁，而且荣华富贵可泽及后世。我就想做这笔生意。"

听着吕不韦胸有成竹地一口气说出这么个惊人的计划，老爷子瞠目结舌愣了半天，一句话也说不出来。这个家富万金的大商人一辈子什么生意没做过？可是，买卖国君的交易却连想都没想过。见儿子竟有这么大的胆略和气魄，他知道自己远远落后了，没有什么可说的，只有自叹弗如的份儿了。

吕不韦向父亲报告以后，没有再停留，重新打点行装，离开残破的、岌岌可危的故国，返回邯郸。

寻找目标

吕不韦对他父亲说的，确实不是空话。他自己是心中"有数"的：他所谓的"定国立君"已经有了具体目标，他所要贩的货也早在邯郸待价出售。

吕不韦离开濮阳昼夜兼程赶赴邯郸。这时，邯郸和濮阳间已成为秦、赵之间的战场，需要穿过一道道秦军、赵军，有时还有魏军的军阵、防线，才能到达目的地。然而，这都没能阻挡住吕不韦的行程。他必须尽快回到邯郸，否则即将到手的宝贝就可能丧失。

到底是什么宝贝令吕不韦如此动心呢？

原来这个宝贝不是别的，而是秦国的公子异人。

异人，这是一个多么奇怪的名字。大概给他取这个名字的人，早就盼他有番不同寻常的人生经历吧？异人的经历果然与众不同。

当吕不韦发现异人的时候，这个宝贝正在赵国为"质"。

"质"就是人质。春秋以前只有自质于鬼神之法。据记载，周武王有疾，辅佐武王的周公设坛请老天保佑武王早日康复，而以自己为质。这是把人质给鬼神。当时人与人之间还没有交质的制度。最早的质人制度，是在春秋时期开创的。当时郑武公为周天子的卿士，周天子这个可怜虫为向郑武公表示信任，就将自己的儿子送到郑国为质，郑武公也将儿子送到周天子处为质。这次"周郑交质"开创了春秋战国各诸侯交质的先例：凡表示信用多交换人质。不过，春秋时期各诸侯国尚较重视信义，所以"交质"或单方面以人为质的事毕竟不多，在春秋二百年中见于记载的"交质"只有六次。但到战国时期，各诸侯国相互攻伐，很少讲什么信义，相互之间猜忌加深，用质来巩固联盟国之间的关系，或用质表示对大国的服从的事例多了起来。战国二百五十余年间，见于记载的交质之事竟有二十四次。而这二十四次交质中，山东六国之间交换质的仅九次，占总数的三分之一。而其余三分之二均与秦有关：各国送人到秦为质者九起，秦人到各国为质者六起。这表明秦国成为国与国之间交质的主要对象。大多数为质的人，是国王的太子，也有国王的孙子，或是重要的臣僚。战国时期各诸侯国间派人到对方为质，多数是为相互联合抗秦。而秦与六国之间的交质，则情况有所不同：多数国家派人到秦为质，有的是为求和，有的是为乞援，而秦派人到各国为质，则出于战略目的，拉拢一些诸侯国以联合攻击另外一些诸侯国，这就是所谓"远交近攻"的政策。秦国为实行这一政策，不惜将国王的子孙们派到各国为质。公元前328年（秦惠文王十年）为拉拢魏国，就派公子繇去魏为质。魏国为表示忠于秦，就献少梁这个地方与秦国。后来当了秦国国王的昭襄王，也曾被送到燕国为质，公元前307年（秦武王四年），才被送回继承王位。

吕不韦看中的异人，是秦昭王（昭襄王）时期被秦国送到赵国来为质的一个秦国贵族。

异人为什么要被送到赵国为质呢？这就要从秦国内部矛盾说起。

秦昭王是古代帝王中活的时间很长、在位的时间也很长的一个，他统治秦国的时间达五十六年之久（从公元前306年至公元前251年）。在昭王统治的年代，正是秦国突飞猛进向东方发展的时期。这时的秦，兵强马壮，由于商鞅变法（自公元前359年至公元前338年）以后，秦国奖励军功，能在战场上杀一"甲首"①，即可得到一顷地的奖赏，并可被赐一级的爵位。这些办法极其有效地刺激起秦人打仗卖命的劲头，人人都争先恐后地去当兵，到战场上像疯了一样拼死杀敌，以图立功受赏。所以，秦昭王在位的年代，正是秦军战斗力最强的时候。当时齐国的精兵称为"技击"，魏国的战士称为"武卒"，秦国的军人称为"锐

---

① "甲首"是每辆战车上执兵器披甲胄的战士，在数十个战士中才有一名。

士"。魏国的武卒在训练和装备方面已经是相当驰名的了，这些强壮的武夫都披戴着全副甲胄，手持十二石的强弓，背着五十支箭，还有戈、剑等武器。这些武器全部带在身上还不算，此外还要携三天的干粮。就是这样沉重的负担在身，行军时半天就能走百里路，可见其多么勇武。难怪齐国的技击在战场上一碰到魏武卒就被打得溃不成军了。但如此强劲的武卒遇到秦国的锐士竟不堪一击，常常被秦军打得落花流水。那时就有人形容秦军作战时勇猛的场面：在战场上只见秦以外的山东各国战士都穿戴甲胄打仗，唯有秦军的战士甩开甲胄、衣服，赤膊上阵。这些关西人仅左手提着割下来的人头，右臂挟着活的俘虏，个个像大力士揍婴儿一样，把敌军打得鬼哭狼嚎、狼狈逃窜。从这一段描写的场面中，不难想象秦军是多么凶猛、可怕。秦昭王时代就是凭借这样一支军队打了不少胜仗，占据了其他诸侯国许多土地，使秦国的国土迅速地扩张起来。譬如公元前 300 年（秦昭王七年），秦军攻克楚国的新城，杀死楚国名将景缺，次年竟把楚国的国王——楚怀王骗到秦国，当作人质扣押起来。公元前 298 年（秦昭王九年）秦军攻楚，斩首十五万，占领十余城；公元前 293 年（秦昭王十四年）秦国大将白起率兵攻韩、魏联军，斩首二十四万，夺五城；公元前 289 年（秦昭王十八年）秦又取得魏国的六十一城及河东的四百里地，同年又将韩国的二百里地据为己有。从公元前 285 年（秦昭王二十二年）起，秦国将打击的矛头直指东方的齐、赵等国了。

就是在秦昭王统治的年代，秦国仍实行"远交近攻"的策略。然而，秦昭王初登王位时，秦国的对外策略是不稳定的，当时昭王还是个小孩子，按惯例由他的母亲宣太后听政。宣太后的两个弟弟：同母弟魏冉为相，被封为穰侯，掌握大权；异母弟芈戎为华阳君，也有极大权势。同时，宣太后本家族的另外两支也被封为泾阳君、高陵君。实际上，秦国的朝政就全都控制在魏冉和华阳君、泾阳君、高陵君这三个家族之手。魏冉被任命为相，其权势之大自不必说，就是华阳君、泾阳君和高陵君这"三大家族"也是不可一世。他们不仅拥有大片封地，私家财富远远超过王室，而且进入王宫根本不必通告，也无须像其他的王公大臣一样向秦王朝请、跪拜。但就在公元前 300 年（秦昭王七年），秦国为拉拢齐国，还将泾阳君送到齐国为质。不过，后来因魏冉专权，秦国逐渐改变了"远交近攻"的策略。公元前 299 年（秦昭王八年），秦国突然与齐国断交，泾阳君就从齐国归来，秦、齐之间的关系由此开始紧张起来。

　　魏冉本是个很能干的人，在他把持秦国大权的四十余年间，最初打了不少胜仗，军事上取得了很大进展，国内政治上也比较稳定。但到后来，这个人愈来愈骄横，独断专行，狂妄自大，目中无人，不仅不把满朝文武官员看在眼里，就是对已经长大的秦昭王也不太尊重。他又不顾一切地把王室的财富大量搂到自己家族里，让本家族的亲属和自己亲信把持各种大权。这样一来使秦国的政治日趋腐败，军事上也由于不注意"远交近攻"的策略而不断遭到失败。公元前 268 年（秦昭王三十九年），魏国的范雎来到秦国。他不投奔当权的魏冉，却设法直接晋见秦昭王。

　　"陛下的秦国现在好像堆起来的一堆鸡蛋，好危险啊！眼看就要碎了！"范雎一见秦昭王就危言耸听地说了这么一句。

　　"你说的话是什么意思？"已经四五十岁的秦昭王急切地问道。范雎的话使他出了一身冷汗。

　　范雎见自己的话引起昭王重视，就进一步分析秦国在魏冉执政下军事方面的失误。范雎指出：魏冉不去指挥军队进攻距秦国最近的韩、魏，却去进攻远在东方的齐。这种舍近求远的策略是近来一系列战役失败的原因之一。正确的策略还是远交而近攻，先从韩、魏开始，逐步由近到远吞并各诸侯国。秦昭王一听果然有道理，立即拜范雎为客卿，实行他的主张，派兵伐魏。结果取得胜利，当年就占领了魏国的怀邑（今河南省武陟县西南），后来又取得邢丘（今河南省温县东）。范雎出的主意见了实效，得到秦昭王的信任。公元前 266 年（秦昭王四十一年），估计时机已经成熟，他又在秦昭王面前挑唆了："臣在山东时，只听说秦国有宣太后和穰侯魏冉，以及华阳君、泾阳君、高陵君。从来没听说过大王陛下。"范雎专门拣最能刺疼昭王心的事气他。本来宣太后和魏冉的专权早已惹得昭王不满，他已经不是任人摆布的小孩子了，听了范雎的话必然火冒三丈。但范雎没有容他说话，紧接着说："当国王的就应当有权控制国家，有生杀之威，而现在的秦国，太后、穰侯和那三个家族权力都比陛下大。这种形势国家不危险才怪哩！我听说：凡臣下的权力、名声超过君主的，君主就没有地位。以前齐国的淖齿专权，后来竟将齐闵王吊死在庙里，赵国的李兑专权，竟将赵王主父活活饿死。现在秦国太后、穰侯及三大家族专权，我看和淖齿、李兑差不多了，恐怕后来坐在王位上的不再是您的子孙了。"

范雎的这番话给昭王极大的刺激。这位不甘受人摆布的国王也早已不满魏冉的专权，又估计自己目前的势力足以压倒他，经范雎一激，昭王下令免掉魏冉的丞相之职，任命范雎为相，又将华阳、泾阳、高陵三君从国都赶出，回到各自的封邑，免得他们干预朝政。

范雎为相后又被封为应侯，掌握着秦国的政治、军事大权，在外交上贯彻"远交近攻"方针，以便各个击破。在他刚上任的那一年，就有不少主张各国联合起来对付秦国的游说之士，鼓吹合纵。他们都跑到赵国的国都邯郸开会，商议如何活动。消息传到咸阳，秦昭王立即紧张起来，急忙召范雎询问对策。

"请大王不必忧虑。"听完介绍情况后，范雎胸有成竹地说，"瞧我把他们这伙游士拆散！"

"你能用什么办法拆散他们呢？"秦昭王不解地问道。

"秦国与天下的游士、说客并没有什么仇和怨。"范雎回答道，"而那些合纵之士，游说各国君主联合起来攻秦，无非是想当官、发财。"

"那当然。"秦昭王忙点头称是。

"大王看见您养的狗了吗？"范雎话头一转，突然说起狗的事了，"您的那些狗，平时卧的卧、起的起、走的走、停的停，没有互相咬架的。如果您给它们一块骨头，您再瞧，马上就相互咬起来，为什么？"

秦昭王不愧是聪明人，听到这里就明白了，马上令大臣唐雎携五千金到距邯郸不远的武安，大会宾客，并且扬言：凡有功于秦者重赏，并且当场兑现。消息一传出，在邯郸开会的游士们纷纷退出策划合纵的会议，设法向秦表功，到武安来领赏。结果还没用完三千金，参加邯郸聚会的游士们就相互斗起来了。

秦用钱财收买游士，拆散、瓦解敌人方面的联盟，以后还有过多次，这种办法相当有效。

拆散主张"合纵"的游说之士，只是给各诸侯国的联合设置了一点障碍，并不等于阻止了各国的"合纵"攻秦。两年前，公元前 270 年（昭王三十七年），赵国的名将赵奢，大破秦军，使秦国暂时不敢攻赵，而把主要攻击目标对准魏国，对于赵国还是采取拉拢政策。这样，秦国就决定派昭王的孙子公子异人到赵国为质。

虽说秦在昭王四十一年主攻方向是魏，但韩、赵和秦的大战仍是一触即发。这个时期被派出去当质，是一件相当危险的差事。在战争期间，各国的国君为各自利益往往不惜牺牲派出去的人质而背信弃义。一旦国君背信弃义，派出的这个人质就失去其重要性，当时称为"抱空质"，而为人质者处于"抱空质"的境地，本人就成了本国的替罪羊，被凌辱、杀戮都是有可能的，其生死前景难以预料。所以，当秦、赵大战前夕，出为人质的异人，大概就是准备送去牺牲的。

为什么这个倒霉的差事偏偏落到公子异人身上了呢？

让异人充当倒霉蛋的角色也不是没有来由，他的父亲安国君柱原来并不是太子。公元前 267 年（昭王四十年），原来立的太子悼死后，才立安国君柱为太子。可是秦昭王这个老不死的寿命特长，到安国君柱三十八九岁、快四十岁的时候，秦昭王的精力依然十分旺盛。直到公元前

250 年安国君柱已经五十三岁时，秦昭王才离开人世。这样，就使异人的父亲安国君柱在漫长的岁月里，过着极其难耐的、望不见准确尽头的日子。同古代所有的贵族王子一样，在空虚无聊中，他就把精力消磨在声色犬马的淫逸嬉戏之中。安国君柱的好色在秦国的贵族中是少有的，他到底有多少姬妾和妃子，现已无法考证。但仅从他有二十几个儿子这一数目（还不算女儿），也可猜测到他的后宫中定有一大群女人供其淫乐。安国君柱有二十几个儿子，异人只是其中一个，而且他偏偏又不是受宠的儿子。之所以不受宠，一是因异人并非安国君柱的长子，更重要的是异人之母夏姬早在安国君柱面前失宠。结论十分清楚：一个不受宠的姬妾所生的不受宠的儿子，在众多的兄弟中间，无疑是不会得到什么优待了。当质子的命运落在异人的身上，也是毫不奇怪了。

大约在公元前 265 年左右（秦昭王四十二年左右），十四岁的异人就被送到赵国为质①。

异人在赵国国都邯郸为质的那几年，若是秦、赵两国关系友好，作为秦国王孙的异人自然被奉为上宾。可是恰在此时，秦国和赵国的关系愈来愈紧张。咄咄逼人的秦军不断向赵地进攻，就在异人来赵国这一年，秦国就攻取了赵国的三座城。两国进入战争状态，为质的异人一开始就成了赵国的阶下囚。秦国攻赵，使赵国朝野相当恐慌。因为这时北方的燕国也趁机向赵进攻，而赵国国内的惠文王刚刚去世，赵孝成王即位后由赵太后主政。在秦、燕夹击下，赵国首先怕的是秦国，虽然不久前赵国大将赵奢曾打败过秦军，但此刻赵国国内政治很混乱，大臣间矛盾很大，军队的战斗力大减，根本无力与秦军抗衡。在无计可施的情况下，赵国只好向齐国求援。齐国国王答应出兵，但提出一个要求："必须派赵国的长安君到齐国为质，才能出兵。"

这的确是给赵国出了个难题。因为长安君是赵太后的小儿子，最为

---

① 见《史记·吕不韦列传》及《战国策·秦策五》。

太后所宠爱。把这么个心肝宝贝派出去当人质，太后当然是不肯的。然而，国家危难之际，强秦围逼，齐国若不出兵则赵国前途险恶。所以群臣纷纷要求太后同意长安君去齐为质。太后坚持不允，并扬言："谁再说令长安君为质，我必把痰吐到他脸上。"

态度如此坚决，群臣谁也不敢再劝。偏偏有左师触龙要求面见太后。太后知触龙为此事而来，没好气地令他入殿，看他要说什么。触龙慢悠悠地来到殿上，入见太后。

"老臣脚上有点毛病，不能快走，多日不见太后。"触龙一上来并不提及长安君的事，"臣知道太后身体不太好，故此想看望太后。"

"我出门有车，不须走路。"太后回答。

"吃饭怎么样？"触龙表示关心。

"吃粥还可以。"太后应付道。

"老臣以前也是食欲不振，后来强迫自己走路锻炼，每天三四里，慢慢的吃饭也稍微多一些，身体也逐渐舒服了。"触龙说了一套养生之道。

"我可不行。"太后口头虽仍表示冷淡，但心里的气差不多都消了，面色也稍好了一点。

"老臣有个小儿子叫舒祺，是个不成器的东西。可是，我最爱他，请求太后开恩，给他任命个职位，在宫里当个黑衣卫士。"触龙突然提到小儿子的事。

"可以嘛！"触龙毕竟是老臣了，太后当然要给个面子，立即答应，"你的小儿子多大了？"

"十五岁了。"触龙回答，紧接着又补充，"虽然小了点，可是我希望在死之前能把这个儿子的事办完，也就放心了。"

"男子汉大丈夫也爱小孩子吗？"太后不无讥讽地问。

"比妇人还爱孩子。"触龙的回答一定使太后意外。

"妇人爱孩子可不同于一般。"太后笑道。

"我还以为太后不太爱长安君呢。"转了一大弯，触龙的话才接触到长安君。

"谁说我不爱长安君！我最爱的孩子就是长安君了。"

"父母爱子女都是为他们深谋远虑。记得前几年太后送女儿出嫁时，抱着她大哭，舍不得她远行。她走后，太后朝思暮想，牵肠挂肚，可是，每次祭祀时却祷告，不要让她回来。这不是为她长久之计，恐怕她被人家'休'回来吗？"

"对！是这个意思！"

"请您想想：三世之前至现在，赵王之子孙仍为侯的还有吗？"

"没有了！"

"不仅赵国，其他诸侯国也都算在内，能保持三代贵族地位的家族还有吗？"

"我没有听说过。"太后老实回答。

"这就是近者祸及其本人，远者祸及子孙。"触龙终于说到正题，"哪一个有地位的人不希望他的子孙保持自己的地位。可是为什么不少国君的子孙都保持不住祖上给留下的地位呢？难道是这些子孙都不成器吗？其实也并不单单如此。而是位尊而无功，奉厚而无劳。拥有极高的地位，享受着优厚待遇，又负担着国家兴亡的重任，却做不出一点贡献，没有任何功绩，怎能维持下去呢？"触龙先做一般论证。对其所说的道理，太后无言以对。

"今天，太后给小儿子封以长安君的高位，又封给他膏腴之地，令其掌握国家大权。"触龙进一步说服太后，提出长安君的问题，"但是，您又不让他为赵国建功立业。万一太后百年之后，长安君这么一个没功劳、没业绩的人靠什么保持他的地位呢？所以，我觉得太后您为长安君的安排，不如对您女儿的安排长远，您爱儿子不如爱女儿。"

触龙正话反说终于使太后动心："那好吧！就让长安君去齐为质吧！"

其实，国君爱不爱儿女，并不单表现在舍不舍得让他们为质上面，秦国的异人就是因不被宠爱才被派到赵国为质的。不过，这里的触龙是花言巧语说动太后使她改变主意罢了。战国时期的士大夫多有这种本事，而这个触龙说赵太后的故事也就成为教育贵族子弟必须建功立业的重要典故。

因赵国派出长安君为质，齐国也按约出兵，所以秦兵攻赵三城之后，就没有继续前进，对赵的威胁暂时解除。

然而，北方的燕仍然威胁着赵国。

这时北方的燕国派宋人荣蚠为将率兵攻赵。年轻的赵孝成王慌了手脚。掌握实权的平原君赵胜连忙求救于齐国，答应割数十个城邑请齐国的安平君田单为将，率领赵国的士兵抵抗燕军。赵国有名的大将马服君赵奢听到这个决定后，找到平原君赵胜，劝他设法改变这个错误的决定。

"难道赵国就没人了吗？"赵奢生气地质问平原君赵胜，"太过分了！割那么多城邑给齐国，就为请一个安平君给我们率兵，这不是和割地给燕国一样吗？"

"太看不起赵国自己的人了！"不容平原君赵胜插言，赵奢连珠炮似的猛轰，"为什么不委派我为将？本人曾在燕居留过，还曾经当过燕国的上谷太守。燕国的通道、要塞我了如指掌。百日之内，我就能把燕国拿下来。不知足下为什么非要请齐国的安平君为将？"

赵奢的话虽不免有激动和吹嘘自己的成分，不过他确实是一位善于用兵作战的将军，其指挥水平绝不在安平君田单之下。因而他对平原君的指责还是有一定根据的。谁知道，号称善于"养士"的平原君也是一个糊涂虫，对于赵奢的质问，他无法正面回答，只能说："将军算了吧！我已经向国王建议这么办了，国王已经答应，您就别说啦！"不打自招！原来这个主意就是他出的。

听了这话，赵奢仍不甘心，继续劝平原君改变主意："原来是您的主意！足下之所以请齐国的安平君率赵兵与燕军作战，大概是以为齐和燕有仇吧？其实，依我看则不然，如果安平君是个笨蛋，他当然打不过燕国；若安平君聪明，他必然不肯和燕拼命打仗。"赵奢一口气把自己的分析判断通通倒了出来："不论安平君是聪明人还是笨蛋，都对赵国没好处。因为赵国强大，齐国就不能称霸，如果用赵国的兵和燕国军队旷日持久地打仗，打上几年，人也死得差不多了，国库也空了，赵、燕两国都弱了，这究竟对谁有利呢？"

尽管赵奢说得平原君无言以对，但仍未能改变赵王的决定。后来的结果真如赵奢预料的那样，安平君率兵抗燕，虽暂时制止住了燕的进攻，但赵国并没得到任何好处，反而失去十八个城邑。

赵国内部如此混乱，秦国当然不会不知道。从昭王四十二年以后的一年多，尽管没有继续攻赵，秦国却一直虎视眈眈地盯着赵国，一场大规模的战争，即将在秦、赵之间展开。

在这样的背景下，派到赵国为质的异人日子就难过了。

可以想象，在战场上被秦打败的赵国，君臣们回过头来一定会拿质子异人出气：呵斥、凌辱自不在话下，连食物的供应也难得保障，更不用说车乘用品了。这位落魄的秦国贵族，在邯郸活得人不像人，鬼不像鬼。自己的国家天天打胜仗，本人却被扣在敌国，有国回不去，而且随时有被处死的危险。

异人身处逆境，又不是一个贫贱不移、威武不屈的人。这位安国君柱小老婆生的孽子不仅没什么本事、没什么志气，而且贪婪好色。被送到赵国来之前他就是个没出息的家伙，到赵国为质之后，更像丢了魂、落了水、断了脊梁的癞皮狗，战战兢兢、窝里窝囊地混日子。

邯郸城里大街小巷白天都拥挤着忙碌的人群，一到傍晚，酒楼、伎馆门前都点上红灯，富商大贾和达官贵人、风流公子和市井无赖都纷纷出来寻找各人最感兴趣的去处。这个东方的通衢大路上的大都会，就是在烽火连天的战争年代，也没有削减它那令人眼花缭乱的繁华盛景。只要战火没有延及城内，那十字街头的酒楼上每天都高朋满座，喝彩行令，笙歌管弦之声不绝；那红灯密集的深巷，夜夜都车水马龙，莺啼燕语、打情骂俏之音阵阵从绣户中飞出。就是有时进攻赵国的敌军已兵临城下，邯郸城内仍有吹竽、鼓瑟、击筑、斗鸡、走狗、六博、蹴鞠的悠闲者。至于缱绻在艳粉娇红、柳腰绣被之中的浪子，更不管什么战场烽烟、政坛风云，只顾拥妖姬、携美妾沉醉在帷帐里，享受着千般欢乐和万种柔情。这就是商业都会的特点，因为邯郸已不仅是一个政治中心了。在那熙熙攘攘的人群中，异人也混迹其间，从一身过时的装束上，就可以看出他是位并不富裕的贵族，而瞅他那一副见到了女人、美酒、华冠艳服和珠宝贝币就流露出的馋涎欲滴的下作相，就知道这个落难的王孙对眼前可望而不可即的上层贵族社会是怎样的羡慕。然而，对于此刻的异人来说，邯郸城内赵国贵族优游享乐的生活犹如天上的彩云，只能在遥远的地面瞭望，他在这里的地位和囚犯、俘虏相差无几，而以前在秦国宫内那些锦衣玉食的日子，也早已似梦幻般地过去，对照当下的处境，不时勾起撕心裂肺的痛楚和难以名状的心酸。

异人在邯郸被安置在距赵王王宫不远的地方居住。这里可以远远地望见瑶台琼阁、曲栏回廊的丛台。丛台是赵国王宫中最好的一处，它虽然没有秦国的宫殿池苑宏伟、宽阔，却比秦国宫内所有的建筑和风景都精巧。而异人居住的地方，则是个名副其实的贫民窟。异人每日的三餐虽说不至于断顿，可也没什么足以勾起食欲的东西。要想出门逛逛，车、马是没有的，只有辛苦自己的两条腿。到了闹市，望着呼酒行令、拥姬携伎出入于伎馆、酒楼的达官贵人、富商巨贾，他既羡慕又嫉妒，一股说不出的滋味涌上心头。为此，异人宁可终日枯坐于陋室之中，也不愿到繁华的街头被自惭形秽所折磨。

有时，异人实在难耐那清淡而粗糙的饭食，青春的欲火也使他在孤寂的长夜中无法安然入睡。落日余晖刚刚在邯郸城头上消失的黄昏，这位困居赵国的秦国王孙，偶尔也取出箧中仅余的一点钱币，直奔酒肆而来。他看中了一处有舞姬歌伎伴酒的豪华酒楼，却只能在一个偏僻的角落里独酌。因为他囊中羞涩，不敢召歌伎陪酒，只好冷冷清清地看着别人寻欢作乐、嬉笑调情，心中好不悲哀。

中国古代经书之首的《易经》"否"卦《象》曰"否终则倾，何可长也"。意思是说物极必反，倒霉的事到了头必然向好的方面转化，即所谓"否极泰来"。正当异人困苦潦倒，囚居邯郸，归国无望，前景难以测定，心情几乎近于绝望之际，碰到了吕不韦，从此改变了命运。

吕不韦当时正在邯郸一面寻欢作乐，一面搜索着得以使其富贵甲天下、泽可遗后世的一本万利的"货物"。初到邯郸，吕不韦就听说有一位秦国的贵族困居于此地，经过多方探听，他把异人的身世、家庭关系、目前处境以及此公的品性、爱好等掌握得一清二楚。后来，他很容易地找一个机会见到了异人。当吕不韦一见到这位落魄的王孙之时，凭他多年经商的经验，一眼就看出：多方寻觅的宝贝就在他身上！他脱口而出的一句话就此成为千古名句："此奇货可居。"他回家向他父亲禀告的、可赢利"无数"的宝贝，就是异人这个"奇货"。

异人怎么会成为吕不韦的"奇货"呢？莫说一般的人弄不清楚，就连异人自己也压根儿没想到。他的价值还需吕不韦指点和鼓吹才能显示出来。

拍板成交

吕不韦再次回到邯郸时，已经是公元前262年（秦昭王四十五年）了。

回到邯郸后第一件事当然就是找异人谈判。

一个华灯初上的傍晚，吕不韦例外地谢绝了每天都要聚在一起喝得酩酊大醉的富商、阔少的邀请，也没有径直地去情意缠绵的新旧相好的姬伎房中厮混，而是乘着马车、携带着大包小包的礼品直奔异人而来。

在邯郸城的一个不显眼的去处，吕不韦费了好长时间才找到异人的住所。看见狭小的门庭和那些寒酸的陈设，吕不韦更坚定了信心。

"嘭！嘭！嘭……"一阵敲门声惊动了正在屋里发呆的异人。当他急忙打开门时，见到的是一个打扮阔绰的陌生人。

"我能把你现在这连身都转不过来的门庭扩大起来。"没等异人弄清怎么回事，吕不韦就没头没脑地、一语双关地抛出这么一句。

"……"异人愕然，不知如何回答。

待到弄清来者吕不韦无非是个商人而已后，这位秦国的贵族轻蔑地笑了："你还是回去先把府上的门庭设法弄大，然后再来说我的门庭吧！"异人也一语双关地回敬了一句，他从骨子里看不起吕不韦这个投机商。

"且慢。"对冷嘲热讽，吕不韦并不在乎，他继续顽强进攻，"你难道不知道吗？敝人家里的门庭光大也正等着足下的门庭光大呢！"

听了这句绕口令似的意味深长的话，异人方知吕不韦话里有话，立即改变态度，忙把客人让进房中落座，详细询问来意。

一阵寒暄之后，吕不韦开始进入正题："你的爷爷秦王老啦。"成竹在胸的吕不韦早把秦国王室内部的情况弄得了如指掌。当时在位的秦昭王已经当了四十余年国君，已是五六十岁的年纪，当然可说是"老"了。他接着说："足下的父亲安国君是太子。"这也是事实，异人听后觉得没有什么新鲜的，对此毫无反应。

但是，吕不韦以下的一番话，却把异人说得五内俱焚、肝胆欲裂。因为它正触动了异人心灵深处埋藏已久的隐秘："听说令尊安国君所宠爱的不是足下的母亲，而是那位华阳夫人。又听说华阳夫人虽得到令尊安国君的宠幸，可又偏偏没能生个儿子。按照宗法制度，要继承王位必须立嫡长子，决定立哪个妃、姬、妾生的儿子为嫡长子，看来只有华阳夫人有这个力量，因为她能左右安国君。华阳夫人在枕头上的每一句话，安国君都不敢不听。"说到这里，吕不韦稍稍停顿了一会儿，好让异人想一想。而异人的遐思此刻也的确随着吕不韦的话回到似乎刚刚离开又相当遥远的秦国后宫……

吕不韦的话使异人想起了生母夏姬被父亲安国君冷落的惨状，更不难想象那个华阳夫人得宠的样子，心中如刀割一样难过。

异人心里十分清楚，自己落得现在这样处境和生母夏姬不受宠有直接关系。而在父亲众多的姬妾中，特别得宠的就数那个脸蛋漂亮、年轻风骚的华阳夫人，安国君对她简直是言听计从。在后宫，夏姬失宠和华阳得宠形成鲜明的反差，以至作为夏姬儿子的异人也不能待在秦宫中享福，而被送到异国他乡来当人质，活受罪。

其实，华阳夫人之所以受宠还与她的家庭背景有关。华阳夫人就是魏冉专权时期三大家族之一的华阳君之后①，华阳君则是秦昭王母亲宣太后的娘家人。尽管自公元前 266 年（秦昭王四十一年）范雎为相以后，夺了魏冉的相权，驱逐华阳、泾阳等贵族势力出关，但宣太后在朝廷上仍有相当大的影响。这不仅因为她是昭王的母亲，长期干预政务，而且由于宣太后特殊的个性和经历。

宣太后是中国古代最富有浪漫色彩的一位女性。正像在任何社会的剧变中都会产生几位不同凡响的人物一样，宣太后也是在秦国社会飞跃向前发展的伟大时代，出现的突破传统的、领导潮流的时髦女性。她是那位有远见、有魄力、在秦国实行变法的秦孝公的儿媳、秦惠文王的妃子。秦惠文王的远见卓识一点也不比其父差，他于公元前 337 年一继位，就把宿怨极深的、帮助自己父亲孝公变法成功的商鞅杀死，但却不改变商鞅推行的政策。这样，在惠文王时代仍能坚持孝公时代行之有效的改革新政，并没像历代的许多次改革一样人亡政息。仅从这一点就可知惠文王绝非一般的守成之君。惠文王统治的二十七年（自公元前 337

---

① 见拙著《华阳夫人考》，《社会科学战线专刊》1980 年第 2 期。

年至前 311 年）是秦国在孝公变法的基础上，继续增强国力，使秦国飞速发展的时代。秦国发展的主要标志，除占领的国土愈来愈多以外，更重要的是吸取外来的文化、改变秦国原有的文化习俗。秦国在商鞅变法前被中原各国视为"戎狄"，文明程度很低。商鞅变法之后，秦国逐渐强大起来，东方各国不敢以"戎狄"视之，但文明程度的提高也绝非一朝一夕之事。到惠文王时代，秦国敞开大门，招来东方各国能人、贤者、有识之士，对战国以来活跃于各国的"士"（包括文士、武士），热情欢迎，优礼相加。惠文王礼贤下士。有一批军事家、政治家、纵横家、思想家、游说之士、文人、学者以及游民流氓、术士骗子、冒险家等，拥向西方的秦国。其中，自然不乏有真才实学或为秦国出过力的，如有名的纵横家张仪，墨家的代表人物腹䵍、田鸠①。虽然来秦的学者中还以法家及游说之士为主，而且几乎没有儒家，但各色人物拥入秦国以后，毕竟把东方色彩的文明传来，冲击着保守、落后的秦国固有的文明，形成了一种异常开放的风气。这种风气也传进了宫内，作为惠文王的后妃宣太后，耳濡目染自然就成为一个开风气之先的人物。

宣太后原为楚人，名芈八子，她虽非惠文王的正宫王后，仅是诸多妃子中的一个，但由于惠文王王后所生的武王无子而早死，而芈八子作为偏妃恰有三子：则、显、悝。依秦国法制，王位即由芈八子所生的长子则继承，是为昭王。芈八子就成为控制朝政达数十年的宣太后。在数十年的政治生涯中，宣太后充分利用了作为女人的优势。她的性生活不仅放荡，而且大胆公开，更能恰当地和政治结合起来，曾经利用她特殊的优势为秦国做过贡献。义渠，是秦国西方的一支游牧民族。这支民族虽比秦国落后，但因其强悍善战而长期以来与秦国为敌。在孝公、惠文王、武王时代都曾因义渠戎的进攻而遭到损失。到昭王继位之后，宣太后执政，当义渠王来秦国国都咸阳向新登基的昭王朝拜、祝贺之时，风

---

①　见《吕氏春秋·去私》《韩非子》《战国纵横家书》。

韵犹存的宣太后竟然与义渠王勾搭成奸。也许，守寡数年的宣太后耐不住深宫的寂寞，或者是英俊的义渠王确实吸引了这位美貌的少妇，这一对异族的情人公开通奸竟达三十余年之久，并生下两个儿子。在这段时间内，义渠王在温柔乡中乐而忘忧，自然无攻秦之野心，而宣太后在满足了性欲要求之后却没有忽略对义渠的防范。因而在这三十余年中，秦国和义渠两方相安无事。到公元前272年（秦昭王三十五年），宣太后已年届七十，义渠王早已被玩弄于她的股掌之中。此时，义渠王不仅失去对秦的进攻之心，就是对秦的起码戒备都已放弃。趁义渠王不备时，宣太后突然对她情人的民族发动袭击。结果，强悍的义渠戎顷刻被击溃，威胁秦国西方安全的义渠戎终于在宣太后的"美人计"下瓦解了。

宣太后对于性观念的开放，达到令人吃惊的程度，在她的观念中并不像后来的人那样，把男女之间的性生活视为多么不光彩的事。为了政治需要，她甚至敢于把自己性生活的感受公之于众。有一次，韩国的使臣来向秦国求援，当时尚在听政的宣太后，出面同韩国来的使臣尚靳谈判。作为一个王后，直接与外国使臣交谈，这已属罕见，更令人惊异的是，在谈判中，宣太后竟用自己床笫间的感受作比喻向韩国讨价：

"我和先王做爱之时，先王全身都压在我的身上，我一点儿也不觉得重。那是为什么？"她自问自答地说，脸上一点不好意思的表情都没有，"那是因为对我有利，我感到全身舒服！"

韩国使臣目瞪口呆地一句话也说不出，不知这位太后要说什么。

"可是，"宣太后娓娓而谈，"当先王不和我做爱的时候，就是一条腿压在我身上，我都觉得支持不住啦。"

说到这里韩国使臣尚靳已经完全明白：若对秦国无利，秦是不会支援韩国的。这次谈判结果如何姑且不论，身为秦国的太后竟把做爱的感受公然对外国使者宣布。这些言论是低级下流还是先进开通？反正谈判的结果是秦国得到了便宜。

这个浪漫而又胆大的宣太后还是个长寿老人。直到异人来邯郸为质的秦昭王四十二年，才恋恋不舍地离开人世。就是临死之前，这个风流一生的太后，还念念不忘一个名叫魏丑夫的男宠。在弥留之际，她竟提出要魏丑夫为她殉葬。这时秦国早已废止了殉葬制①，使昭王非常为难。而那个魏丑夫当然也更害怕。正在不知如何是好之际，一位聪明的大臣庸芮出来解了围。

"太后陛下认为人死之后还有知觉吗？"庸芮毕恭毕敬地、轻声细语地在太后耳边问道。

"当然，"太后上气不接下气地回答，"没有知觉。"

"太后圣明！"庸芮紧接着说，"以太后如此之神灵，明知死者已经无知觉，又何必让所爱的活人陪着无知的死人呢？"

"再者，"见太后没有反应，庸芮又进一步说，下面的话就很难听了，"如果死人有知，先王对您生活的不检点积怒日久，您死后小心先王找您算账都来不及，哪里还有暇去和魏丑夫恩爱呢？"

这种极其刺耳的话竟当面对太后讲出来，在病榻旁的太子和贵戚、大臣未免都捏了一把汗，不知宣太后要如何动怒，说不定庸芮的性命就此完蛋。空气立刻紧张起来。

"好……"停了一会儿，只听宣太后有气无力地从嘴里吐出一个字。究竟这个"好"是什么意思？是指庸芮说得对，还是无可奈何地表示"随你们怎么办吧"。

她无可奈何地放弃了对魏丑夫陪葬的要求，咽了气。可怜的面首魏丑夫得了救，在场的人也松了一口气。

华阳夫人就是在这么一个大胆、浪漫的太后调教下长大的，有这样的靠山，再加上她自己年轻、貌美，更有可能继承宣太后的心计和性格，所以在安国君众多妃妾中备受宠爱是十分自然的了。

异人当时听到吕不韦提及华阳夫人受宠，在难过的同时，一定很奇

---

① 秦献公元年（前384年）秦国"止从死"（《史记·秦本纪》）。

怪：秦国王室内部的事，这个陌生人何以知道得那么清楚？岂不知，吕不韦专门为此做过细致的调查。搞政治投机同搞经济投机一样，不摸清行情怎样下手？

异人的思绪随着吕不韦的话起伏，他不知道突然来访的这个陌生的商人为什么提到华阳夫人，又为什么关心起华阳夫人能否左右安国君立嫡的问题。还没等异人把这些思绪想出个头绪，又听吕不韦说："现在足下有兄弟二十多人，而你居中。你不是长子，又不受令尊的青睐，送到这里为人质，回不去秦国。一旦你爷爷秦昭王逝世，令尊安国君继承王位，那时足下可就无力同你的兄弟们争太子的地位了。"

"说得不错，确是如此。"异人点头称是，"那又有什么办法呢？"

"办法是有的。"吕不韦开始和异人摊牌了，"就看你干不干了。"

早就盼望改变人质地位的异人，焉有不干的道理。这时要他干什么伤天害理、下流无耻的事他都会答应，何况吕不韦要他干的比他自己想的容易得多。

"足下目前是个穷光蛋，困在邯郸，一定没有什么财物可以拿出来献给亲属和结交朋友吧？"吕不韦这样问，但并不需要回答。

"……"异人没什么说的，因为吕不韦说的是事实。

"既然如此，敝人不韦虽不算富裕，但拿出点钱来还不困难。我愿出资千金，为足下的事西入秦国，设法劝说安国君和华阳夫人，立你为嫡子，将来继承王位，如何？"吕不韦将投资计划和盘托出。

异人听到有如此便宜的事，大喜过望，连忙就地顿首，感激涕零地答应说："如果您的计划能实现，我当了秦国的国王，秦国一定归我们俩共有！"

吕不韦的投资计划已经具备了实现的可能性。一个寻觅一本万利之奇货的商人，一个待价出售的潦倒王孙，在赵国国都邯郸没有经过讨价还价，就做成古今中外最大的一笔生意。在双方都满意的条件下，"平等互利"地拍板成交。

　　吕不韦和异人敲定之后，立即照计划执行，当下就拿出五百金给异人，让他用来在邯郸结交宾客、朋友。异人有了钱自然欣喜雀跃，服饰器用当即购置一新，车乘坐骑也讲究起来，宴饮游冶，恣意享乐，纵情声色，又恢复昔日身为贵公子时的故态。一时间在邯郸，这位身为质子的秦国王孙花天酒地、寻欢作乐，几乎忘记自己的处境。

　　吕不韦给钱让异人挥霍，其目的是使异人广交朋友，培植势力，改变在赵国贵族眼中的落魄形象，以便为回国夺权铺平道路。对此，异人自然心领神会，在邯郸，他用吕不韦给的钱结交赵国贵族和其他诸侯国来到邯郸的头面人物，又收罗宾客为自己鼓吹以扩大影响，在各国贵族上层中大造舆论。"钱能通神"，果然，不出几年，异人的势力就不容忽视了，他在赵国和其他诸侯国贵族眼中的形象也改变了。

　　异人之所以能在短时间内改善自己的境遇，除了吕不韦的钱外，重要的条件是时机。这几年秦、赵之间一场大战虽正在酝酿中，但又处于战火未燃、战云密布的间歇时刻，双方暂时没有发生正面的直接的冲突，这恰给异人以积蓄力量、准备回国夺权的大好时机。

　　原来秦国自公元前266年任范雎为相后，范雎就坚持实行"远交而近攻"的策略。他认为只有这样才能巩固所取得的土地，所谓"得寸则王之寸，得尺亦王之尺"。根据这个原则，他主张先伐韩，而把齐、赵等国稍稍放下。因为韩国的土地与秦地交错，是秦的"心腹之患"。所以，从公元前265年秦军就大举向韩国进攻。当年攻取了韩的少曲（今河南省济源市东北少沁河曲处）、高平（向地，今河南省孟州市西）。次年（秦昭王四十三年，公元前264年）秦国派白起攻韩，夺取汾水旁的井隆城（今山西省曲沃县东北）等九座城市，斩首五万。白起是昭王时代的重要将领，此人又名公孙起，郿（今陕西省眉县境内）人，长得头小而尖，瞳子黑白分明，瞻视不常，为人凶狠但善用兵，自秦昭王十三年（前294年）即为左庶长，率秦兵攻韩、魏、楚等国，屡建奇功，被封为武安君，曾在公元前273年（秦昭王三十四年），攻魏国华阳，与赵、魏联军作战，斩首十三万，并将赵国士兵两万人沉在河中活活淹死。昭王四十三年白起攻占井隆等九城后，次年又攻取了太行山南的南阳地。至此，秦军对韩国的攻击势如破竹，节节胜利，而秦对赵则尚无正面冲突。本来赵国可苟安一时，避开锐不可当的秦军进攻的矛头，不料赵国国君贪小利而招大祸，从而过早地把秦军的打击锋芒引向自己。

公元前262年，秦军继续向韩国的上党郡进攻，占领了野王（今河南省沁阳市）。上党地处今山西省和顺县以南、沁水流域以东之地，治所在壶关（今长治市北）。而韩国的本土则在今山西省东南部和今河南省中部。秦军占领野王，就把上党郡与韩国本土隔绝了。

上党孤悬于外，韩国惊恐，又无力夺回。韩桓惠王派阳城君入秦，请求将上党之地献给秦国求和，得到秦国首肯。没想到当韩桓惠王派人传达这一决定，令上党太守靳䵬向秦投降的时候，却遭到靳䵬义正词严的拒绝。他对国王派来的人大义凛然地说：

"人们常说：'挈瓶之知，不失守器。'替别人保存一个汲水的瓶子，尚且不能轻易丢掉。何况国王令我守这么大的一片土地呢？本人绝不能信您所言，将上党拱手给秦。臣请求倾全部兵力抗秦，若抵抗不成，死而后已！"

这掷地有声的言辞反映了韩国将士不屈的决心。只是韩国国君已被秦军吓破了胆，对于靳䵬这样的爱国志士竟不敢支持。当来人将靳䵬的话转报给韩王时，韩王却无耻地说："献上党的事我已经答应秦国的应侯范雎，如果不给就会失信于人。"被人打得割地求饶，一副软骨头，还谈什么"失信"不"失信"。真是卖国贼、亡国奴的逻辑！

韩桓惠王见靳䵬不愿降秦，就另派冯亭为太守代替靳䵬。冯亭到上党后坚持三十日，仍不愿将地拱手送给秦国。他派人到赵国邯郸，请求赵王接受上党之地。冯亭派去的人对赵孝成王说：

"韩国守不住上党，韩国的国王想把上党让给秦。可是，上党的民众不愿降秦，宁愿归赵。这里有上党的十七座城，愿献给大王。请大王接受！"

对于这从天而降的喜讯，赵孝成王一时也拿不定主意：接受还是拒绝。于是赵王召平阳君赵豹来咨询：

"韩国守不住上党，准备送给秦国。可是当地百姓不愿为秦民而宁愿归赵。现在冯亭派人来献地，你看这件事如何处理？"

"我听说圣人对于无缘无故得到的好处是担心后患无穷的。"平阳君赵豹想得毕竟比赵王远。

"人家仰慕我们赵国的仁义，怎么叫无缘无故呢？"赵王自鸣得意地说。

"秦蚕食韩国土地，因上党与韩国本土断绝，才把这块地献给我们。"赵豹直截了当指出韩国献地出于无奈，"而且韩地献给赵，乃是将秦的攻击矛头引向我国，这不是给我们土地，实是把祸患转嫁给赵国。"

"再说，"赵豹进一步分析利害，"秦国出兵劳师而赵国得到上党之地。这种事连大国都不干，何况我们赵国比秦弱小得多，试问能避得开秦的锋芒吗？秦国现在生产水平很高，已经用牛耕田、以水运粮了。战士们打仗立功都可以得到土地。所以到战场上个个都无比勇敢，军队令行禁止所向无敌，我们敢与其较量吗？请大王考虑，还是不要自找麻烦为好。"

赵豹的话相当深刻，也正确地反映了秦、赵两国的实力。在当时避开秦国的锋芒是唯一的图存之法。可惜赵王利令智昏，根本听不进赵豹忠言，竟勃然大怒：

"我们曾经用过百万之众攻战，经年累月地打仗也没得到一城。现在不用一兵一卒而得十七城，为什么不要！"

赵豹见赵王如此不可理喻，只好默默告退。

赵王见赵豹不支持自己，又召平原君赵胜和赵禹问以此事。这两个人倒善于观风向，知道赵王贪图小便宜，就顺着他的意思说：

"这么有利的事为何不干！"

赵王当然高兴，立派赵胜前往上党受地。

赵胜来到上党后，也知形势严峻。他首先采取笼络人心的办法，宣布："赏太守封地三万户，赏县令封地千户，诸吏皆连增三级爵。百姓凡能守城者每家赐六金。"企图用奖赏刺激吏民斗志，以保卫赵国新增加的这块领土。得到最高赏赐的当然是太守，可是在这种情况下受赏，连太守冯亭也无颜接受。他垂涕道："我有三不义：为国守地而不能以死来保住它，一不义；国君命我将地献给秦，我却献给赵，二不义；把韩国土地卖给别人，自己反而得赏，三不义。"坚持拒绝封赏，最后终于告辞赵胜回韩国去了。太守冯亭虽无力挽回失败结局，但这种气节也令后人感动。

冯亭回韩国复命。韩王见赵军已占领上党，只好如实通知秦国。秦王大怒，立即派白起、王龁率秦兵向上党进发。赵国果然将战火引到自己身上。

赵国占领上党后，就派名将廉颇率兵屯驻，决心与秦军一决雌雄。

一场空前的血战即将爆发。

不过，即将爆发的大战，是在邯郸以西数百里之遥的上党地区。因此，尽管赵国边境战云密布，赵国国都却仍然歌舞升平。而且，由于赵国上下都在注视着西边的韩、秦之战，反而无人留意邯郸城内的秦国公子异人。这倒给他留下活动的空隙。

异人在邯郸活动，除花天酒地结交赵国和其他诸侯国来赵的将相、宾客以外，无疑也不可避免地被当地的学术文化气氛所感染。

战国时代的邯郸，不仅是政治、经济中心城市，而且也是文化中心。邯郸之所以成为文化中心之一，一方面因其地理位置处于四通八达之枢纽要冲，活跃于各国的知识分子——"士"很少有不来赵国的；另一方面，由于赵国贵族有"养士"之风，从而招集了一大批士人。据记载，战国时期在齐、魏、楚、赵都有一些贵族重视网罗知识分子，以壮大家门的势力。这就在客观上促进了学术的繁荣。如齐国宣王喜文学游说之士，邹衍、淳于髡等七十六人皆赐宅第，在稷下讲学，形成稷下学派，人数多时达数百人。齐国的孟尝君养"食客"数千人。魏国信陵君无忌也养士"致食客三千人"，楚国春申君也有三千宾客。和这些养士的公子相同的，在赵国就是平原君赵胜了。平原君养士也不下数千人。这些养士之家，无疑成为知识分子集聚之地，而士之集聚地自然成为学术研究的中心。

赵国的邯郸学术风气不同于齐、鲁，也不同于秦、楚。齐国的临淄以稷下学派著称，儒家学说或阴阳五行学说占主要地位。而秦国则一贯坚持法家传统，到昭王时代尚且"无儒"。赵国的邯郸则不同。这里的学术以包罗百家为其特点，举凡战国时代各个主要学派的代表人物，几乎都在赵国留下足迹。

首先是儒家学派。孔子逝世后，儒家分为八派，其中主要是孟轲和荀况。孟轲长于诗书，荀况长于礼。而荀况就是赵国人。他曾游学于齐国的稷下，到过燕、秦、楚等国，其活动年代大约在公元前298年至公元前238年。值得注意的是，荀况在赵国的时代恰恰是吕不韦和异人在邯郸的那几年。从吕不韦以后所表现出的思想观点来看，荀况对他有很明显的影响。荀况与孔丘、孟轲的儒学最大的不同点，在于他批判地吸收了儒家以外的一些理论观点，如性恶说和"重法"思想以及五行学说，等等，这些特点在吕不韦的一生活动中都有反映。荀况又是法家集大成者韩非（约前280年至前233年）和法家学说的实践者李斯的老师。这两个法家代表人物曾求学于荀况。另外，据《汉书·艺文志》记载，属于法家的《处子九篇》，这个处子也是赵人。可见，邯郸也是法家学说的重要讲坛。著名的古代逻辑家——名家公孙龙，字子秉，也是赵人，为平原君赵胜的门客。其他如道家、墨家学派的人物都曾来过邯郸或在这里长期为客。这就形成了邯郸的学风既不同于稷下，也不同于关中的咸阳，而是以"杂"为其特点。公子异人揣着吕不韦的钱，在这里结交宾客，不仅不拘一格地广结各派士人，为吕不韦和自己网罗一批羽翼和爪牙，而且无形中接受各家各派思想观点，极少有先秦各学派的门户之见。这就为后来吕不韦在秦养士，和以《吕氏春秋》为代表的"杂家"学派的产生奠定基础。

邯郸是吕不韦和公子异人的发迹地，也是他俩的政治摇篮。

二　咸阳密策　质子卖身

吕不韦安顿好异人之后，又用五百金购买各种新奇物品、珍贵特产，然后打点行装，携带着这些东西启程向西，直奔秦国而来。

艳后忧思

赵国的邯郸距秦国国都咸阳有千里之遥，吕不韦携着大批行李长途跋涉，经过韩、魏等大国和一些小国，沿途关卡盘查，兵、匪骚扰自不在话下，辛辛苦苦地奔波了几个月，终于进入函谷关，来到秦国本土。

一进入秦国境内，吕不韦就感受到这里与关东地区迥然不同的风土和民情。他的车骑缓缓地走在华山脚下通往咸阳的"平舒道"上。左侧巍峨的华山耸立，右侧湍急的黄河在这里转弯向东流去，函谷关像一个瓶口控制住出入秦国本土的通路。极目向西望去，八百里秦川一片沃野，南山郁郁葱葱长满了檀、柘、松、竹，平原上种植着稻、麦、菽、稷，村落间鸡犬之声相闻，农田里阡陌井然有序。尽管吕不韦是个商人，也能看出秦国的关中地区是个土地肥美、物产丰富的地方。一路上，吕不韦所见到的秦国人，也都保留着先民周人的遗风，对种田、稼穑之事十分认真，这一点与他的老家濮阳和他到过的邯郸完全不同。秦人不像关东人那样浮华，也没有那么多人趋利去弃农经商，而是安分地固守本业，踏踏实实种地为生。仅从装束上观察，秦人也不像卫、赵等国那里的人们穿戴时髦、轻佻，一般百姓都相当朴素。刚刚从繁华、奢靡的邯郸来到这里的吕不韦，愈接近秦国国都咸阳，感受愈深。一路走来使他对秦国必胜的信心愈来愈坚定，从而对此次政治交易的成功愈来愈有把握。

其实，对秦国必胜的看法，不只是吕不韦一个人有，当时一些有远见的政治家、思想家都能看得出这个大趋势。尤其是秦国以外的关东人，亲自来到秦国本土实地观察，就会得出相同的结论。就在吕不韦入秦的前后，有一个著名的大学者、思想家赵人荀况也来过秦国考察，到咸阳后，见到正在秦国执政的范雎。因为荀况已是名扬各诸侯国的有名人物，范雎当以礼相待。会面时范雎不免问客人，来秦国后有何见闻和感想。荀况当即以其思想家的高度，概括地说出他对秦的观感："秦国所处的地理位置相当好，又有山林川谷之利，物产丰富，这是一大优势。"荀况不慌不忙地侃侃而谈："我到贵国后观察地方风俗，明显地感到这里的老百姓都很朴实，不尚浮华，从秦国流行的服装和音乐中，也强烈地感到，这里的人们不喜欢浮躁和轻佻。"荀况这样说显然是与东方的诸侯国特别是郑、卫、赵这些国土内的风俗对比而言的。这位老先生是严谨的学者，每句话都是有根据的。接着他又评论起秦国的政治："秦国的老百姓对官府很害怕，都服服帖帖地听从政府官吏的摆布，遵守法令。而衙门里的官吏，则个个奉公执法，认真为朝廷办事，不偷懒，不营私舞弊。这样的官和民真是太理想了。"在荀况的政治理想中，上古的官民关系就应是如此，其实这仅是他个人的想象。不过，对秦国的吏治，老先生还是很满意的："还有贵国的士大夫，也都守法奉公，出家门进官府，出官府就回家，从不结党营私、拉关系培植私人势力，每个人都识大体、顾大局。再看朝廷，处理政务简捷明快，绝无拖拖沓沓现象，也未见为烦琐细务纠缠扯皮的情况，真像恬然无治的样子。""恬然无治"也是荀况最高的政治理想。最后，荀况得出这样的结论："怪不得秦国不断取得胜利！这不是侥幸，是必然的结果啊！"①

　　荀况不愧是一位大思想家，他观察、研究秦国社会制度、风土民情之后概括出来的结论，是相当正确的。当时的秦国不仅在军事上较关东各国强大，而且在内政上也建立起了一套适合社会发展的制度，在各诸侯国中是最先进的。秦国已经初步建立了保障中央集权便利行使的官僚

———————————

① 见《荀子·强国》。

制度，为统一以后以至此后的数千年的官制奠定了基础。

咸阳是秦国的政治中心。这里在秦王以下有一整套中枢官僚机构：

中枢政治中心最高官吏有丞相和国尉（统一全国后称太尉）。丞相又称相国、相邦，有时亦尊称相君，秦武王时始置，负责协助国王掌万机，总揽朝政。分右、左二人，以右为上。国尉掌武事，为全国最高军事长官，昭王时已设。出征时他命将军统兵，下有尉、司马，等等。相国及其他大官皆有属官，一般的属官为"舍人"。

在相国、国尉之下的官吏有：

太祝。穆公时置，掌宫内礼仪。

大夫。穆公时置，有太中大夫、中大夫、谏大夫，等等，多至数十人。

郎，或郎中。惠文王时已置。

谒者。掌宫内接待，昭王时置。

卫尉。掌宫门保卫。

典客。掌蛮戎事务，属官有"行人"。

尚书。主在殿中发书。

太医令。主医药。属官有侍医。

宦者令。掌宫内宦者，属下有宦者或称寺人、阉人。

佐弋。主弋射。

永巷令。掌宫人。

铁官长丞。掌铁专卖，商鞅变法后置。下有左采铁、右采铁客卿。

中尉。

太傅，或曰太子师、太子傅。

庶子，等等。

以上这些官员除无御史大夫外，基本构成统一后"三公、九卿"官制的基础。

在中央机构之下，全国各地设郡、县两级政权。商鞅变法时，全国普遍设县，成为秦国政权基本地方单位，郡只是边境之军事组织。随着地域扩大，郡才成为县以上的一级组织。不过，在吕不韦来秦之时，秦尚未统一中国，在秦国统治地区，郡县制尚未完全实行。至公元前262年（秦昭王四十五年）左右，秦国已设的郡有：

上郡，公元前328年（秦惠文君十年）由魏归秦。

巴郡，公元前314年（秦惠文王更元十一年）始置。

汉中郡，公元前312年（秦惠文王更元十三年）始置。

蜀郡，公元前311年（秦惠文王更元十四年）始置。

河东郡，公元前286年（秦昭王廿一年）始置。

陇西郡，公元前279年（秦昭王廿八年）始置。

南郡，公元前278年（秦昭王廿九年）始置。

黔中郡，公元前277年（秦昭王三十年）始置。

北地郡，公元前272年（秦昭王三十五年）始置。

南阳郡，公元前272年（秦昭王三十五年）始置。

随着秦国领地扩大，郡数也逐渐增加，至秦始皇统一中国的公元前221年，达到三十六郡。

郡的长官为郡守，亦称太守。郡以下设县，有县长或县令。县以下则有乡、里组织。乡、里以下又把百姓编为什、伍组织，五家一伍，十家一什。平时生产，战时出征当兵。

这一整套官僚行政机构，就将全国各地牢牢地控制在以国王为首的专制政权之下，为全国统一后的中央集权政治制度奠定了基础。

为取得兼并战争的胜利，秦国军事制度实行全民皆兵，凡成年男子皆须服兵役。故秦国的兵源充足。公元前262年（秦昭王四十五年）游说之士苏秦统计各国的兵力如下：

燕国：地方二千余里，带甲数十万。

赵国：地方二千余里，带甲数十万。

魏国：地方千里，武士二十万，苍头二十万，奋击二十万，厮徒十万。

楚国：地方五千里，带甲百万。

秦国：带甲百余万。

这还是在吕不韦入秦前的情况，到吕不韦来秦时，魏国、楚国的军队实力远远小于上列数字，而秦国的兵员数已大大超过上列数目。

秦军的战斗力之强，已为各国所公认。当时人称：秦国车千乘，骑万匹，孔武强壮的"虎贲之士"在战场上不戴盔甲，挥舞刀戟，奋勇杀敌如入无人之境。秦国的良马，矫健的骑士，扬鞭奋蹄一跃九尺，驰骋疆场。这样精壮的战骑，多得不可胜数①。这种形容绝不是没有根据的。

此外，在吕不韦入秦时，秦国已建立起水军。秦国的水军主要在巴蜀和汉中。惠文王时，大将司马错率十万之众，乘大船万艘，沿江而下伐蜀。

秦军之所以强大，原因之一是有充足的粮食给养，后勤补给相当丰裕。

秦国粮食积贮丰裕，源于农民生产热情高。而农民之所以具有极高的生产热情，乃是由于秦国实行土地私有制。在春秋战国期间，各诸侯国大多继续维持西周以来的土地国有制，"普天之下，莫非王土"。无论从观念上还是从实际上，劳动者所耕种的土地都不属自己所有。尽管井田制破坏以后，春秋以来各国都有承认私田的改革，如鲁国在公元前594年实行的"初税亩"，秦国在公元前403年实行"初租禾"，按实际占有的土地征税，表示承认私人田产的事实。但真正将国有土地分给私人所有，乃是商鞅变法之后从秦国开始的。商鞅变法时为奖励军功，规定杀敌一甲首者除赐爵一级外，还赐田一顷、宅九亩。也就是说这一顷九亩地就由国家的公田变为私田。据统计，自商鞅变法以后，到昭王四

---

① 见《史记·张仪列传》。

十五年之前，可查到的秦军杀敌数已近百万人①。若以其中百分之一为"甲首者"计，则有一万人。这就意味着一万九千顷国有土地变为私田，再加上其他途径出现的私有土地（如个人私自开垦荒地），则秦国的私有土地数量可观。而生产关系这样的变化，就会化为巨大的生产力，这是使秦军取得胜利的根本保障。

秦国的法律制度也是当时最先进、最完备的。自商鞅变法树立法的威信之后，历代国君无不重视立法、守法，依法治国。不仅商鞅时代有利于强国的法令，在以后的各代国君统治时期继续生效，而且不断建立新法。据现代出土的秦简资料可知，秦法到昭王时代就已相当严密，法律形式方面就有令、律、法律答问（法律解释）、爰书（法律文书格式），等等。在律令内容上，已经有田律、仓律、厩苑律、金布律、关市律、工人程、均工、徭律、司空、置吏律、效律、军爵律、行书律、内史杂、尉律、属邦，等等。从律名上看远远超出战国时魏国李悝始作《法经》时六律的范围。荀况说秦国是战国时法律最完备的国家，确是有根据的。

秦国的国君一贯重视依法治国，而不是仅凭君主的个人权力处理问题。就在吕不韦来秦之前，有一次秦昭王生病卧床。消息传出宫后，有的百姓买牛当牺牲为昭王祷告，祈祷保佑昭王早日恢复健康。大臣公孙述见百姓如此拥戴国君，兴冲冲地到宫中向昭王报告："报告大王，百姓听到大王病重，都买牛为王祈祷，企望大王康泰。"他原以为会博得昭王欣喜、称赞，没想到昭王听到之后，不仅没表示丝毫称赞之意，反而下令："凡买牛为我祈祷的人，罚二副甲。"接着，昭王解释要罚的理由："秦国法令规定，不准私自杀牛。没有得到允许而杀牛为寡人祈祷，这固然是爱寡人。但因爱寡人就这样不顾法令，也因此而改法令，岂不是将法令破坏了吗？法不定，是亡国之道。不如对每个破坏法的人都罚

---

① 见拙作《秦史》，台北五南出版公司 1992 年出版。

二甲，而保障法的威信使国家立于不败之地。"众臣民听到昭王说的这个道理，更加心悦诚服地守法了。不过，昭王这样做，是为了维护法的尊严，绝不是什么替老百姓着想。

还有一年，秦国发生饥疫，许多百姓无粮。应侯范雎向昭王请求：开放国王宫内五苑，让饥民入内拾蔬菜、橡果、黍栗以度过灾荒。昭王坚决不准，他的理由也是不能因此破坏法令："我们秦国法令规定：民有功受赏，有罪受罚。今天你要把五苑开放，让有功无功者都入内得到蔬果。这实际是破坏秦法，让他们吃点蔬菜果实是小事，从而把有功者赏、有罪者罚的法令原则破坏，这可是大事，不如不开放五苑而保持法令的严肃。"当然，百姓有无可食之物，昭王就不关心了。但由此可以看出秦国国君对法令的重视。这是秦国政治清明的一个重要原因。

总之，秦国的政治制度在当时的各诸侯国中，具有极其明显的优越性。不仅思想家荀况看得很清楚，就是吕不韦也不可能不知道。他虽然没有荀况那样高度的概括能力，但当他运载着沉重的行李进入关中、走向咸阳的旅途上，一定也会得出荀子那样的结论。

吕不韦一路观察、一路思索，终于到达秦国国都咸阳。

咸阳，这座自公元前 350 年（秦孝公十二年），商鞅变法过程中建设起的国都，是一个有计划修建起的新兴城市。它地处渭水之滨，坐落在渭水两岸东西并行的大道交叉处。吕不韦的车骑沿着渭南的一条古道由函谷关、崤山直抵潼津（在今西安市临潼区）。一到这里就感觉到国都的气氛，尽管此地距咸阳城尚有数十里之遥，但秦王陆续修建的离宫别馆已列于大道两旁的渭北高原和南山脚下，而台榭陂池和陵寝、苑囿则分布于咸阳东西两方的数十里内。整座城市的布局甚具浪漫色彩：沿着北原高亢的地形营造殿宇，并以这些殿宇为中心，殿门向四个方向伸展开来，有如天上诸神之首的上帝所居的"紫宫"；滔滔东去的渭水穿过都城，恰似银河亘空，划破无垠星野；而横桥飞架，把南北的宫观阙廊连接起来，真像在满天星斗的苍穹里飞来的"鹊桥"，使牵牛、织女得以团聚①。秦人崇尚神灵和吞并全国的野心在国都咸阳的布局中充分地展示出来了。不过，刚刚来到咸阳的吕不韦对这里的宽阔街道、整齐房屋和宏丽殿宇都没有多大兴趣。当他找到馆舍暂时住下来之后，就急急地寻找门径，设法面见华阳夫人。

在太子安国君的后宫，华阳夫人正侍奉着太子日夜宴饮，嬉戏游乐。不过，在宴饮、游乐之余，年轻的华阳夫人独自对镜时，也时时有一阵阵悲凉的忧思掠过心头，一种莫名的寂寞和空虚袭来，使她觉得似乎生活中还缺少点什么。而且，常常有一种恐惧感骚扰着她，尤其是在太子抚爱和温存之后，意兴阑珊之际，细细体味着受宠的欣快时，偶尔又夹杂着一丝丝失落感。这究竟是为什么？华阳夫人自己没有深想。反正日夜有多情的太子眷恋，餐餐有珍馐美味品尝，处处都能显示出比后、妃、夫人、妾、姬优越的地位，还有什么值得忧虑的事呢？

身居深宫的艳丽王妃大概还不懂"居安思危"的哲理，不过对王室内部的倾轧和后妃之间的争斗，她不会没有体会。在得意之余隐隐地忧虑，在欢快之后淡淡地哀愁，这位工于心计的华阳夫人的心弦轻轻颤抖。这种莫名的心绪若不升华为理性的思考，并做出冷静的判断，则只能永远停留在她个人身上，属于与社会无关的少妇闺情或艳后宫怨之类的情愫。然而，因华阳夫人的特殊地位，这种完全属于个人情感上的因素，却又可以和严酷的政治斗争联系起来，甚至决定一代国君的命运。开启这位艳后理性之窗的不是别人，而是从邯郸匆匆赶来的濮阳大贾吕不韦。

千里迢迢地来到秦国国都咸阳，吕不韦唯一的目的就是向华阳夫人游说。然而，要面见深居后宫的宠妃谈何容易！只好在咸阳住下来，慢慢找寻接近华阳夫人的门路。

以其商人特有的钻营精神，吕不韦很快找到了门路。不用说，其携

---

① 见《三辅黄图》。

来的丰厚礼物必定起了作用。

一天，吕不韦去见新结识不久的阳泉君，这是他到咸阳后最重要的一次行动，因为阳泉君是华阳夫人之弟，也是能和华阳夫人说知心话的少数几个人之一，向阳泉君游说无异于面见华阳夫人。

"足下大祸临头，该判死罪。"吕不韦一见阳泉君的面，劈头就说出这样一句令人毛骨悚然的话，"难道还不知道吗？"

"……"阳泉君吓了一跳，不知说什么好，急于听下文。

"足下全家没有一个不居高位、当大官的。府上骏马多得没处放，后院美女数不过来。"吕不韦把早已准备好的话不慌不忙地说出来，"再看看安国君的儿子，家里的人却没有一个有权有势的。如果有一天安国君咽气离开人世，他儿子有了权，足下不是如同坐在火山口上，说完蛋就完蛋吗？"

"敝人有办法可使足下避灾得福。"像战国时期的游说之士一样，吕不韦也有一套煽动人的技巧，话头一转，"能让府上全家长保富贵，永无危亡之患。"

"请赶快告诉我吧！"阳泉君自然心急如焚地想知道怎样才能躲灾趋福。

于是，吕不韦将在邯郸与异人策划的方案如此这般地端了出来。阳泉君听后大喜，立即找到他和华阳夫人的姐姐，把吕不韦的话又复述了一遍。华阳夫人的姐姐也颇以为然，急急入宫找华阳夫人谈话。

"我听说，凭年轻、漂亮赢得男人宠爱的女人，一旦年老、不那么好看了，男人对她的宠爱也就差劲啦！"姐妹间说话十分坦率，姐姐开门见山，直接点到华阳夫人的要害。

聪明的华阳夫人经姐姐一语道破，立即明白了平日何以常常有莫名的惶恐袭来，在满足之余究竟是什么原因感到怅惘和迷茫。原来靠色相而取得宠幸的女人，其地位是极不保险的。岁月无情，无论多娇艳的女子使用任何"永驻青春"的方法，都不能阻止随着时光的流逝而变老，昨日黄花少女，明天白发老妪。这一浅显道理往往被人忘记，经姐姐一点，华阳夫人简直不寒而栗。

吕不韦的游说之所以一语中的，打动华阳夫人及其一家人的心，除了"以色事人不能长久，年老色衰就会失势"这个浅显的道理以外，还有一个最根本的原因，那就是吕不韦来咸阳之前，前265年（秦昭襄王四十二年）宣太后离开了人世。

宣太后不仅是对秦国政局影响最大的一位王太后，而且是秦、楚间特殊关系的一个关键人物。

春秋战国时期，秦国在和东方、南方的诸侯国以至四周的戎、狄的关系中，唯有和楚国的关系极为特殊。这种特殊关系不是表现在秦与楚之间时而伐攻、时而会盟友好，或是在友好期间也不断相互攻伐方面。这些和中有战、战中有和的现象在秦与其他诸侯国之间也不例外。特殊的是秦与楚两国在战争和友好的关系中表现出更多的感情色彩，也就是说，秦、楚两国王室成员之间个人恩怨的因素，在两国关系中占有极重要地位。当然，个人情感的因素在处理诸侯国之间的关系中起一定作用，这在春秋战国时期是不可避免的。然而各诸侯国间皆无秦、楚间的关系突出。这首先表现在联姻的活动上。为加强联盟关系，国与国之间王室联姻是一种重要的政治手段，秦与鲁、赵、魏、韩等国都有嫁娶之事。然而，联姻最多的一个诸侯国则是楚。自春秋开始以来，见诸文献记载的秦国自外娶妻十五次，其中来自少典之子、姚姓女、太戊女、骊山之女（以上均为传说时期）、申侯女、鲁、晋、韩、赵各一次，来自魏国的两次，而娶自楚国的女子则有四位。

秦国王室女子出嫁在外的共十三位。其中嫁给丰王、越王、燕、齐、赵的各一位，嫁给晋的两位，而嫁往楚国的秦女则多达五位①。

可以看出，无论是秦王室女子出嫁国外，还是外国女子嫁给秦国王

------

① 见拙著《秦史》。

室，与楚的联姻都比与其他诸侯国多出几倍。这种显然超过其他诸侯国间的亲密关系，隐隐约约地透露出秦、楚两国历史上不同寻常的渊源。

秦、楚间有什么特殊关系呢？

如果追根溯源，可以清楚地发现秦、楚两国的祖先有极密切的血缘关系。据伟大的史学家司马迁撰的《史记》记载，秦、楚的祖先都是颛顼之后。这虽系传说，但也可看出秦、楚之间较秦人与周人、殷人之间的血缘更近。从《史记》中的记载来看，殷、周人的祖先与秦、楚人的祖先不同，乃是玄嚣、蟜极①。这种传说反映了秦、楚人和殷、周人来自两个不同的种族。此外，秦人嬴姓，楚人熊姓。古音嬴、熊相通。这就进一步证明秦、楚同祖的传说是有根据的。

直到公元前11世纪西周王朝建立之初，秦、楚和殷、周渊源的不同，人们仍相当清楚。西周王朝的统治集团，主要是姬、姜两姓氏族组成。周初大封诸侯，多系姬、姜两姓封国。贵族通婚也多限在两姓之内。这样就形成"家天下"的格局，天子为"大宗"，诸侯为"小宗"，周天子既为天下"共主"，又是氏族制中的大家长。这种宗法制维系着的西周王朝，延续了四个世纪。到公元前8世纪，西周王朝结束，历史进入春秋时期，周天子成为有名无实的"共主"，但对各诸侯国来说，他仍是"大宗"，是宗法制的"家长"。因为春秋时期有争霸实力的大国中，主要的仍是姜、姬两姓的诸侯。然而，在春秋战国时期的大国中，只有两个大国不属于姬、姜两姓，因而也不归于周天子的宗法系统，这两个大国就是秦国和楚国。

秦国和楚国在周天子宗法系统的诸国——例如齐、鲁、晋、宋、燕及后来的韩、魏等——眼中，始终被视为外族，处于被排斥、被蔑视的地位。在商鞅变法之前的秦，仍被视为"戎狄"，楚国则被讥为"南蛮""荒蛮"。事实上，秦、楚两国立国也确实很晚，与西周立国时分

①　见《史记》中之《五帝本纪》《夏本纪》《殷本纪》《周本纪》《秦本纪》。

封的诸侯不同。秦国长期处于原始社会不定居的游牧社会阶段，西周时代尚在西方边陲牧马，社会文明处于很低的阶段。

到西周末年，周王室衰落，秦人趁机发展，才勉强当上了附庸。所谓附庸就是没有资格直接向周天子呈送贡献，而将自己希望送给周天子的贡品附在其他诸侯贡品之中，请有资格呈贡品的诸侯带上。直到公元前770年，周王室被戎、狄赶出关中，西周灭亡。平王东迁，因秦襄公护送平王逃难有功，最后才指定已被戎、狄占领了的关中为秦人领地。秦从此才跻身于诸侯国的行列。可见秦立国很晚，也不像晋、鲁、齐、宋等国与周王室有宗法关系而立国；楚国的经历也与秦相仿：西周以前楚人散居在南方长江流域，被中原民族视为"蛮夷"。到周成王时，楚人的祖先熊绎才被周人封于蛮夷，其地位也不能与中原的诸侯国相提并论。其正式成为诸侯的时间比秦还晚，公元前740年，熊通才自立为楚武王，之后，许多年内都没有得到承认。三十五年之后楚武王尚自称"我蛮夷也"，请求周王室承认他的尊号。秦、楚两国在中原各大国的统治者眼中，是"非我族类，其心必异"的外族人。而秦、楚这两族之间，则有相当密切的关系，除前面提到的传说中共同的祖先外，在相当长的时间内，他们自视与中原各诸侯国不同，以外族人自居。而这种心理状态，又促成秦、楚两国相互之间的接近和交流，从而在文化心理素质及价值观方面有更多的一致之处。在秦、楚早期历史上，两国的友好关系维持了绝大部分时间，而很少有战争的记录，就是在春秋时期秦穆公称霸期间，秦与各国间不断进行战争，也只同楚国发生了两次小冲突。其中一次冲突后两国痛定思痛结盟明誓，要世代婚姻、永通婚好。这种相互认同的关系确实保障了秦、楚两国间数百年内很少有大战爆发，而留下较于其他诸侯国更多的联姻记录。

到战国时期，秦、楚之间的战争次数增加，其激烈的程度一点也不比其他各国小。然而尽管战争是一样的，但秦、楚之间的战争显然带有极浓烈的感情色彩。这是别的国家所没有的。

　　秦、楚之间的这种特殊关系，在公元前312年（秦惠文王更元十三年，楚怀王十七年）秦、楚之间的一场冲突中，由秦国所发的一封公文得以充分证明。

　　在这场冲突中，秦惠文王派兵伐楚之前，先到宗庙祈祷，并在祈祷词中罗列楚怀王"罪恶"，说明伐楚的正义性。在历数楚王罪该重惩的劣迹中，特别回顾秦、楚之间的亲密关系。在这一段温情脉脉的文字中，秦王指出，昔日我先君秦穆公及楚成王协力同心，两邦若一，用婚姻将两国的友好关系牢固地结合起来，并对天盟誓，保证子子孙孙世代不发生战争。接着又斥责楚怀王违背十八世之盟约，在国内暴虐无道，对秦国则兴兵侵略，发动战争。最后，祷词宣布：秦国即将倾全国兵众伐楚以自救，并祈神威之助，打败楚兵。这就是历史上有名的《诅楚文》①。

　　两国交战发檄文，指责敌国"罪行"，宣布我方出师的"正义"性，这并不奇怪。但《诅楚文》所不同的是在全文中特别强调"我先君"与楚国"同心"，和楚怀王之"背盟"，其文句幽幽怨怨似兄弟吵架，似夫妻反目，而不像两国交兵。这恰恰反映了秦与楚非同一般的关系。这种关系决定了两国间的联姻以及联姻中嫁娶双方在各国的政治生活中必然起到相当大的作用。

　　秦昭王时代的宣太后之所以能长期控制朝政，不仅因她是昭王的母亲，是太后，更重要的是她来自楚国，是楚国贵族芈家的女人。而在当时的各大国中，除秦国之外，楚国是最强的一个诸侯国。战国末期"带甲之士"逾百万者，只有秦、楚两国而已。故而，尽管在范雎夺权代替魏冉专政以后，宣太后也随之显得失势，然而楚国仍是一个足以与秦国抗衡的大国，所以宣太后在秦国的势力并没有彻底消失，芈氏家族在秦

---

　　① 见《全上古三代秦汉六朝文》。又《诅楚文考释》，见《郭沫若全集》考古编第九卷，科学出版社1982年出版。

国王室内的影响力仍不容小视。而吕不韦要说服的华阳夫人，正是宣太后所代表的芈氏家族中的重要一员。

简而言之，华阳夫人之所以得宠，一方面因她年轻美丽，更重要的是她与宣太后同出于楚国的芈氏。这一深层原因在当时人和后世人的心里是十分清楚的。她有宣太后为靠山，加上风流、艳丽，自然得宠于太子。即使姿色稍差，也有恃无恐。若宣太后一死，华阳夫人必定顿失靠山，从而也失去了与楚国联系的纽带，即使其青春永葆、风韵不减，失势的前景也是昭然若揭的。

吕不韦选择在宣太后去世之后向华阳夫人游说，是经过深思熟虑后周详的安排，还是偶然的巧合？反正历史给了他成功的机遇，使他设计的关键一招顺利实现。

听了对自己现实处境及前景的分析，华阳夫人确实感到了危机。如何保持住受宠的地位，如何避免屡见不鲜的失宠后妃的凄惨、可怕的前景，是她迫切想要知道的。怎么办？只有通过姐姐、弟弟向吕不韦讨教。而吕不韦则适时地将早已策划好的夺权方案和盘托出。

深宫定计

任何一个正确的谋略都是建立在对客观形势清醒分析的基础之上的。吕不韦设计的方案，也是在了解秦王家族内部矛盾的前提下提出来的。

吕不韦曾对阳泉君分析过华阳夫人及其家族将要面临的危险前景：

"秦王年事已高，太子安国君不久就可继承王位。然而当今受宠的华阳夫人却连个儿子都没有，安国君另外的夫人所生之子子傒就有继承其父地位的资格，子傒身边还有一个能人士仓辅佐。一旦子傒顺利登上王位，士仓掌权，华阳夫人全家绝没有好日子过，说不定会从此绝户哩!"

吕不韦这番话也并非仅是危言耸听,当时贵族内部的斗争,这种情况层出不穷。

"现在赵国的异人,是位贤才。"吕不韦亮出底牌,同所有的商人一样,卖什么就吹什么好:"这位异人公子,虽非华阳夫人所生,却也是安国君之子,被送到赵国当人质,怪可怜的。他连做梦都想回秦国,若能使华阳夫人将其认为儿子,并劝其父立异人为继承人。将来异人就可当秦王,华阳夫人当太后的梦想也就能实现了,真是异人无国而有国,王后无子而有子,岂不两全其美!"

通过华阳夫人的弟弟阳泉君和其姐之口,吕不韦的看法和主意被灌输到华阳夫人的头脑中。

"你既然也知道'以色事人者,色衰而爱弛'的道理,"姐姐对妹妹说,"现在太子爱你,可惜你又无儿,如不趁目前有利地位早作打算,将来咱们的命运都不堪设想。最好的办法是在安国君的这些儿子中,找一个对你忠心的认为己子,然后劝安国君立他为嫡子。这样,你的丈夫在世,你的地位尊贵,丈夫死后,为王的还是你的儿子,你的权势仍不动摇。这真是一句话就可获万世之利啊!"不难看出,这番言论都是从吕不韦那里贩来的。不过,为了说服华阳夫人,道理还需反复地、不厌其烦地讲:"若不趁现在受宠时办这些事,将来色衰爱弛时,丈夫都不愿看你一眼,那时要说什么他还能听你的吗?"

其实,华阳夫人不用他们如此苦口婆心地反复劝说,也早已朦朦胧胧地预感到自己可怕的前景,只是一经道破心中更明确了。潜藏于芈氏家族性格中的野心和绝不甘居人下的精神,一下被激发出来。她决定接受吕不韦提出的方案。

这时,吕不韦适时地献上从东方带来的礼品,又不失时机地向华阳夫人夸奖在赵国的异人,说他如何"贤""智",又说他如何遍结天下宾客,以暗示其有一定势力。吕不韦特别强调异人多么忠心地崇拜华阳夫人："异人把夫人您当他自己的亲妈。"吕不韦把谎言说得像真话一样："他整日思念着夫人您和父亲安国君，想得他天天哭泣，别提多伤心啦！"

鬼才知道异人是不是对华阳夫人真有如此深的感情！说不定他此时正在邯郸拥着娇妾美姬调情嬉笑呢！好在华阳夫人听到这些阿谀之词十分高兴，对异人产生了好感。

华阳夫人的姐姐同吕不韦紧密配合，进一步给华阳夫人出主意："异人确是好孩子！"她也必须帮着吕不韦吹异人，否则这个"货"就推销不出去："他自己知道不是长子，亲生母亲又得不到宠幸，愿投靠夫人您，甘心给您当儿子。夫人何不趁此时把他立为嫡子，永保您的地位呢！"

这个建议与华阳夫人自己的想法不谋而合，华阳夫人当然愿意，痛痛快快地接受了吕不韦的建议。于是，她等待时机向安国君推荐异人。

有一天，瞅准了安国君无事，心情又好，华阳夫人向他赞扬起异人来了。她先说异人被送到赵国表现如何"贤"，从赵国来的人没有不说异人好的。说着说着，这位夫人竟抽抽搭搭地哭起来："妾身有幸得到您的恩宠，可又不幸无子。"一面嘤嘤地啜泣，一面娇滴滴地软语。大凡人在伤心哭泣之时，很难把话说清楚。只有那些工于心计的厉害女人，才一面装得极度悲伤，同时还能把要说的话表达明白无误。华阳夫人就属于这种女人："请求您把异人立为嫡子，并当我的儿子，也让妾身有个依靠。"

看着爱姬可怜巴巴的神情，安国君焉有不允之理，当即答应华阳夫人的请求，并刻符为据。此时尚远在邯郸当人质的异人，竟摇身一变成为秦国王位的继承人。

既然地位变了，当然也不能再当人质。于是秦国派吕不韦返赵，请赵国放回异人。但当时秦、赵两国关系正值紧张之际，赵国岂肯轻易将异人放回。吕不韦又施展出他的游说本领，他对赵王说："异人这个公子，是秦王的宠子，他自己母亲虽不得宠，可现在最得宠的华阳夫人将他认为儿子了。贵国若强留异人，一点用处也没有，如果秦国决心屠赵，根本不会顾及一个在这里抱空质的异人。若贵国能送异人回秦国，将来异人登上王位，必定对赵有好处。"巧舌如簧的吕不韦如此这般地一番游说，最后竟说服了赵王，同意将异人遣送回国。吕不韦这一招棋又赢了。

正在异人和吕不韦欢天喜地地打点行装准备回国之际，却发生了一件大事，使异人无法成行，只好待在邯郸等待时机。

这件大事就是秦、赵间发生的"长平之战"。

自从韩国的冯亭将被困在秦军包围之中的上党"献"给赵国之后，秦军的进攻矛头也就由韩国转向赵国。贪图小利的赵孝成王为了一片战火中的土地而引火烧身。秦、赵两国又一次正面展开了厮杀。

赵孝成王在接受上党之后也知形势严峻，即派老将廉颇率兵驻守由上党通向赵国邯郸的咽喉之地长平，以抵御秦军进攻。廉颇是赵国名将，不仅战功卓著，而且品格超群，早在公元前283年（赵惠文王十六年）就因率兵伐齐大获全胜而被拜为上卿，在赵国位居众臣之首。其勇猛善战闻名于各国诸侯。后来，相国蔺相如也因功被拜为上卿，位居廉颇之上。引起廉颇嫉妒和不满，竟有意刁难和污辱蔺相如。在宽怀大度、深明大义的蔺相如忍让并诲以"先国家之急"的大义之后，廉颇幡然悔悟，彻底捐弃前嫌，甚至主动向蔺相如"负荆请罪"，在历史上留下"将相和"的千古美谈。赵孝成王派这样一位有胆识、有谋略的老将守长平，是十分恰当的部署。

廉颇接受任务后，分析敌我双方实力，他认为秦军以得胜之师进攻赵国，气势锐不可当，但其军队远离本土，兵源、给养难以及时补充，一定急于攻城取胜。而赵国军队虽有距后方近的优势，但战斗力则远逊于秦军，不宜急于与秦军展开正面较量。因此，廉颇决定采取以逸待劳的战术，坚持守城以消耗秦军实力。他向军中宣布：秦军攻城，赵军坚不出战，违者以军法处置。于是，无论秦军如何挑战，赵军皆岿然不动，坚守壁垒。在当时的武器条件下，这种战术竟使秦军毫无办法，只好长期围城。赵军坚持守城，双方在长平对峙近三年之久，始终不分胜负。

年复一年的对垒，显然对远途出击的秦军十分不利。经过大本营的谋士们研究、分析，秦国君臣终于醒悟到不能再继续僵持下去。他们决定破坏赵国军队"以逸待劳、坚不出战"的方针，就策划了一个离间赵国君臣的阴谋。

公元前260年（秦昭王四十七年），在赵国的前线阵地和国都邯郸突然流传开一个消息。开始，人们还是在私下里悄悄地议论，很快就成为公开谈论的话题：

"秦国军队其实并不怕廉颇。"有人这样说。

"为什么？"

"因为廉颇暗地里和秦军勾结呢，别看他表面似乎挺忠于赵国。不然为什么不主动出击、老是守在城里？"

"秦军真正怕的是谁呢？"

"秦军最怕的是马服君赵奢的儿子赵括。"

军营、阵地、街头、巷尾中的这些议论，原来都是秦国派出的间谍有意散布的，而这些谣言又迅速传入赵国王宫。愚蠢的赵王不仅对自己的臣下缺乏最基本的了解，而且对这种极明显的离间性质的谣言也没有任何识别能力。当听到秦国不怕廉颇而怕赵括的谣言后，糊涂的赵孝成王竟下令撤换前线主帅，以赵括代替廉颇为将。有效地抵御秦军进攻达三年之久的大将廉颇，竟这样轻易地被撤换下来了。

代替廉颇到长平率兵的赵括是怎样一个人呢？其实他是一个只会"纸上谈兵"的角色。

赵括本是将门之子，他的父亲赵奢乃是赵国名将，其军事才能和战功并不亚于廉颇，因而被封为马服君。赵括自幼学习兵法，在谈论兵法时，这个年轻气盛的小将说得头头是道，有时连赵奢也说不过他。赵括也以为自己兵法精通无人能比。可惜，自视甚高的赵括只善于空谈军事，却毫无实际的战斗经验，更不懂书本上的理论如何运用到实践中去。更可悲的是恃才傲物的赵括一贯自以为是，根本听不进旁人的劝告。而赵孝成王却轻信敌军谣言，任命赵括代替廉颇统兵，这就埋下了悲剧的祸种。

其实，悲剧并非不可避免，对于赵括的致命弱点早有不少人看出。在长平之战很久以前，赵相蔺相如就说赵括只知照搬书本，不会结合实际灵活运用军事知识，如同"胶柱鼓瑟"（把瑟上面的弦用胶粘住，还妄想拨响瑟弦）。就是他的亲生父亲赵奢也毫不掩饰地断言："赵括若为将，军队就会毁在他的手里。"

"你根据什么这样说？"赵奢的妻子、赵括的母亲不解地问道。当时赵括还未被任命为将，母亲听到对自己儿子如此评价，不免愤愤不平，反问的口气不免略有不满。尽管这个评价是赵括亲生父亲、有名的将领赵奢给出的。

"兵法是生死存亡的大事。"赵奢冷静地分析道，"但赵括小小年纪竟把战争这件事说得似乎是轻而易举的，岂不是十分危险的吗？"知子莫如父，赵奢一针见血地指出赵括的致命弱点：只会夸夸其谈，不务实际。赵括的母亲听到赵奢如此分析，也深以为是。如果蔺相如和赵奢这些看法能影响赵王，大概赵王不会任命赵括为将，悲剧也不会发生。

可是，当赵孝成王任命赵括之时，赵奢早已去世。黑白不分、是非不辨的赵王根本没有听取赵国国内任何人的意见，而是按照秦军的意图撤回廉颇，派赵括接任长平前线军事统帅。当得知赵括即将赴任之时，赵括的母亲挺身而出，毅然上书赵王反对自己的儿子赵括为将。

接到奏书后，赵王连忙召赵母询问："你身为赵括生母，为何声称赵括不能为将？"

"妾的丈夫赵奢在世为将时，知己的朋友甚多。"赵母从容回答，她先从赵括的父亲说起，"吃饭时至少有数十人，平时亲密的朋友也有百八十位。赵奢从大王这里得到赏赐，每次都全部分发给属下军吏、士兵。接受战斗任务后，一心一意谋划战事，从不问家务。"

赵王在上面耐着性子听着，对老将的遗孀和刚任命的青年将领的母亲，不好随便发脾气，只好神色木然地让老太婆说下去。

"可是，今日大王任命赵括为将，"赵母话锋一转，说到赵括，"他一接受委任，就神气活现地东面而朝，威风凛凛，吓得属下都不敢正脸看他一眼。大王赐给他的钱财金帛，赵括自己藏在家里。一门心思地想着购置良田美宅。从这些表现就可看出他比起乃父究竟如何了。"

"赵奢、赵括父子绝不是一个类型的人，请大王务必收回成命，不能委赵括为将。"赵母情恳意切地又补充强调，态度十分坚决。

"这件事我已决定，不能变了！"赵王根本听不进任何意见，他不愿改变已发出的命令，大概觉得那样做会有碍国王尊严。许多君主往往把个人面子看得比国家利益还重，赵王更是如此。

"若大王一定要派赵括为将，请准许妾身的一个要求。"赵母见无法说服赵王，只好无可奈何地提出最后的请求。

"什么要求，说吧！"赵王只得应付她。

"若小儿赵括在指挥战斗中犯法被刑，妾身请求不要牵连于我。望大王宽赦我免受连坐之罚。"赵母这个撕心裂肺的要求，分明是用另一种形式给赵王敲警钟。谁知最后这一着也没有对赵王起任何作用，昏聩的赵王竟答应了赵母的"请求"，仍然坚持派赵括立即启程，换回廉颇。

于是，一切可以避免悲剧发生的机会都失去了。等待着赵国的是一场空前的大惨败。

志得意满的赵括率领亲信从邯郸奔向长平赴任，秦国的离间计得逞了。

针对赵国走马换将的新形势，秦军及时改变军事部署：秦昭王四十七年（公元前260年）秦国增派杀人不眨眼的白起为上将军，以王龁为裨将，加强对赵国的攻势，准备着一场恶战。

赵括到长平接任廉颇统军后，立刻改变了战术。他认为原来坚守不出的战略是怯弱畏敌，遂下令全线出击。秦军开始佯装败走，暗地却埋下伏兵。当赵军追逐秦兵时，秦军退入城内，同时又以一支部队断绝赵军粮道。赵军开始时尚能与秦军对抗，后来则渐渐不支。另一支秦军部队则进击赵军后方，将赵军截断在两处，彻底压住赵军反击的力量。数十万赵军被困在壁垒之中不敢出战，只得等待救兵。因粮道已断又无救兵，自七月至九月，赵军四十六日无粮，因饥饿待毙，以至人相食。原来夸海口的赵括，此时束手无策，最后只好决定孤注一掷，下令向秦军包围部队拼命突击。他鲁莽地亲率部队出战，结果被秦军射死。赵国军队失去主帅立即瓦解，四十万人向秦军投降。

长平大战，秦国取得胜利。赵国误中反间计，轻易换主帅，以致惨败。而夸夸其谈纸上谈兵的赵括则成为后世的反面典型。赵国战败固属必然，但赵国士卒却实属无辜。秦将白起是个残酷成性的屠夫，赵军投降后，由于担心不易统辖，他竟下令将四十万降卒全部活埋，只留下幼小的二百四十人归赵，放回之前又把这些虎口余生者割耳、截肢弄成残废，让他们回去后宣扬秦军的"声威"，制造了历史上空前的大惨案，借以威吓赵人。

长平一战，赵国损失士卒达四十五万之多，秦军死亡也超过一半。这是战国时期秦、赵间最大的战役之一。

长平大战期间，异人自然无法飞越战场返回秦国。而在长平战后，秦军紧接着就向赵国国都邯郸逼进。赵王也就改变主意，禁止异人回国。

异人不能回国，无可奈何地在邯郸混日子。吕不韦也在邯郸替异人寻找机会逃出赵国。就在这期间，吕不韦和异人又成交了一笔生意。

吕不韦在邯郸早选中了一个姿容艳美又善舞的年轻女子与其同居——这个女人的名字，可惜现已不可考，姑且称她为邯郸姬吧！有一大，邯郸姬告诉吕不韦说，自己已经怀孕，肚子里有了吕不韦的孩子。吕不韦听到后，立刻计上心来，当晚就请异人到自己和邯郸姬的住宅饮酒。

贪杯好色的异人得知吕不韦宴请，当然欣然赴约。这一次不同以往，在宴席间不仅有美酒佳肴，还有一位妖冶、风流、艳丽动人的少妇陪伴饮酒。大概第一眼看到这位美人，异人的魂儿就被勾走了，几杯酒下肚，更不能自持，仗着酒盖脸，也未及问清楚这女人和吕不韦的关系，就起来向主人请求："把这个美人赠给我吧！"异人涎着脸，无耻地向吕不韦提出要求。

"岂有此理！"吕不韦心中暗自欣喜，但表面上却装出一副生气的样子，呵斥他道："这是我的姬妾，你如此无理，我决不饶你。"说着就装模作样地要与异人拼命、绝交。异人吓得连连请求宽赦，但好色之心仍促使他死皮赖脸地向吕不韦要这个美人。

"既然我已破产弃家为你奔走，也没什么舍不得的了！"经过一番拿捏，吕不韦最后以无可奈何的口气叹道，"既然你喜欢她，我就送给你了。"

吕不韦的"慷慨""大度"几乎使色迷心窍的异人感激涕零，恨不得跪下来给他磕几个响头。他心中充满感恩之情，欢欢喜喜地、心满意足地把那位风流、标致、肚子里怀着吕不韦孩子的邯郸姬接回了住处，在烽火连天的邯郸城里过起"恩爱夫妻"的生活了。

这是吕不韦的又一笔投资，它的效益要在秦国下一代国君身上收回。

吕不韦在邯郸一面与异人做着风流的生意，一面紧密注视秦、赵间战局的发展。

长平大战之后，被白起有意放回的士卒仓惶逃进邯郸。他们拖着残废的身子向人们描述着四十万赵军被活埋的残酷一幕。消息一经传开，赵国国都一片惊惶，举国上下进入备战状态。对于吕不韦来说，这种形势则是喜忧参半，喜的是秦军战胜，于将来称王的异人无疑有利，忧的是当前赵国失败，当然不可能轻易放归异人。而异人的命运就是吕不韦的命运，他自然不能不以全部精力关注着秦、赵的战局。

长平大战之后，白起乘有利形势，率秦国之师，继续向韩、赵两国进攻。公元前259年（秦昭王四十八年）十月，秦军攻占上党。接着，白起命王龁率一路军攻占赵国的武安皮牢（今翼城东北），又命司马梗率另一路军攻太原（今山西省太原市），白起率秦军主力留在上党，准备进攻邯郸。

邯郸告急！

早在大军压境之前，赵国就加强了对秦国质子异人的控制。急于消灭赵国的秦国也无暇顾及一个人质，率军的大将白起更不会想到邯郸城内的质子会是秦国未来的国王。异人在当时的形势下随时有被赵王杀掉泄愤的可能。

不过不管形势如何紧张，异人依然过着花天酒地的日子。自娶了邯郸姬之后，守着妖冶的美人，这个花花公子在外寻欢作乐的时间似乎少了一些。一年以后，公元前259年（秦昭王四十八年）正月，邯郸姬生了一个儿子，取名为"政"，称嬴政。因生在赵国，又名赵政。他就是后来的秦始皇。

政的诞生给历史留下千古之谜。首先，就是他父亲是谁的问题。据一些记载说，秦始皇的生母嫁给异人之前，就已怀着吕不韦的儿子，而且这是精心设计的。另一个记载却又说异人之妻"大期"而生子政。于是有人考据，"大期"者超过十二个月也。既超过十二个月，所以不可能是吕不韦的儿子，说秦始皇是吕不韦的私生子，乃是当时和后来恨秦始皇的人攻击、污辱之词，不足为据。

如仔细考察吕不韦和秦始皇的生平，及后世有关资料，可以肯定后一种说法是缺乏根据的。因为：第一，证明赵政与吕不韦关系非同一般的不仅是一两处记载。在吕不韦死之前的许多行为中，都可显示蛛丝马迹。第二，即使是邯郸姬"大期"超过十二个月而生赵政，也不能排除赵政与吕不韦有血缘关系的可能。这是由于吕不韦与邯郸姬的私通，并未因她与异人结婚而中断，这种关系一直延续到赵政继王位之后。既不断有发生性关系的可能，又如何能证明她与异人婚后所生之子不是异人的而是吕不韦的呢？何况古今中外不能按期生产——早产或迟产——的婴儿亦不在少数，何以赵政的降生必须十个月内呢？第三，关于赵政是吕不韦的私生子这个问题，当时的人并不太避讳，秦国王室内部对这一类事的态度与后世所想象的大为不同。吕不韦同赵政的关系，在当时似乎是公开的，直到汉代人们尚不怀疑他们的血缘关系。这里有一段历史故事可证明：西汉末年，丞相王商为人肃敬敦厚，深得成帝（公元前32年—前7年）敬重。皇太后下诏，欲选征王商之女入宫。王商却托辞女儿有病谢绝。不料王商的政敌王凤却抓住此事大肆散布谣言，说王商有意与太后作对，使王商处于困境。王商无奈，又通过成帝新宠李贵人将女儿献给皇帝，而王凤之徒又攻击王商别有用心，说他步吕不韦后尘，"求好女以为妻，阴知其有身而献之王，产始皇帝"。把王商献女说成是和吕不韦一样，将有孕之女送给君主。从这个记载来看，吕不韦这件事在汉代就已成为无可怀疑的定论，所以王凤之徒才能用它作为攻击王商的口实①。汉代的史学家对此也都不曾产生过怀疑，司马迁在《史记》中就郑重地记下此事，而东汉的班固作《秦纪论》也直接将秦始皇（赵政）称为"吕政"。唐代大史学家司马贞就解释"吕政"就是吕不韦的儿子，连秦始皇的姓都改了。可见，汉人唐人对赵政系吕不韦的私生子一事，深信不疑也毫不讳言。基于以上三点理由，应当说秦王政来历之谜是不难解开的。

　　之所以产生问题，主要还是后世人们对于秦国文化传统中的价值观和道德观缺乏了解，认为"私生子"和"私通"乃极大之耻辱。故当

---

① 见《汉书·王商传》。

时秦始皇的政敌可能以此事污辱、攻击他。实际上秦国宫室内部并非将这一类问题看得如后世那样严重，如果真有攻击秦始皇者，也不必以此为武器。而后世人则认为私生子乃奇耻大辱，对秦王嬴政之母竟长期与吕不韦私通，以及其本人为私生子之事不敢置信，始出而百般辩护。这种态度是极不可取的，事实上历史上许多伟大人物都是私生子①，这并不妨碍对其一生评价的肯定或否定。

赵政诞生后出现的第二个谜就是：异人本是秦国公子，本姓嬴，但赵政却何以姓赵？固然是因政诞生于赵国邯郸，这种解释并不错，但尚不甚完全。若以此推理，难道秦人生于齐就可姓齐或姓姜了吗？可在历史上从未见到过这种记载。秦人嬴姓出生于本国外的后裔有别姓的，只此一例。看来，嬴政之所以又姓赵，除了生于赵国以外，尚有别的奥秘。

这个奥秘就是秦赵同源。

考察秦人和赵人的祖先后发现，原来他们出于同一始祖，也就是说上溯至远古，秦人和赵人是同族。

据《史记·秦本纪》记载，秦人系颛顼之后，其后代繁衍若干世后，至中衍为帝太戊御，其后世又有蜚廉，蜚廉有二子，其中一子为恶来，事殷纣王，西周兴起，周武王杀纣王，恶来也被杀，其弟季胜，即为赵之祖先。恶来之后，即为秦之祖先。《史记·赵世家》也记载："赵氏之先，与秦共祖。"这些记载都说明秦、赵同源，来自一个祖先。

除了以上两项记载外，还有多方面证据可以证明秦、赵同源：其一是共同的图腾崇拜，秦、赵祖先皆以鸟为图腾；其二是秦、赵两国的宗法制在历史上影响皆不大；其三是秦、赵两国文化传统相近，特别是国人价值观，几乎相同；其四是秦、赵两国人的审美观皆系唯大尚多。这

---

① 如耶稣和孔子，见韦尔斯《世界史纲》及《史记·孔子世家》。

些都可证明秦、赵的祖先是相同的①。

秦、赵既出自同一祖先，那么对于政来说姓嬴和姓赵皆无不可。而若非同族，则仅生于赵地即为赵姓，是与古代姓氏的严格规定不相符的。自西周建立以后，姓氏就有一套极其详细严密的制度，每人一出生即确定了根据其祖先父辈代代相传继承下来的姓氏，绝不允许任意改动。姓和氏也有严格的区别：姓是代表有共同血缘关系的种族称号，起源甚早，形成后非常稳定。氏则为由姓衍生出来的分支，较为后起。西周时期，氏只有贵族才有。男子作为氏族的主体，因姓已毫无疑问，故只称氏而不称姓，女子则因可能出嫁至他姓而必须称娘家的姓。这种姓氏的规定是周礼的一项重要内容，具有相当于法律的效力，改动姓氏是绝对不允许的。甚至贵族买来的姬妾、侍女也首先要辨姓，若不能弄清她的姓，就要动用当时最高的裁判手段——占卜来确定其姓。由此可见，姓氏的确定在古代绝非随心所欲，而嬴政若非与赵同祖，即使生于邯郸恐亦不能定为赵姓。

从嬴政又称赵政这一千古之谜，又令人得知早被忘却的秦、赵同源这一奥秘。

异人在邯郸娶姬生子，乐不思蜀，似乎忘掉回国之事。谁能料到，风云变幻，这期间战争又发生变化，给已淡忘了回国之心的异人归秦创造了条件。

战争是政治的继续，而政治的变幻真如天空的风云变化一样难以预测。秦军如乘胜进攻邯郸，以白起率领之得胜之师不停顿地攻击，赵国的覆灭指日可待。然而正当白起满怀必胜信心，在上党等待秦王发出向邯郸进攻的命令之时，却迟迟没有得到来自咸阳的消息。一直拖了两个月之久，一天，突然传来秦王的命令：停止进攻，让士卒休息，允许韩、赵两国讲和。这真出乎白起的意料。秦军失掉了一次占领邯郸的极

---

① 见拙作《秦赵同源新证》，《河北学刊》1988 年第 3 期。

有利时机！但被困在城中的异人却因而避免了一场厄运。

为何会发生如此大的逆转呢？这都是秦国内部矛盾的结果。

范雎在秦国代替魏冉为相之后，秦国的政治和军事确实有一番起色。不过，此人乃是一个心胸狭窄、难以容人的小人。他见白起率兵在外捷报频传，一方面为自己当政以来不断取得胜利而高兴，同时又害怕白起的战功愈来愈多，其地位超过自己。长平之战后，范雎见白起取得偌大战功，胸中的妒火实在无法忍受。这时，韩、赵派来说客向范雎游说：武安君白起率兵在外功劳很大，眼看就要把赵国灭了。如果白起占领赵国国都邯郸，必然被封为"三公"，若白起为"三公"，"君能为之下乎？虽欲无为之下，固不得矣"。那时您不想居白起之下也不由您了！这些挑拨的话恰说到范雎的心病，真如火上浇油。于是，以他如簧之舌花言巧语，说服昭王，令白起停止进攻，罢兵讲和。理由本不难找：无非是秦兵在外日久，耗费日多之类①。

在上党接到罢兵、讲和命令后的白起，尽管心中明镜似的，知道这都是范雎从中作梗，但也无奈，只好眼看着灭赵的计划成为泡影，愤愤撤兵，班师回国。从此他对范雎的仇恨日深，两人的矛盾愈加尖锐。

白起和范雎的争权，逐渐发展到你死我活、势不两立的斗争。

范雎鼓动秦昭王退兵与韩、赵讲和，原来提出的条件是韩国割垣雍，赵国割六城。但当白起退兵后，只有韩国实现了诺言献出了垣雍，而赵国则不愿割六城给秦。并且，赵王还派虞卿去齐国，企图联合齐国抗秦。

秦昭王见赵国不履行讲和协议，感到受骗，又令白起率兵攻赵。已经班师回国的白起却对秦王的决定表示公开反对："臣下不能接受大王的重托，也不同意秦国再次出兵攻赵。"白起明确向秦昭王陈述自己的看法："长平大战，秦军取得胜利，赵军彻底失败。赵军丧胆，秦人士

---

① 见《战国纵横家书》。

气大振，当时大王不让乘胜追击，已失去机会。秦军得胜后归国，举国欢腾，国家对战死者以厚葬，对负伤者以厚养，对有功劳者给以奖赏，不惜钱财庆祝胜利。而赵国失败后对战死者却无力收葬，对战争中负伤者也不能抚养。财力窘迫，举国只有涕泣相哀。所谓'哀兵必胜'，在这种形势下，赵国军民必然同仇敌忾，勠力同心，发奋图强，努力生产，耕田疾作。现在，大王要发兵攻赵，就是用比前次多一倍的兵力，大概也难取得前次那样的胜利。因为，赵国防守的力量、士气、民心可比以前强十倍了。"

白起的话固然有对范雎不满的成分，但主要还是从当时实际情况出发得出的结论，是有一定道理的。秦国已失去对赵实行歼灭性打击的最好时机。所以他反对进攻赵国。见秦昭王对这番话无动于衷，白起又反复申述自己的看法：

"赵国自长平之战失败后，君臣忧惧，早朝晚退，改善内政，注重外交，不惜以财帛妇女，与燕、魏结亲，与齐、楚联盟。全国上下一心，以抗秦为首要任务。经过这一段努力，赵国内部已经巩固，对外关系也取得成就。现在要攻击赵国是不合适的!"

就是如此反复说明赵之不可攻，无奈秦昭王主意已定，根本不听劝告。见白起不愿接受任务，固执的秦昭王遂改派五大夫王陵统兵伐赵。

公元前258年（秦昭王四十九年），正月，五大夫王陵率秦兵攻邯郸。果然不出白起所料，秦军在进攻途中，就受到赵国军民的顽强抵抗，将卒伤亡惨重，以致不能前进。

当前方战事失利的消息传回到秦国国都的时候，秦昭王又想起白起。他派人召白起入宫，准备令他代替王陵率兵。没想到白起竟声称有病，不肯出马。但前方节节失利，使昭王心急如焚，又令范雎亲自劝说白起就任。范雎本来就嫉妒白起，如何能真心请他率兵？而白起也对范雎心怀不满，当然也不会买他的账。不过，尽管如此，白起也还从大局出发，向范雎说明此时伐赵决无取胜可能的理由，希望范雎说服秦昭王撤兵。然而，范雎早就准备用自己的亲信代替白起，所以白起的诚心不仅没有感动范雎，使范雎劝说秦昭王改变攻赵的计划，反而给范雎以激怒秦昭王对白起不满的机会。

"回禀大王：白起不愿率兵伐赵。"范雎如此这般添油加醋地对昭王说。

昭王听到范雎汇报，勃然大怒。他根本不理会白起不出兵的原因，下令派王龁代替王陵统率秦军，并增派士卒，继续向邯郸进攻，摆出一副不要白起也能灭赵的姿态。可是，事实与秦王的愿望相反，秦军增兵易帅并没有改变前方形势，正如白起所料，赵国军民化悲痛为斗志，同仇敌忾，防御力极强。各国援兵支持赵国，秦军在邯郸附近八九个月之久，毫无进展，兵卒消耗甚多，死亡惨重。

在无可奈何的情况下，秦昭王不得不又求助于白起。这一次昭王"礼贤下士"，放下架子，亲自到白起府邸，强令他挂帅出征，但耿直得近于不识时务的白起，仍托辞有病不肯答应，双方僵持不下。

"你就是有病，寡人也要派你统兵。"昭王见说服不了白起，只好下令，"你就为寡人躺在病床上指挥部队吧！"

"大王的话说到这种程度，臣下也不能隐瞒自己的看法了。"白起不得不把自己在战略上与昭王的分歧和盘托出，"请大王考虑臣下的意见。目前不是进攻赵国的时机，当务之急是减轻对赵国的压力，取得赵国百姓的好感，等待赵国内部发生变化。设法令仇恨和恐惧秦军的赵国人改变态度，制造使赵国君臣骄慢、轻敌的条件。等待时机成熟，秦国举兵伐无道，号令诸侯，天下可定。此刻何必急于灭赵呢？"白起不愧是军事家，他不仅善于指挥打仗，也懂得利用民心。他的这番话无疑是对的。可是秦昭王根本听不进去，以为他故意捣蛋。再加上范雎趁机火上浇油，秦昭王大发雷霆，下令削去白起的爵位，贬为"士伍"，即无爵的平民，并发配到阴密（今甘肃省灵台县西）流放。

接到被流放的命令时，白起仍在卧病，不能立即起程。一直拖了三个月，前线又传来秦军失利的消息。赵国联合几个诸侯国的军队，由防守转为进攻，秦军反而节节败退。秦昭王无法扭转前线的局势，却迁怒于白起，命他立即离开咸阳，一天也不准滞留。公元前 257 年（秦昭王五十年），白起只得带病起程，悻悻地离开咸阳。

就在白起刚走之时，范雎又趁机向秦昭王进谗言加害白起："白起对大王不满，对给他的处罚不服，还说些牢骚话。"

秦昭王闻言更是怒不可遏，不问青红皂白，下令派人追赶白起。此时白起刚刚走到距咸阳十里的杜邮，秦王派来的人追至，传达王命，令白起"自裁"。可怜一代名将白起，别无选择，只得接过使者送来的剑，仰天长叹："我究竟犯了什么大罪，以至落到这样的下场？"对这样的问题，当然无人能给以回答。

"我确实该死！"停了一会儿，白起自己回答自己的问题，"长平之战，赵国降卒四十余万人，都被我诈而尽坑之，就这一桩血债也足够给我今天的报应了！"说罢，遂伏剑自杀。

"人之将死，其言也善。鸟之将死，其鸣也哀。"白起死前的自白，也许是他对自己一生的忏悔。据统计，自秦孝公至秦始皇十三年止，秦国军队在各次战役中杀人总数达一百六十五万五千人之多。而白起为将的时期，正是秦国兼并六国的战争杀人最多的一个阶段，这期间仅斩首人数就有九十二万。白起一生杀人岂止四十万！而对于束手投降的敌军竟发动数十万计的大规模屠杀，更令人发指。这种屠杀无辜的行为实为罕见。后代竟因此给他赠了一个血淋淋的称号——"人屠"，可见其人多么残酷！不过，天理昭昭，善恶自有报应。这么一个杀人不眨眼的"人屠"，最后也落到不得不自杀的下场；尽管他在秦国曾立下不可磨灭的汗马功劳，但也不能逃过政敌的陷害，死于非命！这种现象背后，难道真有什么因果在起着作用？还是普通的老百姓纯朴厚道，他们对于死者，往往不太计较其生前的罪恶，却常常同情其不幸的结果。人们在白起死后怜悯他死非其罪，就在秦国的乡邑中为白起建立祭奠的祠堂，以寄托哀思。

　　白起自杀的这一年，吕不韦和异人的生活也发生了转折性的变化。

　　当秦军进攻邯郸之时，赵国就对异人加紧控制。到秦昭王五十年，赵国虽不断挫败秦军进攻，但终不能使秦撤兵。在秦军进攻之下，赵孝成王决定杀掉异人泄愤。幸亏赵国内部发生矛盾，使赵孝成王杀异人之念迟迟未能兑现。吕不韦给的钱使异人在赵结交宾客又起了作用，在赵王还没来得及杀死异人之前，消息就传到异人和吕不韦耳中，他们知道邯郸已不能再停留，决定伺机逃走。吕不韦在关键时刻出谋并秘密活动，拿出六百金贿赂监视异人的赵国吏卒。果然，钱在关键时刻充分发挥了作用，拿到钱的赵国吏卒痛快地将异人放走。

　　异人得到逃走的机会，也顾不上美丽的邯郸姬和幼小的儿子，匆匆忙忙地离开赵国的监管地，飞快地与吕不韦溜出邯郸城，投向秦军驻地。幸好秦军与赵军暂时处于休战状态，秦军前线将领就令人护送异人和吕不韦回到秦国首都咸阳。

子楚归秦

　　吕不韦陪着异人历尽千辛万苦、担惊受怕，惶惶如漏网之鱼地回到咸阳后，第一要务就是见华阳夫人。这时，异人与自己生母夏姬虽也多年不见，而且她也在宫内，但因她不受宠仍在冷宫备受凄凉。吕不韦和异人也顾不上那么多，对她只是置若罔闻，首先要向有权有势的华阳夫人讨好。

　　在入宫晋见华阳夫人之前，吕不韦为异人作了精心的安排：除了一招一式地教导他如何讨得华阳夫人欢心外，还特意让异人穿上楚地的流行服装。战国时期楚地的服装是具有特色的，因楚地适于种麻植桑，有悠久的纺织历史，所以楚地丝织品质地相当优良，服装的手工精细更在其他各地之上。博袍、长裙为楚服代表式样。丝绸轻薄而凉爽，博袍宽而且舒适。女子的拖地长裙和男人的广袖阔带，均为楚地流行的服装样式。楚人奉祝融为先祖，祝融是火神，火尚红，故楚人多喜欢红色，楚王所穿就是"绛衣"。楚人又崇凤鸟，其衣料上刺绣图案多以凤鸟为主，加上繁复的花纹、形状怪诞的图案，色泽艳丽的楚服是十分好看的。异人穿上这样一身楚服光彩夺人，比起在邯郸时完全变了一个人。

吕不韦让异人作这样打扮，除了让异人给王室中人留下一个追求时尚的印象之外，更重要的目的则是要讨华阳夫人的欢心。因为华阳夫人是楚人，而且她对楚国的眷恋之心始终未减。

异人这一身装束可以给华阳夫人以亲切感，唤起她美好的回忆。果然，这一精心设计确实取得了预期效果。

"太好了！"华阳夫人一见异人就禁不住高兴地喊了出来，"我是楚人，难为你如此细心让我高兴，不愧是我的儿子，就改名叫子楚吧！"异人当然忙不迭地遵命谢恩。从此，他又有了一个名字——子楚。

有华阳夫人的厚爱，子楚作为安国君的嫡子的地位当然也更加巩固。原先令华阳夫人担心的子傒，继承王位的可能性也愈来愈小了。在赵国充当人质的落难公子异人，终于在吕不韦的导演下回到咸阳的宫中。

华阳夫人对子楚有好感，认为他聪明好学，不断在安国君面前夸奖他。殊不知子楚的那一点小聪明全是吕不韦教的，这个纨绔子弟在外多年，一直花天酒地，从不学习，只会吃喝玩乐，毫无真才实学。有一天安国君突然问起子楚读书的事。

"你把念过的书朗诵一段。我听听！"安国君有意测试一下这个久居国外的儿子到底有多大学问。

"……"这一下可把子楚问住了。他搜肠刮肚想了半天也想不出自己会诵读哪一段书。或许这时吕不韦正在身边给了点暗示，他灵机一动说："儿从小被送出去，在外没有老师指教，不会朗诵。"意思是说自己虽有满腹经纶，只因没有老师指导所以只是不会朗诵。其实他岂止不会朗诵！子楚根本没读过什么书。大概安国君也原谅了他这个自幼没有管教的儿子，见他不能诵读，也就算了。

不过不学无术的真面目露了馅，对今后的前途总是个威胁。一定又是吕不韦在后面导演，时隔不久，子楚在安国君面前做了一次弥补前愆的表演。

"父亲曾去过赵国，赵国豪门知道您的人很多。"子楚装出一副忧国忧民又十分关心安国君的样子，"如今您回到秦国，再没有和赵国的知名人士联系。儿恐其有怨心，图谋危害秦国和父亲。请下令边境城门早闭晚开，以防奸细或杀手混入。"

这个不疼不痒的建议确实不算什么"高见"，但出自庸碌的异人之口也很不易了。听到这样的话，安国君竟连连拍案称赞，认为子楚提出了"奇计"。华阳夫人在旁趁机怂恿，使安国君最后下定决心：宣布子楚代替子傒的地位，成为太子。

从此，异人便心安理得地在宫中等待。他要等着年老的秦昭王死后，把王位让给父亲安国君，然后再等安国君死后，自己登上王位。虽说这个目标似乎有点遥远，但异人信心十足，因为当时的王位是年迈的爷爷昭王坐着，而尚未继位的父亲安国君已四十七岁。谁都看得出，安国君即使登上王位，这个淫逸成性的王储也不会在国王的位子上坐长久。凭异人年龄更小这一条件，等待是大有希望的。但最盼望异人取得秦国王位的还是吕不韦。他所有的投资都要靠异人登上王位才能收回。是一本万利还是输个精光，关键在于异人能否继位，所以，在异人漫长的等待期间，吕不韦一定是左右不离地守着他的"奇货"，共同度过那焦灼、难耐的时光。

在吕不韦陪伴异人等候继位的这一段时间，秦国内政、外交、政治、军事上都发生了重大的变化，客观上为吕不韦将来的执政创造了条件。

在秦国内部，范雎和白起的矛盾以白起自杀而结束，范雎依旧当权。秦昭王只得让范雎理政，因为他已经老得没有精力过问太多的事务了。

范雎派自己的同党郑安平为将军，与王龁共同率兵进攻已围困数月之久的邯郸。赵国的形势时紧、时松，但秦军的威胁始终不能解除，邯郸一直处于风雨飘摇之中。

赵国原来政治相当腐败，君臣之间、大臣之间、官民之间，相互猜忌、倾轧，矛盾重重。但长平战败后在强敌久困之下，这些矛盾逐步降到第二位。多难兴邦，赵国的内政开始有了转机。

以当时的军事实力，赵国一国绝对无法抵抗强秦的进攻。因此，赵国君臣在被困中加紧外交活动，争取各国的援助。在赵国的盟国中，最重要的是魏国。赵、魏早已结成同盟，加上魏国当权的公子无忌将姐姐嫁给赵国当权的平原君赵胜，两国关系更加亲密。当公元前257年（秦昭王五十年）秦军猛攻邯郸之初，应赵国之请，魏王曾派大将晋鄙率十万大军救赵。但秦国派人对魏进行威吓，声称"哪国敢救赵，将来拔赵后先打哪一国"。受威吓的魏王害怕秦国报复，连忙下令叫晋鄙停止军事行动。

被困在邯郸城中的赵国君臣和军队、百姓，日夜盼望魏国援军到来，但迟迟不见援军踪影。平原君赵胜就写信给他的妻弟魏公子无忌，指责其背信弃义不能急人之困，并以亲属之情打动无忌，信中说："你就是不顾我和赵国的困境，难道连你姐姐的安危都不管了吗？"魏无忌受到指责虽有救赵之心，却也无计可施，因军权完全掌握在魏王手中，而当时在位的魏安釐王又是极专断的君主，根本不听公子无忌的劝说。魏无忌只好下决心自己率百余宾客上前线，准备与秦军拼死。这种以卵击石的蛮干显然无补于赵。后来，一个负责守城门的夷门监侯生向魏无忌献计，让魏无忌通过安釐王宠幸的如姬夫人窃出兵符，矫命调兵。魏无忌果然照此办法窃到兵符。拿到发兵的虎符后，魏无忌亲自到魏军驻地——邺，出示兵符令主将晋鄙交出兵权。晋鄙不相信虎符是真的，拒绝交出兵权，随公子无忌来的壮士即举起铁椎杀死晋鄙，夺得军权。魏无忌从这一军中挑选八万精兵，去解邯郸之围。

这时，赵国的平原君已率领二十位宾客，突围至楚国求救兵。在宾客中有一位毛遂，最初并没有受到平原君的重视，在平原君门下三年毫无贡献。此时，见赵危急，毛遂也自告奋勇随平原君出使。平原君一行到楚国后，楚王也畏惧秦军，不愿出兵。平原君与其他宾客从日出开始劝楚王，至日落，楚王仍不愿派兵。最后还是毛遂出来，对楚王晓以利害，说明出兵救赵也是为救楚，并当场以武力胁迫楚王歃血定盟，出兵救赵。楚王无奈只好派大将景阴率兵救赵，向邯郸方向进军。

有了魏、楚援军，赵国的抗秦力量大增。齐和燕本来就与赵保持合纵联盟的关系，韩国则在新中这个地方袭击秦军，给赵国以支持。正是由于多数国家站在赵国一方，这就使秦国攻赵的军队频频失利。其实，秦国的白起早就指出这种不利的形势，可惜秦昭王仍相信范雎的话非要进攻邯郸不可。

秦军的主力在王龁、郑安平统率下进攻邯郸，并以偏师攻魏。攻魏的秦军取得一些胜利，但邯郸则久攻不下。不过此时的邯郸城内已到最严重的时刻：楚、魏的援兵尚在途中，城内兵源已绝，粮草已尽。人们易子炊骨而食，一片凄惨景象。本来就不想救赵的魏王，又在这时派了一位说客新垣衍前来劝赵王投降，他出主意让赵尊秦为帝，以换取秦国撤兵。但新垣衍投降论调受到赵国的鲁仲连痛斥，赵国军民也不愿向秦低头。为鼓舞士气，平原君赵胜将家财分给士卒，令夫人以下的家人都编入军列，表示共赴国难的决心，又征得敢死之士三千人，大大地加强了赵国的战斗力。

赵国邯郸城的军民，在极其艰难的条件下，一直坚持到魏无忌和楚国的景阴率援兵赶到，才开始了一场激烈的会战。

公元前 257 年（秦昭王五十年），秦军在邯郸城外与赵、魏、楚联军展开了恶战。赵军在内，军民同仇敌忾，配合城外的魏、楚军拼命向外冲杀。魏、楚军从秦军背后包抄上来，将郑安平所率的两万秦军围困在中间，郑安平突围不出，只有缴械投降。秦军主将王龁见败局已定，率军逃走。被困数月之久的邯郸，终于在坚持到最后一刻时摆脱了危机，取得抗秦的胜利。白起的话竟不幸言中。

公元前 256 年（秦昭王五十一年），秦国又继续向韩国进攻，取阳城（今河南省登封市东南）。这时秦国驻守河东的统帅是王稽。范雎入秦时，曾依靠王稽觐见昭王，为报答王稽引荐之恩，范雎当权后就任命王稽为河东郡守。但王稽既无统帅才能，又无骨气，在河东却与外国勾结，出卖秦国利益。秦军在邯郸大败之后不久，又在河东郡遭到魏、楚联军的打击，以至河东郡和太原郡皆从此失守①。

秦国在邯郸和河东的失败，与用人不当有直接关系。郑安平和王稽都是范雎举荐、任命的。按照秦国法律："任人而所任不善者，各以其罪罪之。"就是说，推荐、任命的人要对被推荐、任命的人负责，如果被推荐、任命的人在任职期间犯罪，那么推荐、任命他的官吏，也要受到同样的处罚。根据这条法律，王稽里通外国，其罪应诛；郑安平降敌其罪更重。公元前 255 年（秦昭王五十二年），范雎这个嫉贤妒能、结党营私、独掌秦国朝政几年的秦国丞相，终于从权力的顶峰跌下来，罢相后回到封地，不久病死结束了他的一生。

接任范雎为相的，是从燕国来的蔡泽。但蔡泽任相后仅几个月，就遭到秦国人的反对，只得提出辞呈，退回相印。

秦国国王年迈，相国接连易人，使朝政动荡不安。"候补"的秦王异人和隐然以未来相国自居的吕不韦目睹这一幕幕闹剧，自然暗中欣喜，至少他俩都盼望昭王早死。

没想到秦昭王寿命特长，直到公元前 251 年，在位已有五十六年的

---

① 见拙作《秦史》。

秦昭王才恋恋不舍地离开人世。

在秦昭王临死前的几年中，秦国虽因朝廷缺乏精明的主政者而使前线的征伐进程稍嫌迟缓，但秦军对东方各诸侯国的攻势已如破竹，胜利的捷报仍不断向住在秦宫中的吕不韦的耳边传来：

公元前 256 年（秦昭王五十一年）进攻赵国邯郸的秦军继续向韩、赵发动攻势。秦将摎伐韩，取得阳城、负黍（今河南省登封市西南），斩首四万；又伐赵取得三十多个县，斩首九万。这时东方各国又发动联合抗秦，西周君也参加了这次行动。

在春秋以前被各诸侯国奉为共主的周天子，自春秋以来地位逐渐跌落。"大国争霸"的形势把周天子所能直接控制的地盘挤得愈来愈小。进入战国以后，周天子的权力所及的范围，只限于现在河南省洛阳市附近的几个县，连一个小诸侯国都不如。这些周天子也不争气，经常出内乱，旁边的韩、赵、魏等国就常趁火打劫，使周愈来愈衰落。公元前267 年，周威公去世，少子公子根和太子公子朝争立，发生内乱，韩、赵两国帮助公子根在巩（今河南省巩义市西南）独立。这样，周就分为两个——西周和东周。就在这一年，各国联军出伊阙（今河南省洛阳市西南龙门），企图截断秦军通向阳城的后路。昭王命秦将摎向西周进攻。西周君大惊，忙向秦军投降，顿首认罪，将其所有的三十六个城邑、三万人口全部献给秦国。当年，周赧王去世，从此挂名的天子也没有了。次年，秦将代表天子的九鼎从西周迁到秦。相传九鼎是夏禹时所铸，象征九州，夏、商、周时奉为传国宝，拥有九鼎者即为天子。成汤时迁之于商邑，周武王迁之于洛阳。进入春秋后，周分为东、西两个小国，九鼎则为西周拥有，因西周名义上始终为天子。第二年，九鼎为秦取走，也就象征秦王将为天下共主，即可名正言顺地讨伐各诸侯国而统一中国了。这对于即将主持秦国朝政的吕不韦来说，无疑是振奋人心的。

关于九鼎，据说其中有一鼎飞入泗水，实际秦国只得到八个，但习惯上仍称九鼎，后来在汉武帝时，还曾派人在泗水打捞，也未捞到。这是后话。

因九鼎入于秦国，公元前 254 年（秦昭王五十三年），各诸侯国皆派使者来咸阳表示祝贺。韩国的国君桓惠王也亲自到秦国入朝。迟到的只有一个魏国。

魏国缘何不入秦国祝贺呢？

原来，趁秦军在邯郸城外进攻失利之后，魏国就向秦地进攻。公元前 254 年（秦昭王五十三年）魏国一举攻占了秦国在东方的属地陶郡（定陶），并向卫国进攻，将吕不韦的家乡、已成为魏国附庸的卫国彻底灭掉。卫国的灭亡在吕不韦的思想上应是一件大事，虽然这个小国早已名存实亡，但它毕竟是吕不韦的祖国。魏国消灭卫国对吕不韦来说必定有切肤之痛。所以，在吕不韦日后执秦国大政之时，又重新立了一个卫君，作为秦国的附庸。这无非是当权的吕不韦借以寄托怀旧之情而已。

魏国伐陶，灭卫，无非趁秦国无暇东顾趁火打劫而已。其实秦军实力此时仍远超过魏军。伐陶、卫之举及不来朝贺，深深激怒秦王。于是，秦昭王令大将摎伐魏，夺取吴城。魏国见状十分惊恐，紧急派人入咸阳，表示"魏国听令"。

秦昭王统治的最后几年，秦国实际上已经放弃主动向东方各国的进攻，只是在一些诸侯国挑起战端时才予以反击。然而，东方各诸侯国毕竟已失去反攻的实力，根本不可能扭转秦国兼并各国的大趋势。于是，就有游说之士来到秦国替东方六国说项，企图挽救其覆亡的命运。

"土地广大并不能保障国内太平，人口多也不一定强大。"游说之士向秦王提出这样的警告，影射秦国能否取得最后胜利尚难肯定。这种危言耸听的话是战国时期的说客常用的话术："如果土广人众就可胜利，那么桀、纣之后一直可延续到今天，以前赵氏不是也曾强大过吗？"

"你说这些是什么意思？"年老的昭王还摸不清来客的用意。

"赵国曾强大一时，那时齐、魏都曾被赵打败，千乘之国的宋也听命于赵，卫国的国土也被赵国占领一大块。"说客先说赵国曾经强大的形势，但紧接着话头一转，才说出主旨，"当时，天下之士相互与谋，都说：难道我们就甘心向赵伏首吗？于是，大家决心联合起来，在魏国率领下共同攻击赵国。结果，把赵国的气焰打退。从此赵王不再跋扈称雄。"

"魏国打败赵国之后，也称起雄来。"说客见昭王不加反驳，进一步又说，"魏要称天子。齐国知道后又率诸侯兵伐魏。结果，魏被齐打败，魏国国王只好抱质执璧，请求投降。"如此这般说了一大套，无非是一个意思：强者不足恃，因强国易招天下忌恨，而令众国联合起来共伐之，故有被攻击之祸。其实，这种陈词滥调早已不适合当时的形势：秦的强大足以敌过东方各国的联合进攻。横扫六国的阵势已摆好，摇唇鼓舌的说客自然无力改变这一趋势。所以，昭王对于这种游说根本未予理睬。

不过，昭王毕竟年事已高，公元前253年（秦昭王五十四年），大约他已预感到在世的时间有限，就返回雍郊祀天。两年后，这个统治秦国达五十六年之久的昭王就离开了人世。在昭王有生之年没有完成统一大业，只能由他的后继者庄襄王和吕不韦以及秦始皇来继续完成了。

吕不韦和异人从秦昭王五十年回到秦国，到昭王去世，整整等了六年之久。而这六年中，异人所娶的邯郸姬，以及邯郸姬所生的儿子赵政还留在赵国的邯郸。他们母子的命运如何呢？

当赵国发觉吕不韦和异人暗中从邯郸逃回后，就扣住留在赵国的邯郸姬和她的儿子。愤怒之下的赵王要杀死他们母子，幸亏邯郸姬虽出身娼妓，却依托豪门，有当地有势力的豪门庇佑，将他们母子二人藏匿起来，使赵王始终未能捉住他们，才保全了性命。

赵国之所以未能捉住异人的妻和子，主要还是因为赵国自邯郸解围之后，秦军对赵的压力有所减轻，而赵与北方的燕国矛盾又骤然紧张起来，因而追捕邯郸姬及其幼子的事自然搁置一旁。

燕、赵间的冲突加剧无疑在客观上转移了对赵政母子的压力。因为这场冲突在燕、赵两国都是极偶然的。然而，这一偶然事件却保存了一个统一天下的伟人。

开始，燕王喜派丞相去赵，向赵王献百金表示友好。可是丞相栗腹从赵国归来后却向燕王喜献计："赵国青壮年都在长平之战中死光，所剩下的都是老头和小孩，可趁机伐赵。"

燕王听罢大喜，又召昌国君乐间问伐赵之事。昌国君乐间却说："赵国是善战之国，民众都习兵，不能伐。"

"我用多于赵国一倍的兵力进攻，行吗？"燕王急于攻赵，想以多胜少。

"不行！"

"我用五倍的兵力，难道还不行吗？"

"不行！"

燕王听乐间如此回答，当然不快，而其他大臣则随声附和，纷纷说一定能胜赵。于是在公元前261年（燕王喜四年），燕派栗腹和卿秦为将率兵二军，车二千乘，向赵进攻。

赵国得到燕军攻来的消息，当时廉颇尚在，赵王就派老将廉颇率兵迎敌。结果，赵军一击，燕军即溃。栗腹被杀，卿秦和乐间均被赵军俘获。廉颇率胜利之师趁势向燕国进攻。

在豪门庇护下的邯郸姬，趁赵、燕交战无暇追捕之际，依然偷偷地苦中作乐，放纵恣欲于亡命时期。

年轻、妖艳的邯郸姬本性难移，自吕不韦和异人走后，难耐床帷寂寞，多方寻觅，很快找到"大阴人"嫪毐，此人能满足淫荡少妇的需要。邯郸姬得到嫪毐，终日厮混，当然也不急于回归秦国寻找异人和吕不韦。因此，在邯郸的日子里，她也不甚寂寞，不知不觉地已经过了六年，膝下的赵政，也快到九岁了。

中篇

成功

名号大显，不可强求，必由其道。治物者不于物于人，治人者不于事于君，治君者不于君于天子，治天子者不于天子于欲，治欲者不于欲于性。

《吕氏春秋·贵当》

昔先圣王之治天下也，必先公。公则天下平矣。平得于公。尝试观于上志，有得天下者众矣，其得之以公，其失之必以偏。

《吕氏春秋·贵公》

一 筹措既成 富贵斯取

吕不韦处心积虑地谋取秦国权位，从秦昭王四十五年在邯郸操纵公子异人开始，十余年来把一腔心血、全家财富，悉数投入到这笔投机生意之中，他那"富累千金"的家已不复存在，故乡濮阳和故国卫国也在风雨飘摇之中。生活对吕不韦来说已没有任何退路，只有奋力前行。然而，在这场特殊的交易中，决定吕不韦能否成功的，不仅在于他自身方面的筹措，还要等到客观的时机成熟。而吕不韦全部计划的关键一着，就是异人登上秦国王位，只有候补秦王的继承者公子异人成为秦国正式国王，吕不韦的巨额投资才能产生出效益。在此之前，他只有等待，耐心地等待。在人生的历程中，等待也是必不可少的内容，不善于等待的人是难以成功的。

难耐的寂寞等待，终于在公元前251年（秦昭王五十六年）到了尽头。

相国擅权

老国王秦昭王驾崩的消息一传出，全国上下都笼罩在一片哀悼、肃穆的气氛之中。殡葬的礼仪是隆重的，这是秦国五十六年中的第一次大丧，百官和宫女、宦官个个身着孝服，普通百姓也都严禁喜庆欢乐，满朝文武不免为埋葬国王的繁文缛节而忙乱一番。陵墓是早已建好的，那是在潮水东岸的洪庆原上的芷阳，与先昭王而去的王妃唐八子合葬。原来继昭王之位的孝文王（安国君）并非昭王的正妻——太后所生，而是一个媵妾——八子的儿子。昭王死后，孝文王继位，第一件事就是主持其父的葬礼，"母以子贵"，孝文王尊自己亲生母亲为太后，并将唐太后与昭王合葬于芷阳。

夕阳、衰草和秋日的蛙鸣，伴随着低沉的哀乐，将叱咤一世的秦昭王送入冰冷黑暗的芷阳墓穴之中。当送葬的臣下刚刚散去，哀悼的气氛尚未在落叶飘零、苔侵殿阶的咸阳宫消失，就有人禁不住喜形于色、公开欢庆了。

首先为昭王去世而高兴的是吕不韦，他所追求的目标毕竟又接近了一步。

因为昭王去世而欢欣鼓舞的第二个人是公子异人。他终于因父亲孝文王继承王位，而使自己成为王太子。离登上秦国国王的宝座，只有一步之遥了。

最直接的受益者，当然是安国君嬴柱。这位五十三岁的太子，在苦苦地等待了几十年之后，终于坐上了最大的一个诸侯国的王位，其兴奋之情可想而知。

登极大典以后，孝文王就连续发布笼络臣民的政令：赦罪人，弛园囿。把正在服刑的罪犯赦免出狱，开放国王园囿，令民众出入采择果物。这本是秦昭王极力反对的、因情枉法的政策。但孝文王一反其父的作风，迫不及待地宣布了这几项措施。此外，孝文王又犒赏先王功臣，赏赐王室亲族。这些做法无非希图在臣民面前造成贤明君主临朝的形象。

可惜这位待位多年的王储，大约在宫中长期沉醉于安逸，在脂粉堆中过惯了淫乐生活，又长期迷恋华阳夫人这样妖冶的女色，身体早已空虚，一旦临朝掌政，无力应付繁杂的政务。加之称王时的激动，在当了三天秦王之后，他就一命呜呼，猝然而死，成为中国历史上执政时间最短的君主之一①。

孝文王的殡葬礼仪也应与昭王一样，不过隆重程度则相差甚远。这位上台仅三天的国王还没有来得及给自己建陵墓就咽了气，而他死后继位的是庄襄王（异人），实际就是相国吕不韦主政，主持修建陵墓的也是吕不韦。对于孝文王的死，公子异人和吕不韦是早就盼望的事，哪里还有兴致给他大肆修建陵墓。孝文王的葬礼在吕不韦主持下只是草草走个过场，陵墓也相当简约、狭小：在灞河东岸的一块平地埋下就算完事。至今，埋葬孝文王的寿陵，既没留下陵冢的遗迹，也找不到任何遗物。吕不韦一进入秦国的政治舞台，就显示出他的铁腕。

吉礼紧连着丧礼，殡葬的哀乐之后又奏起登极典礼的丹墀大乐。公元前251年的十月，真是秦国的多事之秋，昭襄王、孝文王接连驾崩，紧接着就是公子异人顺理成章地登上了秦国王位。

吕不韦的苦心经营到初见效益的时候了。

芷阳宫内丹辉映霁烟，九宫人意肃，上朝的文武大臣静悄悄地排列

---

① 《史记·秦本纪》载，孝文王"十月己亥即位，三日辛丑卒"。

在殿下，等待着即将开始的登极大典。突然，一阵钟鼓齐鸣，笙磬管弦
共奏出丹墀大乐、仙韶之音。随着庄严、肃穆的乐曲，三十二岁的异人
坐到秦王的御座上，正式即王位，是为庄襄王。

庄襄王即位后的第一道命令就是为吕不韦而发的："以吕不韦为丞
相，封为文信侯，以蓝田（今陕西省蓝田县西）十二个县为食邑（后
又改为食河南洛阳十万户）。"当这道命令刚一传达下来时，秦国的文武
大臣一定都惊呆了：当朝的百官中尚无一人有此殊荣，在秦国的历史上
集官、爵、食邑最高等级于一身的人，也是少有的。

秦国的丞相自武王时设置，在吕不韦之前先后任秦国丞相（或相
国）的虽有樗里疾、甘茂、屈盖、向寿、魏冉、薛文、楼缓、金受、寿
烛、杜仓、芈戎、范雎、蔡泽等十余人，但封侯者则极为罕见。这是因
为秦国的爵制有其特殊的历史渊源：商鞅变法时创二十级爵制，用以奖
赏杀敌立功的将士，这二十级爵士的爵位由低到高是：

　　一级　　公士

　　二级　　上造

　　三级　　簪袅

　　四级　　不更

　　五级　　大夫

　　六级　　官大夫

　　七级　　公大夫

　　八级　　公乘

　　九级　　五大夫

　　十级　　左庶长

　　十一级　右庶长

　　十二级　左更

　　十三级　中更

十四级　右更

十五级　少上造

十六级　大上造

十七级　驷车庶长

十八级　大庶长

十九级　关内侯

二十级　彻侯

秦国赐爵的标准十分严格，武功爵只限有功之人，虽宗室贵族，无军功也不能封爵。秦国对有爵之人给以特殊待遇，自公士至公乘即第一到第八级爵为"民爵"，生以为禄位，死以为号谥，成为终身待遇，而公乘以上的爵位就与县令、县丞地位、身份相同。自五大夫到关内侯则为官爵，特权更大。而至二十级爵彻侯更有封土食邑的特权。在秦国的历史上，既封丞相又封侯的只有二人，那就是范雎和魏冉。秦昭王时代的魏冉被封为穰侯，范雎被封为应侯。但应侯范雎是在特殊的历史条件下继魏冉之后为秦相的，乃是一个特例，而魏冉既为相国又封穰侯，除了他在秦国专政达数十年外，更重要的是他与宣太后的亲属关系。可是，吕不韦既非秦国宗室贵族，又无显赫战功，在任相国之前没有任何官、爵和政绩，却在庄襄王即位之后立即被封以丞相，授以文信侯，赐以十万户食邑。新国王刚一即位就把官、爵、封地一起给了吕不韦。满朝文武如何不大吃一惊？

吕不韦本人心里十分清楚：这不过是十年前在邯郸投资所收回的收益而已。那时异人曾答应，若得以回国继承王位，定与吕不韦共同拥有秦国。当了庄襄王之后的异人，开始兑现自己的承诺了。

这样，自庄襄王即位之后，秦国的大政实际就完全控制在丞相、文信侯吕不韦手中，国王只是丞相意志的传声筒而已。吕不韦从此正式步入政坛，开始施展他积累多年的才能。秦国开始了吕不韦擅权的时代。

　　吕不韦当政后的第一件事，就是大赦罪人，奖赏先王功臣以及对百姓施行一些小恩小惠。这虽然是历代新王上台后的一套例行程序，没有任何实际作用，但对吕不韦来说则非同一般。他并非秦国人，任丞相之前又毫无政绩，在秦国臣民中的影响有限。当政后首先发布的这些收买人心的政令，泽及"罪人""功臣"和"民"。其用心十分明显，无非是要用一点小小的"德政"使秦国各阶层都对新任丞相吕不韦感恩戴德。这一招非吕氏"发明"却也有相当大的作用。从他执政之后，秦国没有出现大动乱就可得到证明。

　　就在这期间，又传来一个喜讯：与庄襄王异人分别六年、留在邯郸的娇姬和稚子也从赵国回到咸阳。这无疑也是吕不韦安排的结果。

　　回到秦国的邯郸姬仍然不减昔时的美艳，而其妖冶、淫荡则更胜从前。庄襄王见美姬回到身边不免欣喜异常，远别胜似新婚，对她的宠恋、爱怜有增无减。炽热的欲火使这位新国王沉溺在锦被绣帐之中，哪里还有心过问朝政。吕不韦独断秦国朝政更是畅行无阻了。邯郸姬（此时已成为庄襄王后）从赵国归来时，也没有忘情于嫪毐，竟将他从邯郸带回到咸阳。可是到咸阳后，嫪毐毕竟没有吕不韦那样的特殊身份，不能自由出入王宫，而邯郸姬又成了王后，进入秦国深宫，两人根本无法见面。吕不韦是邯郸姬的旧情人，她的到来不免勾起昔日的情火。两人在宫中偷偷地重温旧梦，悄悄幽会的机会并不难找。不过，吕不韦已不是邯郸时代的富商阔少，他的兴趣主要专注于攫取政治权力，对艳后的感情也就愈来愈淡。

　　吕不韦的权势和专横，首先在对王后的关系中显示出来。对于这位多情的王后，吕不韦不仅在她嫁给公子异人之前就霸占在先，而且在她成为王后之后仍与其勾勾搭搭，作为国王的异人虽迷恋艳后，却始终未对吕不韦的非礼举动做丝毫反对的表示，若不是吕不韦专横跋扈到庄襄王对之都畏惧的程度，王后的卧榻之上岂能容第三者酣睡？

　　无能的庄襄王甘心戴绿帽子，又毫无怨言地充当政治上的傀儡，因为他十年前就将自己卖给吕不韦，他的国家、妻子都是吕不韦的，自然情愿任吕不韦摆布。而吕不韦的擅权，对秦国来说也未尝不是好事。

以工于筹算的商贾头脑从政，处处都能显露出吕不韦善于捉住时机、取得最大效益的才能，灭东周就是他执政后为自己立起的第一块丰碑。

公元前249年（秦庄襄王元年），在巩地苟延残喘的小国东周竟也联合各诸侯国图谋进攻秦国。本来公元前256年（秦昭王五十一年），西周的赧王被秦灭掉之后，挂名的周"天子"已不复存在。但在巩地还留下一个东周君。这个东周君又称周公，虽不称为"天子"，却毕竟是周王室的残余，他的存在无疑是各诸侯国统一中国的心理障碍。要无缘无故地消灭他，在道义上又会受到谴责。恰好，这时机会来了，东周君竟图谋攻秦，正给吕不韦带来建立功业的机会。

吕不韦认准这是一次绝好时机，轻而易举地征服东周，将东周领地并入秦国版图，彻底消灭了统一中国过程中最后的政治障碍。但在灭东周之后，吕不韦采取了一个极罕见的措施：将东周君迁往阳人（在今河南省汝州市），让他奉其宗祀，延续着有名无权的周人宗室。吕不韦的这一措施，显示出其不同于往昔君王的政治眼光：消灭东周国，又不绝其宗祀，是儒家"兴灭国，继绝世，举逸民"理想的具体化。秦国百余年来以武力征伐东方各诸侯国，在各诸侯国中留下极其恶劣的形象，"虎狼之国""凶残暴虐""仁义不施"等恶名，总是与秦国紧密相连的。不少知识分子——"士"也因秦国无礼、无义，而站在反秦立场上与其为敌。吕不韦将东周君迁往阳人，一方面达到彻底消灭东周，铲除统一障碍的目的，同时又为自己树起崇奉礼义的形象，施行"兴灭""继绝"的善举，从而赢得士人的好感，也减少一些姜姓、姬姓诸侯国的仇恨、对抗情绪，为大批士人投奔秦国和顺利地完成统一创造了条件。

灭东周一举，可见吕不韦出手不凡。

站到秦国最高权力的金字塔尖上，吕不韦踌躇满志，自任丞相以后，一刻也没有停止筹划东进的军事行动。

消灭东周君的同时，吕不韦又派大将蒙骜率兵伐韩，夺取了成皋和荥阳（均在今河南省荥阳市境内），建立三川郡。成皋和荥阳是由关西通向关东各诸侯国的战略要地，历来为兵家必争之处，秦国取得它们，并设郡管理，不论在经济上还是在军事上，都具有重要意义，为秦军东进占领了牢固的阵地。吕不韦掌权的头一年，秦国在军事上和政治上就显出勃勃的生气。这一年，秦国的国界已逼近魏国的国都大梁。魏国的国都陷于混乱之中。

次年，即公元前248年（秦庄襄王二年），蒙骜继续率兵向东进攻，先后取得魏国的高都、汲，以及赵国的榆次、新城、狼孟等三十七城。秦军一路凯歌行进，咸阳城内捷报频传。借助秦国几十年来强国的基础，吕不韦为相的头两年取得的政绩，足以巩固他在秦国的地位，军政大权更加集中于丞相一身。

吕不韦趁有利时机继续派兵向韩、赵进攻。公元前247年（秦庄襄王三年），蒙骜率兵攻晋阳，同时，大将王龁奉命攻打韩国的上党。不久，两地皆被秦军占领。秦国即以此两地和原先占领的狼孟等三十七城为太原郡。本来，太原郡是赵国所建，公元前259年（秦昭王四十八年）秦将司马梗就曾攻占过太原。但次年被魏、楚联军所败，太原又归赵国所有。十余年后，吕不韦当政时又夺回太原郡，从此就划入秦国的版图。

吕不韦当政期间，同魏国的斗争构成了这一时期的主要内容。他十分密切地注视着魏国的动向。

秦国的胜利引起魏、赵等国的极大恐慌。当秦国占领魏国的高都、汲以后，吕不韦正安排向魏国国都进攻，魏安釐王急忙派人到赵国去请信陵君魏无忌。原来，魏公子信陵君无忌在公元前257年（秦昭王五十年）为解赵国邯郸之围窃取兵符打败秦军之后，并没有回魏国。他知道计窃兵符、矫杀大将皆犯大罪，虽然救赵得胜，回国后也难逃国法严惩。故信陵君令部下率魏国得胜之师归国，自己则在赵国定居。赵国君臣自奉为上宾，因而信陵君在赵国居住竟达十年之久。在这十年中，他的才干和势力均大为增长。刚来赵国时，赵孝成王因感谢信陵君窃符救赵之义举，曾与平原君拟议赠信陵君五座城。平原君赵胜乃信陵君的姐丈，当然支持赵王的动议。信陵君得知这一消息，最初也十分高兴，言行中自不免流露出骄矜、得意之态，而跟随信陵君留在赵国的幕僚、宾客中就有人劝诫他。

"人生当中有些事不可忘，有些事不可不忘。"有一天，一个幕僚对信陵君说。

"此话怎讲？"信陵君有些莫名其妙。

"如果别人有德于公子，望公子切莫忘记；若公子有德于人，但愿公子忘掉。"宾客回答说，"况且，矫魏王令、夺晋鄙之军救赵，这件事对赵国来说固然是有功，对魏国来说很难算是忠臣的行为吧！若公子为此而自矜有功，怕有不妥。"

信陵君闻此言立即省悟，从此以后恭谦退让，常自言无功于赵，有罪于魏，使得赵王赠城之事终于不好出口。信陵君也得以在赵国安安稳稳地住下，免遭赵国文武大臣的嫉妒和暗算。魏国国王对信陵君亦表宽赦，仍将信陵君领地的租税送到赵国，让他在赵定居。

在赵国的十年中，信陵君广交朋友，有意结识、网罗各种人才。他早年在魏国就听说赵国有两个被尊为"处士"的毛公和薛公，这两位处士虽不做官，但声望却甚高，有"贤人"之称。来赵国后信陵君即有意拜访。他得知毛公藏在赌徒之中，而薛公则混迹于卖浆之流的下层人里。他多次寻访，这两人都匿而不见。后来，千方百计找到这两人的住所，信陵君徒步上门拜见，才得以见面。信陵君毫无贵族公子的架子，见面后畅谈甚欢。平原君赵胜听到妻弟信陵君竟与卖浆之流交友，十分不悦，有一天对夫人谈起此事："以前我听说令弟信陵君天下无双，现在他到了赵国竟与赌徒、卖浆的往来甚密。看来公子不过是个稀里糊涂的'妄人'罢了！"

夫人无言以对，她也弄不清何以信陵君对这些三教九流之人如此亲切，抽空即将平原君的看法转告给自己的弟弟信陵君。信陵君听说平原君对自己如此评价，立刻要离开赵国，他说："以前听说平原君乃有识之士，才不惜负魏而救赵。现在看来，平原君无非是求虚名而已，并无求贤才的真心。我以前在魏国就听说赵国有这两个贤人，到赵国后尚怕见不到他们。如今这两位贤人能与我交往，乃是我求之不得的事。而平原君却以此为耻。对这样的人，我只好告辞了。"

说毕，信陵君就要收拾行装。这可急坏了平原君夫人，她赶紧向平原君报告，且不免数落他几句。平原君也觉察自己出言不慎，忙向信陵君赔礼、道歉，坚决不让魏公子离开。信陵君见此情形，也只得放弃离开赵国的打算。

经过这一场小风波，信陵君的威望大增。不仅原来追随他的幕僚、宾客对他更加忠心，就是原来平原君门下的宾客以及赵国以外的许多游士，也有不少前来投奔信陵君的。

吕不韦知道，信陵君在赵国的十年，才干和威望有极大提高，得知魏王派人去请信陵君时，不免有点担心，赶快加派人员打探信陵君的动向。

公元前247年（秦庄襄王三年），魏军被秦军打得节节败退之时，赵国的国都邯郸突然出现了魏安釐王派来的使臣。

魏安釐王派人来邯郸请信陵君回国，但信陵君离开魏国已十年，无意插手魏国事务，避而不见，他还下令禁止门下的人与魏国使臣联系，宾客们无人敢劝。此刻吕不韦得知这个信息，命秦军加紧攻魏。秦军咄咄逼人地向魏国国都推进，魏安釐王一筹莫展。派到赵国的使臣不得谒见信陵君，也不敢回国复命。在这关键时刻，毛公、薛公起了决定性作用。这两位被信陵君尊崇备至的处士，对信陵君晓之以理、动之以情，劝他道：

"公子之所以在诸侯中有很高的威信，是因为您是魏国宗室，现在魏国有难公子不救，一旦秦人占据国都大梁，把魏国宗室祖先的宗庙夷为平地，您还有什么面目对天下的诸侯呢？"

听到这番开导，信陵君猛然省悟，立即随魏国使者回国。魏安釐王见信陵君归来，激动得流泪，任命其为上将军，主持抗秦战争。

信陵君领命后，自忖以一魏国难以单独抵抗秦军，就先派出使者向各诸侯国求援，说服各国君主联合起来抗秦。各诸侯国得知信陵君又为魏军统帅，抗秦信心倍增，迅速派出军队与魏联合作战。这一次参加联合抗秦作战的有赵、韩、魏、楚、燕，即大国中除齐以外的五国都派兵参战，成为一次声势浩大的联合军事行动。五国军队在信陵君的率领下向来犯之秦军猛烈出击，双方大战于河外。尽管吕不韦多方运筹，也无力与联军对抗。蒙骜所率曾连连取胜的秦军，这次竟遭到联军的沉重打击而失败，最后只得败退回函谷关。信陵君率兵追至函谷关，见关势险要，一时难以攻克，遂退兵。

五国联军抗秦，把秦军打得大败而归，也给正在洋洋自得的吕不韦当头一棒。这是吕不韦当政后秦国军事上的第一次失败。从此，他更加谨慎用兵，因而这也是他当政时唯一的一次败仗。

吕不韦令秦军主力撤回关中，他估计东方各国联盟未被拆散之前，秦军暂时无力向东出击，就采取守势，保存力量，等待时机。但信陵君集结起来的五国联军则趁尚未解散之际，又向函谷关外秦人的孤立据点管城（在今河南省郑州市）进攻。恰好替秦国固守管城的官吏乃是魏国属下的安陵（在今河南省鄢陵县西北）人缩高之子。信陵君亲自率兵攻不下管城，想到了安陵人缩高，就派人对安陵君说："请你派缩高去攻管城！我将赐他以五大夫之爵，任命他为执节尉。"

"安陵是个小国，我这个芝麻大的小君，臣民们不一定听我的命令，还是请您自己对缩高说去吧！"安陵君不软不硬地给信陵君的使者一个钉子碰。然后，他就派人将信陵君的使者送到缩高的家，让他们自己直接谈。

当缩高听说信陵君竟把这么"光荣"的任务给了自己时，就对信陵君派来的人说了一大套道理：

"承蒙抬举，小人缩高不胜荣幸。不过，令在下攻管城，也就是叫我攻我儿子守的城池，父攻子守，是令人耻笑的事。若我的儿子知道是我率兵攻管，就举手投降，又是对他的君主秦王的背叛。作为父亲的我，教儿子叛主，大概也不是信陵君所愿意见到的吧？因此，还是请不要任命我当这个官吧！"

来人无言以对，只好将原话转达给信陵君。信陵君听此言大为震怒，再次派人至安陵君处进行威胁："安陵这块地方，同魏国的本土一样。"信陵君授意使者这样说，无非提醒安陵君别忘了安陵和魏国的关系，既有拉拢又有威吓。"现在，我率兵攻不下管城，则秦兵必定反扑过来，那样一来魏国的社稷江山就陷入险境。请你把缩高捉来，如果不捉他，我就把十万大军开到安陵城下，跟你算总账。"

"且慢！"安陵君并不怕信陵君的恫吓，慢慢地和来人讲理，"当年我的先君成侯得到襄王信任，受命守此城，并亲手接过太守下达的文书。文书上写明：'儿子杀父亲、臣杀君都是属于不可赦之大罪。即使遇到国家大赦，投降敌人的臣和逃亡的儿子，都是不在赦免之列的。'现在缩高推辞高官以保全父子之义，避免子杀父的罪行。而信陵君却要我把他捉来，这明明是让我负襄王之令，不遵守太守文书的规定，这样的事，我就是死也不敢干！"

这一通义正词严的言论，表现了安陵君的胆识，也感动了缩高。他知道小小的安陵君如何能抵得住信陵君的逼迫，遂长叹道："信陵君为人悍猛而自用，听到安陵君的话必然加紧威逼。安陵君大祸要临头。我个人已保全了名声和气节，没有做有违人臣之义的事。可是，怎么能使我们的安陵君遭到魏公子信陵君的欺侮呢？"

于是，这个重气节的缩高亲自到信陵君派的来使住处，当着他的面刎颈自杀。

信陵君胁迫缩高攻管城没有成功，反而被缩高大义凛然的言行教训了一通，对秦作战取胜的得意劲顿时烟消云散，五国联军也就自行解体。

尽管五国联军解体，但信陵君魏无忌率联军毕竟给了秦国军队以当头一击，使秦军暂时不敢东出函谷关，这是吕不韦在秦国当政后的首次碰壁。从此，魏公子之名声威震天下，各诸侯国忌恨秦国，都纷纷向信陵君靠拢。各国的军事理论家，也都将其所著的兵法献给信陵君。信陵君也乐得借此留名于世，将这些兵书编辑起来，世称《魏公子兵法》，从此信陵君知名度更高了。

吕不韦当政后，首次失败，就是由于信陵君。他见信陵君威望日高，渐渐成为东方六国反秦首领，因此认为不除掉信陵君，秦国的军事征服就会遇到更多的困难。经过多日谋划，一个阴险的策略终于在他胸中成熟。接着他便布置有关人员，支出大量财物，实施这项阴谋计划。不久在魏国国都就听到人们纷纷议论："魏公子在国外十年，现在统率魏国军队，魏国军队都成了魏公子私家的武装了。"

"魏公子不仅统率魏国武装，这次还率领五国军队攻秦。"有人补充说，"各诸侯都知道魏国有公子无忌，哪知道有什么国王！"

"这还有什么说的！"又有人忖测道，"魏公子若趁此时机自立为王，各诸侯国畏公子之威，一定会助他夺权的！"

这些街头巷尾的传言、议论，很快就被人报告给魏安釐王。开始，魏安釐王还不相信，他知道信陵君魏无忌是忠诚的，决不会有夺权的野心。可是，谣言重复多次，假话也不能不令人相信。一再传来的谣言，逐渐使魏安釐王半信半疑。就在这当儿，又有人报告给魏安釐王一个消息：

"大王，听说最近秦国有人来到我国。"

"来的是什么人?"

"是秦国相国吕不韦派来的人。"

"吕不韦派来的使者为何不来见我?" 魏王有点不解。

"大王想错了。吕不韦派人是专门前来向信陵君祝贺的,当然不会来见大王。"

"祝贺什么?"

"祝贺他即将登上王位。"

魏安釐王听后不禁怒从心头起,当即下令派人调查是否确有此事。不久,派去的几批人都回来报告说:

"秦国吕不韦确实派人到信陵君府上去祝贺过!"

至此,魏安釐王就不能不相信那些传言了,一声令下:"免去信陵君魏无忌将军职,着其归家听候处理。" 于是,信陵君就被解除了军权。魏安釐王哪里会想到,这正中了吕不韦的离间计。秦国派到魏国的使者,都遵从吕不韦的嘱咐,故意装出鬼鬼祟祟的样子进出信陵君的王府,给人造成前来祝贺信陵君即将为王的假象。信陵君自己还蒙在鼓里,魏安釐王却信以为真了。

吕不韦在暗自高兴,秦国上下当然也拍手称快。

信陵君被谗言和谣言击倒,寒心至极。但他既没有为自己辩解,也没有用行动争取国君的信任。而是自暴自弃,谢病不朝,整天在家中饮酒作乐,日夜与宾客、姬妾厮混。心灰意懒,不问政事。从此在政治舞台上销声匿迹。四年以后从魏国传来消息:魏无忌在一次酒后纵欲中身亡。一度声威远震,曾经联合各国抗秦有功的政治家、军事家信陵君魏无忌就这样离开了人世。

魏国失去了信陵君,这无疑是秦国的胜利。吕不韦的离间计不仅打倒了一个有远见的政治家,也打散了东方各国联合起来组成的军事集团。秦国的丞相府内和国王的兴乐宫前,不免庆贺一番。公元前247年(秦庄襄王三年),正当杏褪残花、园荷点翠的五月,丙午,从秦国宫中传来一个惊人的消息，像一块石头抛进静静的池水：

"庄襄王去世！"

庄襄王就是那个被吕不韦视为"奇货"从邯郸弄回来的异人。此人早在十八年前就朝思暮想地要爬上国王宝座，为这一目的他曾卖身投靠，甚至把自己当商品交给吕不韦去投机。他还不惜弃自己生母夏太后于冷宫而不顾，去取悦、谄媚华阳夫人。可是，花了这么大代价的异人，只在秦国国王的宝座上坐了三年就命归黄泉，死的时候只有三十五岁。消息传出宫后，就不免有种种议论和猜测：

"大王得的什么病？为什么这么年轻就死了？"

"大概是早年在邯郸花天酒地过度，伤了元气。"

"听说王后淫欲特盛，使大王精殚力竭而亡。"

"这些说法都不对！"也有人神秘地猜测，"是相国吕不韦嫌大王碍手碍脚，索性把他害死，自己掌权。"不过，这些都是人们的猜测，谁也找不到确实的证据，所以庄襄王之死也就成为千古疑案。

不论庄襄王的死因如何，事实上他一死，吕不韦在秦国的地位又发生了变化。

按规定，庄襄王死后，由其太子继位，而这个继位的太子不是别人，正是十三年前在邯郸诞生的赵政（又称嬴政），也就是后来大名鼎鼎的秦始皇。

公元前247年（秦庄襄王三年）五月的一天，秦国国都一片肃穆气氛，从渭水南的章台宫内，不时地传出钟声鼓乐奏出的铿锵雅曲，凤阙龙楼中透出一阵阵悲凉的清音，御花园中绿槐疏影间却洋溢着一股喜庆的瑞气。后宫轻幽的呜咽和前殿九重歌管之乐相呼应，显示出这里举行的又是一次紧接着葬礼的登极典礼。

这是秦国历史上极重要的一场典礼，庄襄王的丧礼和秦王政的登极大典紧连在一起。悲剧和喜剧首尾相接，一个站在权势顶端的人赤手空拳地被埋入地下，另一个赤手空拳的人又被拥上顶端。秦国的宗室大臣沉浸在既悲恸又欣喜的混杂气氛之中，迎接着新君主的临朝。章台宫内锦衣斑斓，禁卫森严，瑞烟袅袅。新王的登极大典，一切均按传统仪式进行：山呼万岁声后，丹墀下的群臣抬头望见秦王的御座上坐定的是个尚未成年的孩子。人们知道，这就是十三岁的嬴政（赵政）。在威严的典礼过程中，丞相吕不韦始终在秦王嬴政左右，指示他该如何动作。嬴政则顺从地按照吕不韦的要求行礼如仪。神圣的登极典礼顺利地完成。

嬴政继位后，吕不韦除了仍任丞相（相国）、文信侯外，又加封了一个特殊称号——"仲父"。十三岁的孩子当然不会想出这个封号，肯定是吕不韦自己出的主意。

吕不韦为什么煞费苦心地给自己加个"仲父"的称号呢？

"仲父"这个称号既不是官爵名，也不是亲属的称谓。对它可以做多种理解：从字面上看"仲父"就是叔父。吕不韦暗示自己是嬴政的亲生父亲，或表示自己与嬴政之父庄襄王有非同寻常的关系，在嬴政面前自称"仲父"均无不可，但是，除此之外尚有更深的一种示意："仲父"曾是春秋时期齐国管仲的称号。公元前 685 年（周庄王十二年）齐桓公任用管仲为相。管仲是历史上的名臣，主持齐国改革，发展生产，富国强兵，几年之内就使齐国由弱变强，称霸中原。齐桓公对管仲信任、尊重达到无以复加的程度，将齐国朝政全部交给他，而自己从不加以干涉。这时的管仲就称为"仲父"。吕不韦自称为"仲父"就是以相齐的管仲自居，他不但要嬴政承认自己是他的父亲，而且向臣民暗示他将要像管仲一样处理朝政，无需取得嬴政的授权。如果说庄襄王在位时，吕不韦操纵秦国政权还需通过国王的话，那么，到秦王政登上王位时，身为"仲父"的吕不韦就可以直接发号施令来实行自己的主张了。这个时期的秦国，实际是吕不韦个人专政从后台进入前台的时期。商人吕不韦经营的事业，达到辉煌的顶点。

"仲父"专政

庄襄王的丧礼哀乐刚刚消失在咸阳上空，在秦王政登极的喜庆声中，吕不韦就已坐到章台宫大殿秦王御座的旁边，开始处理朝政了。从秦王政即位的公元前246年到公元前237年（秦王政十年）是吕不韦在秦国直接控制政权的时代。

秦王政继位之初，当务之急依然是取得对东方各国的胜利。

军事斗争成为时代的主要内容。秦国兼并战争的主要对象仍是韩、魏两国。

公元前246年（秦王政元年），秦国全部攻占了韩国的上党郡。吕不韦又派大将蒙骜平定晋阳，重建太原郡。这时的秦国，南面已达今湘、鄂省界，至九江一线，建立南郡；西南有巴、蜀、汉中，包括今汉水流域及四川大渡河流域，成都平原；北面达上郡以东，即今内蒙古河套地区；东面有三川郡。包括西周、春秋战国以来最繁华的地区在内的中原地带，大部分均归到秦国的版图之内。当然，这里还有韩、魏两国交错占领的国土。因此秦军的矛头首先就必须指向韩国和魏国，对其他诸侯国的兼并则稍稍放慢了脚步。吕不韦的战略部署十分明确，这几年的军事行动显然比以前更加有条不紊，进展得也颇为顺利。公元前245年（秦王政二年），秦军占领了魏国的卷（今河南省原阳县），次年，秦军又攻取了韩国的十三城，以及魏国的畼、有诡。同年，秦将蒙骜率兵攻占韩国的十三座城。接着，秦军分南北两路攻魏，公元前242年（秦王政五年），攻占了酸枣（今河南省延津县西南）、燕（今河南省延津县东北）、桃人（今河南省长垣县西北）、山阳（今河南省焦作市东南）和雍丘（今河南省杞县）、长平（今河南省西华县东北）等二十城，并在这里设立东郡。秦军在关东长驱直入势如破竹。秦国取得一系列胜利，除了军事实力的优势以外，重要的原因还在于吕不韦善于运用外交和政治的策略，分化、瓦解敌对诸侯国的势力。

对赵国，自秦王政即位以来，一直维持着友好关系，相互继续交换质子，以示信义。有时吕不韦也玩弄一点政治手腕。赵国太子春平侯为质于秦，秦国也有宗室公子在赵为质。公元前244年（秦王政三年），秦国公子自赵返国，按惯例秦国也应放赵国的春平侯回国。开始吕不韦打算将春平侯扣留在秦，不准其归赵。依秦国当时的国势，这样做赵国亦无可奈何。然而，秦国大臣世钧及时提出劝告，他对吕不韦说："春平侯是赵王所信任的公子。其他的近侍郎中对他是十分嫉恨的。"世钧所说的确是实情，据悉春平侯与刚刚上台的赵悼王王后有私情，俩人的暧昧关系甚为宗室注目，赵悼王当然蒙在鼓里。吕不韦听世钧所言点头称是。

"赵国宫室族人早散布出'春平侯入秦，秦必留之'的流言。"世钧接着说，"故相国若扣留春平侯则恰中了赵国一些人的奸计，等于替赵国当权的一派人铲除一个政敌。"吕不韦听世钧的分析入情入理，表示首肯。

"不如将春平侯放回，"世钧最后提出分化赵国内部的策略，"而扣留赵国的另一个公子平都侯。因为春平侯与赵王有特殊关系，赵王对其言听计从。春平侯回国后必定怂恿赵王割地以奉相国，而赎平都侯。"

世钧的策略一方面收买了赵国的春平侯，使之成为亲秦派，另一方面打击了赵国内部的另外一派，使双方斗争继续下去，从而达到削弱赵国的目的。这恰恰是秦国所需要的。吕不韦对此心领神会，连连称"善"，并下令放回春平侯。果然，赵国内部的两派斗争愈演愈烈，一直闹得不可开交，直至吕不韦死后仍未结束。最后，赵国终于在内部冲突中被秦灭亡。

公元前241年（秦王政六年），秦军攻占魏国的朝歌（今河南省淇县）。在这里，秦军扫荡了卫国故地，并把一个卫君角迁到野王（今河南省沁阳市）。关于卫君在这里出现，历史记载也相当混乱。原来在数年前魏国就已消灭了卫国，这个附庸小国早已不复存在。但秦王政六年却又有"拔卫""其君角""徙居野王"的记载。这种矛盾的现象背后，正透露出吕不韦情感和理智的矛盾。卫国毕竟是他的祖国，在魏国灭卫国之后，秦在吕不韦的操纵下又重新立了一个角为卫君，作为秦国的附庸。在秦王政六年扫荡卫地以后，吕不韦仍不忍灭卫宗祠，将卫君角迁至野王，继续维持其有名无实的国君地位。吕不韦这样做，像他处理东周国君一样，不仅表示"兴灭""继绝"，而且反映了他对故土的怀恋之情。

在吕不韦直接当权的几年中，秦军向东进军的步伐一天天加快，已逐步由蚕食变为鲸吞，国土也迅速地扩大。自建立东郡以后，秦国版图就从三面将韩、魏两国包围起来，并与东方的齐国接壤。这种形势对东方的各个诸侯国都形成极大的威胁。公元前241年（秦王政六年），楚、赵、魏、燕、韩五国又一次联合起来，推楚王为纵长，以赵国名将庞煖为统帅向秦国进攻。

这一次联军向秦进攻的结果与上一次完全不同。吕不韦对各诸侯国采取打击和分化两种策略，在战争中起了明显的作用。

五国联军出兵尚未遇到秦军反击时，一路顺利，攻至蕞（今西安市临潼区东北）。但在此一遇秦军反击，五国联军立即崩溃。各国的军队不仅顷刻瓦解，而且引发出联军和各诸侯国内部矛盾，从而促使其向灭亡的方向加速行进。

名将庞煖率领的五国联军虽敌不过秦军的轻轻一击，但庞煖所率的赵国军队却在败回的路上轻而易举地夺取了齐国的饶安（今河北省盐山县西南）。"失之东隅，收之桑榆"，赵国之师虽败于秦，却胜于齐。这激化了赵、齐之间的矛盾。

联军攻秦的失败也促使大部分时间袖手观战的楚国内部矛盾激化。

楚国当时在位的是考烈王，而实际当权者乃是春申君黄歇。黄歇在楚已为相二十二年，权倾一时，这就必然遭到考烈王的猜忌。五国联军虽以庞煖为帅，却推楚为纵长。出兵时声势浩大，气焰嚣张，一入函谷关即被秦击溃。这对身为纵长的楚考烈王来说实在是奇耻大辱，气愤之余楚考烈王不免把一腔怨恨转到春申君黄歇身上。

在此之前秦国与楚国没有发生过大的战争，这次五国联军楚为纵长，勾起了秦对楚的仇恨。秦国就此把矛头对准了楚国。楚王之所以怨恨春申君，这必定是原因之一。春申君一时也自感内疚，深悔自己出谋划策之不当。其实秦、楚间的关系紧张，是战国时期军事斗争发展的必然结果，楚国是否充当联军纵长并不是根本原因。一日，春申君的宾客朱英向他分析当前的形势。

"现在有人说您把一个好端端的楚国弄得一天不如一天。这个说法是不对的。"朱英一开始就抓住问题的关键，申明自己的看法。

"愿闻高见。"春申君当然喜欢听这种议论。

"先君时秦国二十年不攻楚，什么原因呢?"朱英自问自答，"那时秦、楚之间隔着韩、魏、两周。他们不可能越过这些地方向楚国进攻。现在情况大不相同，韩、魏的大片土地已属秦国所有，两周已亡。秦兵已经进入到距楚国国都陈六十里之地。依臣所见，秦、楚之间的大战是绝不可避免的了。"

朱英的分析确是抓住要害，指出秦、楚冲突乃是战争发展的必然趋势。春申君听到后稍稍减轻了自责、内疚之情，并通过各种方式向楚考烈王反复说明形势的严重性。楚考烈王也认识到秦兵大军压境，大战一触即发的危机。为避开秦军锋芒，就在五国联军攻秦失败的当年，楚国的国都匆忙从陈迁到寿春（今安徽省寿县），仍称郢。

楚国迁都后本应重整内政、训练军队，准备抵抗秦国进攻。但是，楚国的统治集团内部本来就矛盾重重，经过秦军的打击，非但没有促成其内部同仇敌忾、团结御侮，反而加速其分崩离析。战国末年楚国的政治舞台上演出了一幕幕钩心斗角的闹剧，使楚国对抗秦军的力量愈来愈弱，直至灭亡。

迁都寿春后的楚国，发生在朝廷内外的政治闹剧中，竟再次出现吕不韦曾经在邯郸导演过的场面。历史真是令人难以捉摸。

楚考烈王虽有众多的妃嫔，却多年无子。攻秦失败后，春申君为取得楚王的信任及宠幸，就多方搜求美妇人供楚王淫乐。然而，明眸皓齿、莲脸朱唇、肥臀细腰的楚地美女佳丽，虽被春申君送入楚宫不计其数，但也没有传出后宫产子的喜讯。急得春申君一筹莫展。

有一天门下报告，有宾客李园求见。以"招贤"著名的春申君当然热情召见，并依惯例以"舍人"之礼遇安置在府中。原来，李园来自吕不韦曾投机成功的邯郸，从赵国来到楚国受到热情招待。不久，李园向春申君请假回邯郸，但回邯郸后的李园又故意到期不归。待返楚后，春申君不免询问他迟回的原因。

"臣之所以未能按期返回楚国，皆因齐国国王派人向臣的妹妹求婚。"李园将早已准备好的谎言抛出。

"令妹嫁给齐王了吗？"春申君问。

"没有答应。"

"可以一见吗？"春申君听到齐王都要向之求婚的女子，不免馋涎欲滴。

"当然可以！"这正是李园所希望的。

春申君一见到李园漂亮的妹妹，就将她占有，于是李园的妹妹就成了春申君众多姬妾中的一个。不久，她就怀上了春申君的孩子。

一日，李园妹趁春申君高兴之际对他说："君相楚已二十余年。楚王对您的信任胜过兄弟。但楚王无子，待他百年之后，楚另立新君，您还能保证像现在这样有权有势吗？"李园妹提出的问题恰恰说到春申君的心坎上，这正是专制制度下世袭制体制中官僚们普遍担心的问题。春申君自然明了其严重性，也极希望听听这位宠姬有何高见。"您不仅不能保证长久得宠于国君，"这位美人接着娇滴滴地说，"而且您当权这么多年，哪有不得罪楚王众兄弟的地方？倘若他的众兄弟继位为王，您大概连封地都保不住啦！"

春申君大概没料到这么险恶的后果，无言以对，只是急切地想知道面前这位工于心计的美人会提出什么良方。

"今妾已有身孕，只有您知我知。若以您的地位将妾献给楚王，必能得到王的宠幸。将来妾如生下一子，得以继承王位，您不就是未来楚王的真正父亲吗？那时楚国就都是您的啦！"李园妹提出的这个计谋，恰在吕不韦将怀孕的邯郸姬献给公子异人的十余年后，不知是从吕不韦那里学来的，还是纯然巧合。

尽管春申君被这位天仙似的美妇人迷得神魂颠倒，在锦帐绣帷中也有过海誓山盟，可是对于政客来说，女人和爱情无非是交易中的筹码，没有不可出手的。春申君听罢李园妹的计策欣然同意，不久就找机会将她献给楚王。楚王一见这个风骚又善解人意的妇人，焉有不爱之理，果然接受下来，并且朝夜眷恋，不久即生一男。长期无子的楚王突然有后，更无暇追问其来历，即立为太子。这样，在不到一年之内，李园之妹就成为楚国的王后。李园因其妹为后，在楚王面前的宠幸立刻超过春申君。

李园因利用春申君而在楚取得权势，唯一不放心的就是知其底细的春申君，因此得势后李园就暗地收养杀手，准备找机会杀死春申君灭口。春申君及朝臣中许多人见李园势力蒸蒸日上，也料到李园早晚必置春申君于死地。双方剑拔弩张，冲突日渐加剧，随时有爆发的危险。春申君是支撑楚国政局的重臣，一旦陷入上层的阴谋圈中，哪有精力应付外部强秦的进攻，所以，自五国联军失败后，楚国在对抗秦国的战争中一直节节败退，以至不可收拾。

《孙子兵法》曰："上兵伐谋"，"善用兵者"，"必以全争于天下，故兵不顿而利可全"。就是说不用兵而将敌国攻破才是上策。五国联军之败，就埋伏下秦军使楚不攻自破的种子。数年后，公元前238年，楚考烈王将死，上层内部矛盾已白热化，李园迫不及待地要杀死春申君。春申君已知李园有害己之心，但始终没有把这个政治上的小丑、娼妓放在眼里。但他门下的宾客却看在眼里，急在心里。一天，宾客朱英对春申君说："世上有料不到的福，也有料不到的祸。今君处在料不到的时代，又侍奉料不到的主，难道能侥幸躲过飞来的横祸吗？"危言耸听以引起听者的重视，乃是战国时期游说之士的惯用方法。朱英也是如此开始他对春申君的献策的。

"何谓料不到的福？"春申君问。

"君在楚为相二十余年，名义上虽是相国，实际上就是楚王。现在楚王病重，危在旦夕。若少主继位，您一定会像伊尹、周公一样辅政。少主长大之后，您也能称孤道寡执楚国大政，此岂非料不到之大福吗？"

"何谓料不到之大祸呢？"

"李园有实权但始终未有官位，乃是您不共戴天之仇人。此人不负率兵之责却私养一批杀手。若楚王一死，李园必定先入宫夺权，杀君以灭口，这就是您料不到的横祸。"

"何谓料不到的人？"

"您若将臣派进宫内为郎中。楚王一旦身亡，李园必先入。那时臣即可杀李园以保君。我就是您未料到的人。"这个办法虽非万全之策，但也不失为防身之策。岂料春申君并不以为然，他说："足下算了吧！李园是个不足挂齿的角色，我又待他不错，何至于像你说的那么可怕呢？"朱英见春申君不采纳所献之策，恐有后祸，急忙逃走。

十七天后，楚考烈王咽气，李园果然先下手，安排杀手于寿春棘门之内。春申君入棘门时大大咧咧，毫无防备，果然被刺客刺死，他的头也被抛于棘门之外。李园从此直接控制楚国政权，并将春申君全家族灭，而那个李园之妹所生名为楚考烈王之子、实为春申君之儿则继承了王位，是为楚幽王。这虽然已是五国攻秦失败后的第三年，却明显地看出春申君的失势以至被杀，与秦军的打击有直接关系，而李园的阴谋得逞则与吕不韦的投机成功不谋而合。这种现象背后隐藏着什么秘密，甚至李园是否为吕不韦有意派到楚国的奸细，也成为吕不韦一生中的难解之谜①。

秦王政六年，五国攻秦失败后所造成的后果，像水面上的波纹一样一圈圈地向外扩大。

公元前 240 年（秦王政七年），秦军趁击退五国联军余威和各国内部分崩离析之际，又攻取赵国的龙、孤、庆都和魏国的汲。到公元前 238 年（秦王政九年）秦将杨端和又占领了魏的首垣、蒲和衍氏。

秦国咄咄逼人的进攻声势，在东方各诸侯国中引起一片恐慌。各国除加紧合纵活动、联合御秦外，都纷纷谋求自保，以挽救被吞并的命运。

最紧张的是秦国的东邻韩国。韩国屡被秦军击败，国土日渐缩小。眼看秦国大军压境，韩国危在旦夕，君臣束手无策，惶惶不可终日。早在秦昭王的时代，韩国的国君就干过一次愚蠢的丑事。当时韩王见秦国日强，而韩国又无力抗衡，就异想天开地策划了一个"妙计"：选韩国美女明码高价，向外公开出售，每个美女价高三千金之多。韩王以为价钱如此昂贵，当时唯有好色而富有的秦国国君才有能力购买。若秦君将韩国美女以重金购回，必沉溺女色，无心攻韩，而韩国因出售美女既得秦国财货，又有韩女在秦，必能阻止秦军的入侵。如此一厢情愿的打算竟付诸实施，可见韩国君臣的昏庸。后来，韩国美女虽卖至秦国，但丝毫未能影响秦军对韩的进攻和吞食。结果韩国"赔了夫人又折兵"，贻笑于天下。

现在，秦国新君即位，吕不韦精于谋划，对韩国的威胁远比从前严重得多，而韩国实力则江河日下。如何延缓秦军攻韩步伐，推迟自身灭

---

① 有的史学家认为，《战国策》记载的这一段李园的事迹，是好事者根据吕不韦的事迹编造出来的，不可信。但笔者认为，这一记载是可信的，只是何以如此巧合，则有待研究。

亡命运，成为摆在韩桓惠王及文武大臣面前的难题。

正当韩桓惠王忧心忡忡，唯恐秦军继续进攻之际，有人"适时"地向他献妙计。听其人如此这般地说毕，韩桓惠王脸上的愁云立即散得无影无踪，吩咐照计而行。

几天后，在秦国国都咸阳王宫前，出现一个人，要求面见秦王。

经回报准见，遂引入前殿。来者向殿上的秦王及国王右侧的相国说明来意，自称名郑国，受韩国桓惠王委派，自愿来为秦国策划兴修水利。秦国一贯重视农耕，关中地区虽土地肥沃，又有河道纵横，但河水流经地域不合理，大片土地不能利用河水灌溉，形成咸卤荒地，所以国君和大臣均甚重视水利建设。特别是相国吕不韦，作为秦国执政者，对农业及水利，更深知其重要性。听了郑国的游说之后，吕不韦欣然同意他的建议：从关中东部修一条长三百里的水渠，引泾水入河，起自池阳瓠口（今陕西省泾阳县境内），横跨渭北高原，以灌溉关中遍布咸卤的土地，使之变为可耕之良田。吕不韦任命郑国负责此项工作的规划和施工。水工郑国也确实是杰出的水利专家，受命后即率人在关中破土动工，认真地兴修水利工程。这一工程规模巨大，数年后始能完成。

惯于用计的吕不韦，这次却中了韩国的计：原来郑国是被韩王派来执行"疲秦"阴谋的。韩国君臣的如意算盘是：若说服秦王将大批人力、物力投入到巨大的水利工程建设上去，就可以转移秦国向韩国进攻的力量，而消耗其国力。可是，韩国的这个如意算盘又打错了，他们哪里知道，秦国实力雄厚，尽管郑国领导兴建的水利工程投入了大批劳力、物资，但丝毫没影响军事进攻的计划。前线的秦军仍照原来的速度向各诸侯国推进。韩桓惠王的"疲秦"阴谋比先前那个卖美女的办法更加愚蠢。吕不韦这次中"计"却歪打正着，使秦国得到万世之利。不过，郑国在秦国领导修渠之初，秦国君臣并未发觉韩王的这一愚蠢阴谋。水利工程建设在关中地区热火朝天地进行。待到秦国君臣发觉韩国的阴谋之后，郑国所修的渠已接近完成了。这是后话。

吕不韦从庄襄王上台以后执政，到秦王政九年之前专权，这十余年间是他一生中最辉煌的时期。秦国在这个时期军事、政治、经济都取得巨大成就。这十余年也是秦国统一六国过程中承上启下的关键时刻。吕不韦作为一个卫国商人出身的政客进入秦国宫廷，却控制了全部朝政，在内未引起任何反叛、内乱，保持着秦国内部稳定，在外取得一系列军事上和外交上的胜利，从而奠定了他死后秦始皇统一中国的基础。

吕不韦在秦国取得的成就，不仅证明当年在邯郸时孤注一掷地向异人投资的决策取得了成功，也反映了他从商人到政客直至成为政治家的轨迹中，具备足够治理秦国、指挥统一战争的谋略和才能。这当然是吕不韦在几十年的活动中，不断通过各种方式吸取知识、充实自己的结果。其中礼贤下士、广招宾客当是使吕不韦受益最大的一种途径。

毫无疑问，吕不韦在秦国执政十余年间的成就，是在以前奠定的基础和秦国原有的经济、文化成就之上取得的。

"得之以众"

吕不韦当政所取得的成就，没有秦国原有的经济、文化的雄厚基础是不可想象的。

早在吕不韦入秦之前，秦国就是一个在经济实力、领土面积方面超过其他诸侯国的大国。在吕不韦任秦相国前的半个世纪，谋士苏秦去楚国，劝楚国与东方各诸侯国联合抗秦。他说：此时楚国是南方的一个大国，"地方五千里，带甲百万，车千乘，骑万匹，粟支十年"①。比起齐、赵、燕、魏、韩等国来，已是天下无敌的大国、强国了。可是又有一个谋士张仪后来告诉楚国国王说：秦地占天下的一半，虎贲之士百余

----

① 见《战国策·楚策一》。

万，车千乘，骑万匹，粟如丘山①。各诸侯国根本不是秦的对手。

不说别的，仅以"粟"这一项对比，楚国的"粟支十年"已不算少。但秦国则"粟如丘山"，堆积如山的粮食显示着秦国的富足。当然，张仪的鼓吹有一定夸张成分。但反映秦国的国力强大，确是有一定根据的。

秦国的国力是建立在经济发展的基础之上的。到吕不韦当政这个时代，秦国是全中国最富庶的地区之一。这时秦国的人口虽不足全中国的十分之三，但土地却占有全中国的三分之一，而财富则占全中国的六成，俨然已是个"超级大国"了。

财富源于生产，而古代的生产首先是农业。

秦国的农业生产有得天独厚的条件。秦国地处关中，一片黄土沃野，八百里秦川给人类提供了栖息、生产的极好环境。这里自古就是发展农业的理想之地，南有巍峨葱郁的秦岭，北靠黄土高原，中间是渭河流域的冲积平原，其主体部分由渭河一、二级阶地组成，地面平坦，地下水丰富，土壤肥沃，有一系列黄土台塬分布其间：马额原、横岭原、白鹿原、神禾原、乐游原、翠峰原等。原面均呈平坦阶状地形。泾河、渭水、灞河、浐河、皂河、沣河、黑河、石川河、涝河、戏河、陇水、并水，纵横蜿蜒，形成不规则的水道网。这个自然条件为农业生产提供了有利的环境。自商鞅变法之后，秦国又采取"赐爵"、免除徭役的方式鼓励人们努力从事农业生产，凡因生产而发家致富的，可得到与在前线杀敌立功一样的待遇和荣誉。这种奖励耕作的政策，使秦国的农业生产迅速发展起来。到郑国渠修成之后，关中大片土地变为良田，这就保障了秦国的统一战争走向胜利。

秦惠文王时代（公元前337年至公元前311年）秦国已取得巴、蜀地区。这也是条件极好的富裕地方，具有相当悠久的农业生产历史，成

---

① 见《战国策·楚策一》。

为秦国主要的粮食生产基地。

所以，到吕不韦执政的时代，秦国"南有泾、渭之沃，擅巴、汉之饶"①。拥有农业生产的优势，难怪粮食多得如山丘一样了。

秦国的富庶还不仅由于占有优越地理位置，而且在于生产工具的改进。

用牛耕地，是人类进行农业生产中的一大进步。在中国，春秋末年才开始出现牛耕，但并不普遍。战国末期，也只有少数先进地区才使用牛耕，秦国就是这少数先进地区之一。有一次，赵国国王准备与秦国打仗，赵国大臣赵豹力阻赵王不能与秦国开战，其中原因之一就是"秦以牛田"②，即用牛耕田，可见这是一种先进的生产方法。由于牛在生产上的作用越来越大，因此不再像它们的祖先那样，只有用来当牺牲，被送上祭台，所以人们对它们的重视程度就大不一样。秦国法律规定：每年四月、七月、十月、正月由政府安排考察耕牛喂养状况。若牛养得好，则有奖，对养牛不好的稽夫、牛长则有罚。由此可见秦国对耕牛的重视③。

和牛耕紧密相关的是铁农具的使用。中国古代最早使用的生产工具是石头和木质的。石、木以后出现的金属工具最初是青铜质地的，殷商、西周时代广泛使用着青铜工具。虽然我国古代的青铜冶铸业就其规模而言，是世界仅见的，但若在全国广大农田上普遍使用青铜农具，毕竟是相当困难的。因此，春秋时期出现了铁质工具。铁工具的出现，是人类生产发展史上的一大进步。因为铁矿较铜矿多，又易开采。冶、炼、铸技术有相当水平后，铁质工具的坚韧程度均较青铜器高。我国最早的一批铁工具是在春秋时期出现的。在秦国，春秋时期的秦公大墓中，就埋有铁工具。可见，春秋时期秦国已使用铁工具进行生产。到战

---

① 见《史记·货殖列传》。
② 见《史记·赵世家》。
③ 见《睡虎地秦墓竹简·田律》。

国时期，铁农具在秦国已相当普遍地被使用。牛耕发展以后，犁成为主要耕具。秦国在吕不韦执政的这个时期，铁犁已普遍地用于耕种。考古工作者在今陕西省原秦国境内已发现许多铁犁铧。铁犁配合牛耕使农业生产由粗放向精耕细作大进一步。除铁犁外，铁质工具还有斧、斤锛、镰、凿、刀、铲、锤、锄、耙、削、锉、锤、锥、钻、针，等等。这些工具近年在秦国故地陕西省都有发现，证明战国时期铁工具在这里已相当地普及。

　　秦国的农业生产发展还与水利建设有密切关系。秦国统治者和百姓都十分重视水利建设，修渠、引水灌田在秦国本土相当普遍。秦昭王时代还在蜀地修建了世界著名的水利工程都江堰。

　　秦惠文王时代并入秦国版图的蜀地，水陆所凑，丰蔚所盛，山阜相属，含溪怀谷。尤其是那总面积一万八千多平方公里的成都平原，土地平坦，气候温和，萋萋绿树，离离芳草，自然条件确实无与伦比，但是，由于早年对河流未能合理开发利用，经常发生旱灾和涝灾，其主要祸根是岷江作怪。

　　岷江，这条不安分的大河，从高山环绕的四川盆地边缘沿着陡峭的山势，穿过万山丛中，以它那特有的野性，奔腾咆哮一泻千里地投进成都平原的怀抱，到今灌县一带，因地势落差减小，水流降速，一路挟来的泥沙随之下沉，结果造成河道淤塞、水流不畅。当雨季来时，岷江及其支流水势暴涨。溢出河道的水像脱缰的野马，放肆地在大平原上泛滥，顷刻之间使这片沃野变成汪洋。而雨量不足时，又造成赤地千里的旱灾。在这种环境下，如何治理岷江，就成为发展生产的关键。秦昭王时代的蜀郡太守李冰，决定治理岷江，他同其子二郎一起，领导修建了治理岷江的水利工程都江堰。

　　李冰父子选择岷江中游从山溪急转进入平原河槽的灌县一带，为施工做堰的地址。工程主要分为三个部分：分鱼嘴、宝瓶口、飞沙堰。分鱼嘴的作用是将岷江水流分为两支：东边一支为内江，西边一支为外江。内江流到飞沙堰，在这里开一人工孔道，叫宝瓶口，使江水顺畅地流出，并由此开出分支灌溉渠道。在分鱼嘴和宝瓶口之间的飞沙堰，是人工修建的洪道。洪水来时，分鱼嘴失去分水作用，使内江过多的水，翻过飞沙堰流入外江。这时离堆起着第二道分鱼嘴的作用。枯水期时，大部分水流入内江，从而保障有足够的灌溉用水。这一个系统的水利设施建成之后，使岷江由害变利，发挥了多种效益，防洪，灌溉，又平添了成都平原的壮丽景观。都江堰的建成，使成都平原三百万亩土地得到灌溉，使那饱受水、旱之灾的原野变成肥沃的良田。这时，蜀地被称为"天府之国"。

秦国的另一个巨大水利工程，就是秦王政元年由郑国领导修筑的郑国渠。此时，郑国渠正在修建过程中，它将发挥的效益不亚于都江堰，而这一套水利灌溉系统则完全是在吕不韦执政时完成的。秦国的都江堰、郑国渠两大水利系统在当时各国是绝无仅有的，在水利史上至今仍占有辉煌的地位。有如此先进的水利灌溉系统，秦国的农业生产水平无疑是高居前列的了。

秦国的农业生产技术也跃进到一个高、新的水平。从吕不韦时代秦国编著的农业生产技术书籍中可以知道，秦国农业已积累了从播种到收获一整套生产经验。对于农具使用、土地利用、排水洗土以及时令、虫害等与农业生产相关的知识，都有系统的、科学的总结。比如，对于天时、地利和农作物的关系，提出没有天时、地利，农作物就无从"生""养"。对于土地的特性和利用，也有较科学的认识和方法：坚硬的土地要令其松软，过于松软的土地要使其坚硬。田地要合理地休耕，合理地种植。没有休耕的土地不能连续种植，土地贫瘠必须施肥，肥过多的也须控制，土地过湿须使之干燥，过燥者必须调剂墒情。精耕细作也总结出一套完整的方法："上田弃亩，下田弃畎，五耕五耨，必审以尽。"①

_____

① 见《吕氏春秋·任地》。

这就是说，高旱的田，要把庄稼种在低凹之处；下湿的田，要把庄稼种在高出的地方；在种植之前，要耕五次，既种之后，要耨（锄）五次，耕耨必须精细。此外，还有覆土、播种、定苗等办法，以及其他相关的农业生产技术。在吕不韦执政的时代，秦国就有这种系统总结农业生产经验的书出现，而且这些生产技术在当时的条件下是极其先进的。这足以说明秦国的农业生产水平居于全国的领先地位，而这种地位既给吕不韦政治军事上的成就创造了物质基础，也表明吕不韦对农业生产的重视。

农业是基础，基础雄厚则国内富足。秦国在吕不韦当政时期有足够的粮食供给军队、官吏、王室及百姓食用，还储存大量粟米。秦国的粮食遍布全境，仅栎阳仓就"二万石一积"，而国都咸阳仓内积粮达"十万石"。在这些仓里堆放的粮食，分黄、白、青三种禾（小米）和糯（糯米）等各种稻。有人说这时的秦国"富天下十倍"。大概不算太夸张。

在农业发展的基础上，秦国的手工业也有相当高的生产水平。采铁和冶铁业在战国末年普遍地发展起来。秦国则是重要的采铁、冶铁基地。《管子·地数》篇记载产铁之山有3690处。在这些铁山中，现确知其地的有十五处，而这十五处中，在秦地的就有六处。巴、蜀地区有资源很丰富的"铁山"。因此，秦国的冶铁业发展很快。在秦国国都咸阳就有不少官办的和私营的手工作坊，有的作坊规模很大。近年来，在陕西咸阳原秦国宫殿区附近，发现秦国的铸铁作坊遗址，至今仍遗留有大量的铁块、炉渣、红烧土、草灰，等等。可以想见当年冶铁之盛况。

铁器已在日常生活中成为习见之物，当然与采铁、冶铁的发达有直接关系。秦国官府内专门设有管铁器生产和使用的官吏，有"左采铁""右采铁"等官职。

炼钢的技术在战国时期已经达到相当高的水平，而水平最高的地区是宛（今河南省南阳市），有"宛钜铁矛，惨如蜂虿"①之称，形容宛地出产的铁工具制造精良。吕不韦当政时期，宛地也由楚国归到秦国领土范围之内。这无疑对秦国冶铁炼钢工业的发展具有很大作用。

秦国的青铜器制造业也很发达。秦国政府直接控制一批规模相当可观的冶铜作坊，仅咸阳宫殿区域附近的一处冶铜作坊规模就很可观。秦国和战国时期各诸侯国使用的武器，还有不少仍为青铜制造，而秦国出产的青铜兵器，其制作工艺堪称一绝。近年来在秦始皇陵遗址附近发现的秦剑，出土时色青光洁，锋满刃利，寒光森冷，从铸造技术上考察，可以看出经过错磨、抛光等精制程序；出土的三棱镞，三面或平或鼓，截面的等边三角形，边长误差仅在 0.8%～2.6% 之间，充分反映了秦国青铜铸造业的生产水平。

吕不韦在秦国执政后，对秦国的武器铸造业的推动，有极其明显的作用。

首先，吕不韦当政的几年中，制造兵器的基地就有三处：雍、栎阳、咸阳。三地均有秦国中央直属的兵器制造基地，这是其他诸侯国所没有的。

其次，为加强对兵器制造的管理，吕不韦健全和充实了秦国政府对兵器制造的管理机构。在其执政之前，秦国朝廷主管兵器制造的部门和官吏为内史下辖的雍工师、栎阳工师、咸阳工师。吕不韦执政后，负责制造兵器的部门和官吏增加了少府工室和寺工，以及属邦辖下的属邦工（室）和诏吏，等等。

更重要的是，吕不韦当政期间加强了对兵器的监造，增加兵器生产，进一步控制兵器的制造权。见于著录的和新近发表的考古资料的秦国兵器现已有三十余件。在这包括戟、戈、矛、铍等各种兵器在内的三十余件中，标明吕不韦造的就有九件，如"三年吕不韦"，而其余的标

① 见《荀子·议兵》。

明商鞅造的有两件，相邦义造的一件，相邦冉造的两件，丞相启造的一件，丞相斯造的一件。除此之外皆仅标以"寺工""少府""属邦"之类造。值得注意的是"相邦冉"即秦昭王时的魏冉，此人在秦专权二十余年，且一家满门权贵，终昭王之世几乎五十余年，皆有相当高的地位。而由其署名监造之兵器也仅有两件。"丞相斯"即李斯，由他署名监造之武器亦仅一件；而先、后于吕不韦在秦为相的范雎、蔡泽、王绾、隗状、去疾，等等，在已发现的兵器中均无一件有他们的名字。但吕不韦监造兵器就独占九件之多。这种现象表明，吕不韦在秦为相的时间虽仅有十年，但这十年是其余的时期无法与之相比的，其作用、权势均远远超过以往的和后来的相国。同时也说明吕不韦本人对武器制造的重视，是历代相国及君主都比不上的①。

秦国的陶器制造业也是相当发达的。陶器是日常用品，陶器制造业的情况，反映了人民和上层贵族的一般生活水平。从现在已发现的秦国陶器遗物来看，日常生活用品的陶器种类很多，除盆、罐、缶以外，还有瓦水管等建筑材料。这些实用器具制作得都十分精良、坚固、美观、实用。如板瓦制作得前端宽、厚于后端。筒瓦的筒径尾端大于唇端，唇端向里收敛，形成瓦榫部分。这利于修筑房屋时装配。在瓦当上，绝大多数饰以云纹、植物纹和动物纹，成为很好的艺术品。陶管则用来作地下水道管，根据需要制成圆筒形及曲管形等各种形制，均一头大一头小，可以鱼贯套装。显然，这都是在有计划的统一领导下制造出来的。

此外，秦国的纺织业、漆器生产、皮革和煮盐等都有相当高的水平，在当时七国经济中占有重要的地位。

在农业、手工业发展的基础上，秦国的商业、货币和城市经济在吕不韦执政的时代也达到空前繁荣的程度。

秦国的传统是一贯抑制商业发展的，但这在吕不韦入秦后则有了改

---

① 见《秦俑兵器刍论》，《考古与文物》1983 年第 4 期。

变，在秦国的历史上只有在他执政时，才在《月令》中出现有关商业活动的内容：即在"仲秋之月"易关市，来商旅，入货贿。这在以前视商贾为"末业"的时代，是不可想象的。不仅如此，这里还鼓吹商业活动的重要性，说只有商业活动展开，才能使物资流通，经济发展，"四方来杂，远乡皆至，则财物不匮，上无乏用，百事乃遂"①。这无疑是代表商人出身的吕不韦的看法。正是由于吕不韦在秦当政，秦国在战国末年的商品生产迅速得到发展。这时关中地区的竹、木、粟、帛均作为商品同其他地区的其他商品进行交换。"商"在此时成为必不可少的行业。有的商品已有相对稳定的价格，如禾粟一石值三十钱，猪羊之类的小畜约值二百五十钱左右，大麻十八斤值六十钱，等等。在渭河两岸种一千亩竹，或种千树栗，收入就有二十万钱，财富不亚于食邑千户的封君。可见，在秦国也出现了专门用作商品生产的园林，也出现了富比封君的大商人。巴地有个寡妇名清，就是个大富豪，秦始皇时曾表彰其为"贞妇"，为她筑怀清台，其实就是因为她有钱，多得足以与万乘抗礼。而巴寡妇清发财的原因，则是她的先世专门贩卖朱砂一类的矿产品，几代下来积累了大量财富。由此算来，巴寡妇清的先世正是在秦庄襄王上台、吕不韦执政开始后发家致富的。若在此之前，不是秦国贵族宗室，一般的商人百姓是难以出头的。

商品经济的发展促进了对货币的需求和流通。作为商品等价物的货币，虽出现得很早，据考察在殷商时期就有作为货币之用的"贝"出现，到春秋时期就有"钱""布""刀"以及黄金。然而，货币是商品经济的产物，只有商品经济有较大的发展，才有对货币更多的需求。秦国固定形态的货币出现于公元前336年（秦惠文王二年），称为"初行钱"②。从此秦国有了圆形中间有圆孔的、文为半两的铜铸钱币。然而，

---

① 见《吕氏春秋·仲秋纪》。
② 见《史记·秦本纪》。

那时货币的使用尚不够广泛、普遍。到战国末年，在吕不韦当政前后，秦国用货币进行交换已相当普遍，甚至犯罪判罚都以钱来计算。秦律规定：平民盗窃一百一十钱，耐为隶臣；盗窃六百六十钱的，则黥为城旦；盗采桑叶不盈一钱的，赀徭三旬；甲盗不盈一钱，乙而不捕的赀一盾，等等。这里把所犯的罪都以钱来折算，反映了货币应用之广泛、普遍。在秦国法律中还有"赎刑"，即犯罪后可用钱来"赎"。若货币不广泛使用，这种法律是不可能出现的。

　　货币的作用如此之大，在战国末年的秦国就出现私铸钱的活动。秦国政府规定了严厉的法律，禁止私人铸钱。货币的职能进一步发展，必然出现金钱的借贷关系，秦国的法律中也有关于民众个人之间及个人与官府之间借贷关系的种种规定。这些现象都说明当时社会商品货币关系的发展，反映了秦国经济的繁荣。

　　经济的发展和繁荣必定带来文化的进步。秦国文化在战国末年有突飞猛进的发展，这与吕不韦为相不无关系。因为吕不韦本人出身于文化比较先进的中原卫国，又往来于开风气之先的邯郸道上，来到秦国执政，无疑会带来东南的风气和影响。其次，吕不韦入秦后广招天下宾客，东方各国游学之士纷纷入秦，必然将形形色色的文化因素带到秦国来。更重要的是经济的繁荣，商品经济的流通需要，秦国长期以来闭关自守拒绝外来文化的外部条件已经根本改变。东方各国所产的珠宝美玉、太阿之剑、纤离之马、翠凤之旗、灵鼍之鼓等珍贵物品陆续传进秦国宫内，为王室贵族所享用。而那关东的"郑卫之音"轻歌曼舞，以及秦国以外的刻石绘画，也当然不能拒之门外。因此，在秦王的宫中，以前那种粗犷的"呜呜"歌声和敲盆击瓶的秦国音乐，也被声调悠扬、舞姿婆娑的东方传来的歌舞所代替。美术作品也从国外传来。公元前246年（秦王政元年），远方的骞霄国向秦国贡献礼品，但这个礼品甚是特殊，既不是物品也不是禽兽，而是位善刻能画的画工。朝见那天，吕不韦命这位远来的艺术家当着十三岁的秦王政及朝中群臣献艺，以测试他到底有什么本事。这位画工遵命当场作画、刻石，只见他不慌不忙，将颜料调好，挥笔着色，顷刻之间就画成鬼怪魑魅和各种怪物群像，又拿玉来在堂下雕刻，不一会儿就刻成各样百兽，刻法细致入微，栩栩如生。刻毕献上，又以手指画地，长百丈的线条，不用任何工具比量，直如绳墨。在这道线内将山岳江湖及各国形势画得清清楚楚。又画一龙一凤作飞腾状。然而仔细一看却没画眼珠，似两个睁眼瞎。吕不韦和秦王政及在场群臣都莫名其妙。

"你画得确实不错，可是为什么龙和凤不画眼睛？"在这种场合当然只有吕不韦才能发问。

"启禀相国，这一龙一凤不能点眼睛，若点上眼睛它们就会展翅飞走的。"

这个"画龙点睛"的传说虽然有点夸张，但却反映了入秦的艺术家们有水平相当高者，而秦国的美术、雕刻水平从此有长足进步，也是十分必然的了。

秦国经济、文化的长足进步，给吕不韦掌权时期施展其才能提供了客观条件。而吕不韦在秦国掌权时期的军事、政治成就又促使秦国经济、文化和社会的进步。他自己的权势和富贵也达到顶峰。"多财善贾"，经济实力是为商的前提，亦是治国的依据。吕不韦深明此理，故取得了成功。

二　『多财善贾　长袖善舞』

财富为吕不韦提供了投机的条件，财富又给他在秦国取得成就准备了物质基础。但在广阔的舞台上若无婀娜多姿的演员，仍不可能出现一幕幕动人的场面。吕不韦的成功奥秘就在于，他不仅善于审时度势、孤注一掷地将全部资本投进一个看准的方向，而且善于运用有利条件网罗人才，在政治舞台上调动起形形色色的演员，充分发挥出每个角色的作用，让他们挥动着飘逸的长袖，淋漓尽致地表演了动人的舞姿。于是，秦国胜利，吕不韦成功，历史的喜剧进入高潮。

人才西流

吕不韦当丞相前，文不能成一家之言，武不能率一兵作战，但主政秦国之后，却在国内取得稳定的发展，在国外夺得一个个胜利。靠的是什么？是人才。

在吕不韦当政前，秦国有一批出类拔萃的文臣武将。这些大臣有的功绩显赫，有的足智多谋，前朝国王多倚为重臣，本人有的也不可一世，往往不把继位的幼主及新贵看在眼里。而吕不韦又以一介布衣，仅因与异人的特殊关系登上相国尊位。历代这种形势多造成新旧官僚、贵族间相互歧视，甚至导致厮杀和内讧。"功高震主"及"内轻外重"的现象均使朝廷内部无宁日。然而，吕不韦上台后，不仅没有发生这些问题，而且前朝元老重臣均愿为其效力。原因何在呢？吕不韦登上秦国权力之巅的丞相之位虽晚，但绝无一般暴发政客的嫉贤妒能的通病，对元老重臣甚为器重，在吕氏执政时期，统兵作战的名将蒙骜、王龁等将军均是自昭王时代即屡建战功的数朝元老，而在吕不韦为相时代，他们仍继续立新功，直至死而后已。

在这些老将中特别突出的是蒙骜。

蒙骜原是齐国人，早就自齐国来秦，在秦昭王时就已立过大功，官至上卿。公元前285年（秦昭王二十二年），年轻的蒙骜即率秦军伐齐，取得河东九县。秦昭王时代蒙骜在秦国的地位十分显赫。而蒙骜对秦国的忠心亦为其他朝臣所不及。正因如此，就是在昭王时代，这位将军也常常不把丞相放在眼里。那时应侯范雎当政，权极一时，无人敢冒犯他。有一次韩国竟将汝南占领，这对于一直处于攻势的秦国来说是没料到的。昭王得知后询问应侯范雎："汝南丢了，伤心吧？"

"臣不伤心！"范雎的回答出乎昭王意料。

"为什么不伤心呢？"昭王问。

"梁地有个叫东门英的，其子死而他不伤心。"范雎又以游说之士的口吻，自以为机智地打着不恰当的、拙劣的比喻，"于是，有人问东门英说，足下最爱令郎，今令郎死而足下不伤心，是什么原因呢？"

昭王等着听范雎演绎出来的结论。

"东门英说，我以前就没有儿子，无子时不伤心，今子死，无非与没生他之前一样，有什么可伤心的呢？"范雎的结论原来就是这样强词夺理地得出来的，"汝南原来就是韩国的，今韩国又夺了回去，与我们原就没得到汝南时一样，臣有何伤心的呢？"

对于极欲兼并诸侯、扩大国土的秦昭王来说，范雎的这种态度当然是不能容忍的。但此时应侯范雎正得势，昭王未立即加以反驳，而将此事告诉蒙骜。蒙骜前往拜见应侯范雎，一见面就对他说："我要死！"

"为何？"范雎大惊。

"秦王尊先生为师，天下均知道，更何况秦国。而在下有幸为秦将，率兵为秦王打天下，可是一个小小的韩国就把您手里的汝南夺去了。我还有什么活头儿，不如一死了之。"蒙骜虽是武将，却相当会说话，其水平更高于专门摇唇鼓舌的游说之士。

范雎受到蒙骜当面讥讽，不便发作，只得改变态度。自此以后，昭王对应侯的信任远不及对蒙骜，而蒙骜的地位则实际超过范雎了。

在昭王去世之前，秦国武将居首位的应是蒙骜了。然而就是这位蒙骜，在吕不韦执政的十余年中，不居功，不傲上，继续率兵为秦国争城夺地，虽已年迈却威风不减当年。在庄襄王时代和秦王政即位初期，凡大战役均由蒙骜指挥：庄襄王时取成皋、荥阳，攻赵取榆次、新城、狼孟，定太原；攻魏拔高都、汲，败五国之兵。秦王政时，击晋阳，取韩十三城，拔魏之有诡、酸枣、山阳等二十余城，一直到公元前 240 年（秦王政七年）逝世，战功累累，不胜枚举。如此功高位重的老将元勋，都并未因国君更替、相国易人而稍有二心，其他宿将老臣则更不会有太大的动摇了。这正反映出吕不韦择人而任事颇得民心，至少受到朝臣们的拥戴。对旧臣不存戒心，对元老无成见，是吕不韦取得成功的原因之一。

吕不韦用人不拘一格，最有名的是小甘罗十二岁即被授以出使之重任这件事，成为中国历史上的美谈。

公元前 242 年（秦王政五年），吕不韦打算攻赵，以扩张秦国已占领的河间之地（在今河北境内）。为联合燕国从南北两个方向夹击赵国，吕不韦派刚成君蔡泽到燕国去。燕喜王又派自己的儿子太了丹到秦国为质。公元前 239 年（秦王政八年），吕不韦加紧执行攻赵的计划，准备再派一个人去燕国为相，以早日实现扩展河间之地的计划。去燕国为相，实际是充当类似人质的冒险任务，被吕不韦指定去燕国的人是张唐。那一天，吕不韦把出使到燕的任务对张唐下达之后，立即遭到张唐的拒绝。他找借口死赖着不去，使吕不韦十分不快，但也想不出办法令张唐接受任务，心中闷闷不乐。

这时，吕不韦的家臣、才十二岁的少庶子甘罗见到吕不韦心事重重，就上前问道："君侯（因吕不韦被封文信侯）为什么事不高兴啊？""唉！别提啦！"吕不韦并非因甘罗是小孩子而瞧不起他，认真地回答道："我令刚成君蔡泽事燕，蔡泽已去了三年，燕国的太子丹也来到秦国为质。现在，要加速扩展河间地，想叫张唐去燕国，可这个张唐死活不去，真气死我了！"

"叫我去劝张唐吧！"甘罗主动要求替吕不韦说服张唐。

"你一边待着吧！"吕不韦呵斥道，"连我都没把他说动，你个小孩子焉能叫他接受任务！"

"请你先别发脾气！"甘罗一点也不害怕，首先说服吕不韦，"项橐七岁就成为孔子的老师，臣今年十二岁了，不妨叫我试试嘛！何必呵斥我呢？"这个项橐七岁为孔子师的事，本是传说，没什么根据。不过经甘罗理直气壮地这么一说，吕不韦也无言以对，知道不可轻视这位颇为自信的小甘罗，于是就答应让他去试试。

针对张唐胆小的特点，甘罗拟好了说服的方案后，就去找张唐谈话：

"你的功劳和武安君白起的功劳比起来，谁的大呢？"甘罗一见张唐先不说出使的事，而突然提起早已死去多年的白起来。

"武安君白起率兵打仗，战胜敌军，占领土地不计其数，我哪里比得上呢！"张唐倒也老实，知道自己远不如白起的功劳大。

"你知道自己的功劳不如武安君呀！"甘罗又加强语气说道。

"当然知道！"张唐也不讳言。

"应侯范雎当年为相之时和现在吕不韦为相，谁的权力大呢？"甘罗开始绕到正题。

"应侯范雎哪里比得上当今的文信侯吕不韦！"张唐这样回答。吕不韦当时在秦专权的情况人尽皆知。实际上吕不韦比秦王的权力还大，这一点谁都清楚。

"你知道文信侯吕不韦的权力大呀！"甘罗又故意加重语气问他。

"当然知道！"张唐依然点头称是。

"既然你什么都清楚，为何现在如此糊涂！"甘罗对他指出，"想当年应侯范雎要攻赵，武安君白起不同意，不愿统兵。结果怎么样？还不是被处以死刑，尸首就扔在咸阳西边！如今文信侯请你去燕国，你找借口不去，我看足下的尸首不知将要扔到什么地方去啦！"

甘罗用历史的事实和当前吕不韦专权的形势开导张唐，使这个胆小鬼开了窍，他仿佛看到自己抗命不从被杀的可怕前景，连忙答应："我去！我去！请你转告文信侯，本人马上启程！"

吕不韦得知张唐的态度变化后，自然转怒为喜，下令备车、马、礼品，择吉日送张唐出发。

张唐离开秦国后，有一天甘罗又来见吕不韦，要吕不韦借他车五乘，协助张唐完成使命。吕不韦毫不犹豫，当即答应。

甘罗乘车日夜兼程地来到赵国。闻秦国甘罗来临，赵悼襄王出城迎接。年轻的甘罗颇具大国使臣的风度，摆出居高临下的姿态，用令赵王难以捉摸的口吻劈头问道："听说燕太子丹入秦为质了吗？"

"是！听说了。"赵王点头。

"听说张唐去燕为相的事了吗？"

"是！听说了。"赵王连连点头。

"既然你都听说了，我告诉你：燕太子丹入秦，表示燕不欺秦；张唐相燕，表示秦不欺燕。"甘罗向赵王实行攻心战，"秦、燕互不相欺，是针对赵国来的，陛下的赵国就危险啦！"

"……"目瞪口呆的赵王吓得连一个字都吐不出。

"燕、秦之所以联盟，没有别的原因，就是要扩大河间的领土。"甘罗直截了当地向赵王提出领土要求，"现在大王若能割五座城给秦，以达到扩大河间土地的目的，秦王就令燕太子丹回国，秦可和赵联合起来攻燕。"

甘罗的威胁、利诱果然奏效。赵王立即割五城给秦，燕太子丹也自秦归国。不久，赵国兴兵伐燕，由于秦国倾向赵国，燕国战败，不得不将上谷（今河北省境内）三十六县割给赵。赵国又将其中的十分之一土地献给秦国。十二岁的小甘罗为秦立了大功。

吕不韦正是用了老至蒙骜、小至甘罗这样一批战将、谋臣，才使秦国取得一个接一个的胜利。

然而，仅靠原有的或秦国本土的一些人才，是远不敷急剧发展的军事、政治、文化、经济需要的。任何时候国力的竞争首先是人才的竞争。在飞速发展的战国时期更是如此。各诸侯国敞开大门"招贤养士"，就是招揽、网罗人才的一种方式。

　　在吕不韦入秦之前，各诸侯国当权的贵族有识之士，都大力招揽人才。其中最著名的有所谓"四公子"，即齐国的孟尝君，赵国的平原君，魏国的信陵君，楚国的春申君，他们在各自国内招贤养士，以丰厚的待遇供养一批"食客"。这些"食客"不仅成为供养者的私家势力，而且协助其主辅政治国，成为这些诸侯国的智囊团和"人才库"，即使"鸡鸣狗盗"之徒也在关键的时候起点作用①。故秦昭王以来，秦军虽依仗其强大军事实力连年东进，而齐、赵、魏、楚四国却未能立即崩溃，且与强秦对抗达数十年之久，不能说与养士毫无关系。

　　秦国原有吸收外来人才的优良传统，其风气远比东方各国开放，早在春秋时就有大批秦地以外的有识之士来关中，并取得秦国国君信任而被授以高官要职。如穆公时代的百里奚、由余，皆在秦国得到重用，且为秦国立有大功。战国时仍有关东六国人士不断入秦，著名改革家商鞅即从卫国而来。商鞅以后，秦国又制定吸引东方劳动力的"招徕三晋之民"的开放政策，使一大批无地农人来秦国落户耕地。正是由于春秋战国数百年间，秦国以外各地、各族人士不断融入，才使秦地人口素质、生产水平不断提高，至战国末年跃居七国中的先进地位。

　　然而，在长期吸收、融汇外地人口的过程中，秦国吸收外来人才的范围很狭窄，主要是欢迎持法家观点的人物，而排斥别种观点的人。所以严格地说秦国没有"养士"之风。

　　战国时期的士已有多种派别，他们有的主张"仁、义"，有的宣传"刑名""无为"，等等，因此有儒、道、墨、法等各种学派。这些学派各有所长，统称为"士"。当时的"士"已成为社会上一种特殊的势力。他们有一定文化或一定专长，善谈说，不受国家、宗教、经济和政治地位限制，以自己的才能贡献各诸侯国，取得官位、待遇。这些"士"为追求富贵而奔走于各国，在政治舞台上起着举足轻重的作用，

_____

　　① 见《史记·孟尝君列传》。

所谓"入楚楚重，出齐齐轻，为赵赵完，畔魏魏伤"①。上述"四公子"所养的"宾客"多是这种"士"。

但是秦国一贯实行法家主张，认为富国强兵首要在于耕战。除农业生产和作战以外，其他各业均无足轻重，对读书之士人甚为轻视，尤其蔑视儒生。法家将读书之士视为社会寄生者，给以排斥、打击，以至在吕不韦入秦以前，荀子在秦国游历时，这里尚且"无儒"。虽然法家也是士的一种，但法家力主愚民政策，极力反对"士"。结果，自孝公时代到昭王去世之前，秦国之士屈指可数，更无人大张旗鼓地"养士"。

吕不韦是秦国历史上第一个认识"士"的重要作用，从而大规模招揽宾客，打开国门大批养士的一位政治家。

早在邯郸同异人策划谋取王位的时期，吕不韦就为此后的养士做了准备。他留给异人"万金"令其在邯郸结交宾客，已奠定网罗人才的基础。当庄襄王一上台，吕不韦任相国之初，就在相府内建造了数以千计的高堂广舍，厨房内延聘了众多的名厨，国都和城墙上边挂起告示：欢迎各国和国内士人来相府做客。吕不韦一改秦国排斥"士"的传统，效仿"四公子"招致各国宾客，大开养士之风。

吕不韦在秦养士有三点优越性：第一，他本人就并非秦人，却官至秦国相国。这对秦国以外希求功名之士，具有极大的诱惑力；第二，吕不韦在秦庄襄王时期和秦王政八年之前的权势，远较东方养士的"四公子"大，实为不称王的秦王，养士之举决不会遭人反对和嫉恨；第三，秦国军事上正节节胜利，削平各诸侯国只是早晚的问题。故吕不韦招揽宾客的告示一经发布，有识之士纷纷奔向这位新上任的丞相的相府。有以上三个有利条件，吕不韦执政之后不久，在吕不韦门下为"食客"的很快就达三千人之多，成为各国中养士最多的一家。只见那相府内外，紫衣窄袖的武士和褒衣博带的儒生进进出出，琅琅读书声和高谈阔论此

---

① 见《论衡·效力》。

起彼伏，好不热闹。

投到吕不韦门下的"食客"，固然有一些人是毫无才能混饭吃的。有些人只在吃饭时才显出本领，平时则无所事事。但多数还是学有专长的士。在吕不韦招致的宾客中，还有一个极为明显的特点，那就是兼容并包，各派均有。

战国时期的思想界，因所持宇宙观、政治观、伦理观不同，或活动方式、研究对象不同而分为不同学派。其中儒、道、墨、法四家影响最大，此外尚有阴阳、纵横、名、农各家。他们分别鼓吹各自主张，相互争鸣，有时各不相容，甚至势不两立。但在吕不韦的门下，则接纳了各种派别的宾客。这些宾客中，不仅有秦国一贯尊重的法家，而且也有长期被秦国排斥的儒家，还有道家、墨家、阴阳家、名家，等等，几乎先秦时代所有派别的士人，都有投奔到吕不韦门下的。这样，吕不韦在秦国养士虽较齐、赵、魏、楚的"四公子"晚，但其数量和士的总体水平则远远超过他们。这些人构成了吕不韦的"智囊团"，不少政令出自这些人的头脑和手下，否则吕不韦怎能承担秦国大任？

吕不韦门下宾客的名字，绝大多数随着岁月流逝而不被人知，留下自己名字的只有两人，一个是司空马，一个是李斯。

司空马年轻时就从关东投奔到吕不韦门下，为尚书，长时间以来默默无闻，但到吕不韦最后失败时，却随吕不韦出走，这是后话。

李斯是吕不韦招揽的士，他最初与其他的"食客"没什么两样，后来不久就成为秦国的一位重要的政治家。

李斯的功绩主要是在秦统一六国之后建立的。他本人之所以在秦统一前就为秦效力，正是因为吕不韦的招贤政策。他原本不是秦国人，而是出生于楚国的上蔡（今河南省上蔡县）。年轻时的李斯，曾做过掌管文书的小吏。他身居社会下层，尝遍了人间的屈辱和苦难，对爬上社会上层怀有强烈的愿望。有一次，他在厕所中看见那里的老鼠，吃的是脏东西，见到人和狗来时，吓得慌忙逃窜；而到仓库中见到的老鼠，一个个都肥肥大大，吃的是好粮食，住在宽敞的房里，没有人和狗前来惊扰。对比这两种情况，李斯感慨颇深地叹道："人的命运不同，不就是和这些老鼠一样吗？所谓'贤'或是'不肖'，就看各人处在什么地位了！"

战国时期的诸侯国战争和自由讲学的风气，给"士"的活动创造了便利条件，也为位居社会下层的"士"进入各国统治阶级上层提供了可能。为了实现爬到上层社会去的目的，李斯青年时代曾向著名的思想家荀子学习"帝王之术"。和他一起拜荀子为师的还有后来成为法家代表人物的韩非。但韩非和李斯的主张和其老师荀子颇有不同。韩非将荀子以仁义为本的儒家主张抛弃，而系统地发展了其性"恶"说，形成一套严酷的法家理论。李斯的理论水平不高，但对帝王面南之术则甚有研究，构成阴谋诡计的权术论。学成后，李斯以他功利主义的眼光环顾当时的各国情势，觉得家乡楚国的国王不会重用自己，而其他各国均贫弱，也无胜利的可能，唯一有前途的国家就是秦国。于是，他决心投奔秦国。临行前，李斯向老师荀子告别："弟子要去秦国了，特来向先生辞行。"

"你何必如此着急呢？"荀子这位老先生不明白李斯那种急功近利的心情。

"常言道'得时无怠'，遇到时机决不可错过，否则时不再来。当今各国争雄之时，充当智囊、实际起决策作用的都是'士'，这正是我们大显身手的时机。"对老师，李斯直言不讳。

"那你为何一定要去秦国呢？"可能因为荀子去过秦国，虽然对那里的吏治非常赞赏，然而对其"无儒"颇不以为然。李斯要西入秦国，老先生大概不太高兴。

"形势已经很明显，现在秦王有吞并天下的决心，称帝的条件已具备，这正是布衣之士施展游说才能的机会，弟子当然要西入秦国以求建功立业。"李斯愈说愈激动，不禁勾起压抑在胸中多年的酸楚和激愤，

"处于卑贱之位而不设法改变自身状况的人，就连野兽都不如！所以说，最大的耻辱莫过于卑贱，最大的悲哀莫过于贫困。如果久居卑贱的地位，长期生活于贫苦之中，而不图改变，还标榜什么'无为'，不谋'利'。这绝不是士的真情，是虚伪骗人的！因此，弟子李斯就要西去向秦王游说啦！"

这样，李斯就来到秦国。

李斯来到秦国之初，正赶上庄襄王去世，吕不韦大权在握。善于观政治风向的李斯毫不犹豫地投到吕不韦的门下，在吕不韦家中充当一名极为普通的宾客——"舍人"。不久，知人善任的吕不韦发现李斯是个人才，便任其为郎。这是一个围绕主人左右出谋献计、帮助主人处理交办事项的职位，既可以混饭吃，不干什么事，也可以认真做事，发挥才智。李斯急切追求功名，属于后者。他在吕不韦门下，寻找一切机会以表现自己的才能，施展个人抱负。有一次，李斯趁晋见秦王之际，提出对当前形势的看法，他说：

"要成大业，必须认准时机，该忍耐时忍耐，该进取时进取。以前秦国在穆公时代，虽兵强马壮，独霸西戎，但终未灭关东六国。这是什么原因呢？因为当时诸侯国尚众，作为天下共主的周天子尚没有到彻底垮台的时候。所以，各诸侯国争霸只能抬出周天子，在'尊王攘夷'的口号下进行，秦穆公当时也不能例外。而自秦孝公以后，周天子这个招牌愈来愈没有作用，诸侯国公开相互兼并，秦国则乘势发展起来。到现在，秦国不断取胜已经六代了，东方各诸侯国被秦打得服服帖帖。在这个大好时机，若不趁势消灭东方各国，早日统一天下，将来这些国家联合起来对付秦国，恐怕就难办了！"李斯的话虽然是对秦王说的，但谁都知道庄襄王死后，刚即位的秦王政还不懂事，所以他实际是说给吕不韦听的。而李斯的这一番话，的确说得符合当时的形势，说明他对秦国内外形势了如指掌，这就更进一步引起当权的吕不韦的重视。为此，李斯被任命为长史，成为一名有实际职责的秦国官吏。

　　李斯的建议，促使吕不韦加紧了对东方各诸侯国的吞并，除了派兵向东方蚕食、鲸吞之外，这期间，秦国还派了大量的说客兼刺客在东方各诸侯国展开活动。这些人按照吕不韦的安排，携带大量的财物和随身武器，来到东方各诸侯国，结交各国可以左右政治的贵族和大臣名士。能以财物拉拢的，就用金钱、财物拉拢，使他们替秦国办事，若不肯接受贿赂的，则用随身的利剑刺杀之。此外，还采取一些挑拨离间的方法，使各诸侯国内部相互猜忌，在内耗中丧失战斗力……这一切都是李斯出的主意。不几年，这些阴谋活动有了效果，秦国的军队在正面战场上频频取胜，就是证明。

　　像蒙骜、甘罗、李斯这些武将、谋士都死心塌地地为秦国和吕不韦卖命、效力。这种情况与东方各国内部君臣之间矛盾不断、文臣武将相互猜忌、外来宾客与国内元老彼此攻讦，等等现象对比，就能明显地看出秦国内部稳定，君臣一心。有识之士纷纷投奔这里，人才的优势得以充分发挥出来，从而为秦国胜利提供了最重要的保障。这乃是吕不韦成功的奥秘。

杂花生树

　　吕不韦善于利用下属的才能，使他们为统一的目标贡献才智。然而，他门下招揽的三千"食客"，当然并非个个都像李斯得以肩负重任。那些没有什么具体事情可干的宾客，难道只是让他们吃闲饭吗？当然不能！吕不韦养士不同于"四公子"以沽名钓誉为主要目的。不产生实际效益的投入，是他绝对不愿干的事。

　　吕不韦有什么办法让那众多的宾客都发挥应有的作用呢？他思索良久，终于想出了一个办法。结果又创造了一项历史奇迹。

　　有一天，吕不韦突然把门下一部分宾客召集到大厅里来，其中当然也包括已经崭露头角的李斯，多数则是那些没有什么事干的"食客"。

"诸位投奔到我的门下，我欢迎。"面对着跪坐在厅前黑压压一片的宾客，吕不韦开始早已准备的讲话。

"大家在我这里吃、住，绝没有问题。"开场白一过，吕不韦话入正题，把他思索已久的主意端了出来，"可是，你们这么多人，也不能总闲着。"

下面的宾客们不知吕不韦的葫芦里要卖什么药，一个个大气儿也不敢出。俗话说"吃人的嘴软，拿人的手短"，这些靠吕氏养的食客个个小心翼翼，低着头等待训斥。没想到听到的不是训斥和责骂，却是另一番话：

"各位刚来的时候，差不多都说过自己身怀绝技，或有经天纬地之才，或有治国安邦之策。我相信你们都是人才。"除了最后一句，吕不韦说的倒也是事实，那时的"说客""游说之士""食客"投奔权贵门下的时候，没有不吹嘘自己一通的。"请你们将各自所学的专长，你们的见闻、主张和对天地、宇宙、人事、政治、经济、哲学、生产的见解和观点，毫无保留地写出来。"

"遵命！"众宾客听到这里才松了一口气，一颗颗悬着的心终于放下来，连忙答应。

"赶快下去写吧！"吕不韦挥手，不等宾客们谢恩起身，扭回头走了。

宾客们纷纷从厅里退出，有人不免议论一番：

"相国叫咱们写这些东西干什么？"

"大概是嫌咱们整天白吃饭不干事吧？"

"那毕竟是少数人有事，咱们这伙人一共有三千多呐，有事干的倒有几个？"

"这话也是！"

宾客们你一言、我一语地猜测吕不韦的用意：

　　"他干吗给咱们出这么个笼统的大题目？干吗非叫咱写点什么？"

　　"是啊！人家楚国的春申君，齐国的孟尝君，赵国的平原君，魏国的信陵君，不是也都养着不少宾客吗？那里面连鸡鸣狗盗之徒都有，也没听说叫他们写什么文章！"

　　"这你就太不了解咱的吕相国了。他办事从来与众不同！"

　　"他与众不同在哪一点？吕相国的特点是特别注意效益的原则。虽说'养士'的做法是模仿信陵君、春申君等公子的先例，但吕相国可不像那几位阔少爷养士的目的就是为了笼络人心，买个虚名。用这么大开销，让咱们多数人闲着，他心里可不舒服。"

　　"可是，他让咱们写文章又有什么用呢？"

　　"我看他是为沽名钓誉，他自己是商人出身，怕那些贵族和文人看不起，也来附庸风雅罢了。"

　　"有道理，不过也不一定单只为了个虚名。"

　　"大概相国考虑得远了：战争就要取得最后胜利，四海之内眼看就要统一起来。仗打完了，这个大一统的局面怎么治？相国的权势也达到极点，年纪老了，一定会想到人生、宇宙、社会的一些难题。他自己感到无法回答，不就想到咱们这些人了吗？"有人冷静地分析道。"对！这个看法有点门道！"多数人赞成这样分析。

　　对于吕不韦组织写书的目的，也是后世研究吕不韦和《吕氏春秋》的学者们的一大课题，到底是为附庸风雅、留名后世，还是为解决当时面临的种种问题？今天看来，两者都有可能。从吕不韦注重实效的作风来推测，大约后者的成分居多。他希望通过编一部书，使自己与当时的著名思想家荀况、老聃、庄周、李悝、商鞅、墨翟并驾齐驱，成一家之言，留名后世，这种可能是有的。但更重要的目的可能还是想解决一些难题。当时的中华大地正面临一个巨大的动荡时期，在社会大变革的时代每个人不免要考虑到许多问题。而身为相国的吕不韦本人，更处在极其关键的转折时期，特别是一个空前未有的幅员辽阔、人口众多的国家即将出现，用什么办法统治这个国家？以及由此而产生的对历史、对人生的种种属于哲学的、政治的、经济的理论问题，都需要回答。吕不韦大概认识到要解决这些问题的迫切性，但自己又无力解决，所以，就想到利用这批宾客的智力了。

吕不韦一声令下，众宾客就忙起来了。这三千多宾客中，当然有不少不学无术的南郭先生，但也确实有满腹经纶、学有专长的学者、专家。这些人投到吕不韦门下，早想施展一下才能，实现自己的抱负或兜售自以为是的主张。可是很难有像李斯那样的机遇当上官，有直接向吕不韦进言的机会，这次抓住发表意见的机会，他们把长年所学、每日所想、苦思冥想钻研出的理论一股脑儿端出。只见那客舍内静悄悄，入夜以后不少窗户上还透出灯光，有人在整夜整日、废寝忘食地写。"士"从来就没有过高的要求，只要几句理解宽容的话，只要让他们贡献专长，他们就会感恩戴德。他们每个人的"雕虫小技"似乎是天下最重要的东西，如果得不到重视，他们就会怀才不遇，有失落感，愤愤不平，甚至和你不共戴天。只要像吕不韦这样轻轻的几句空话，他们就会感激涕零，竭心尽力毫无保留地贡献所长，"虽九死其犹未悔"。这就是所谓"士为知己者死"吧！

几千位知识分子忙忙碌碌地查资料，写文章，也无形地影响了咸阳的社会风气，顿时使得秦国国都的文化气氛浓烈起来。

这么多人同时写一部书是一大壮举，也是前所未有的创举。有许多问题需要解决。

"诸位，我叫你们将各自高见写出来，写得怎么样啦？"有一天，吕不韦突然问起众宾客。

"我们正在认真地写。"众宾客诚惶诚恐地回答。

"写完了怎么办呢？"吕不韦故意这样问。

"……"众人不知如何回答。

"我要把你们写的东西编成一本书，你们商量看怎么办吧！"吕不韦亮出底牌。众宾客面面相觑，一时拿不出个主意。

　　这里确实碰到了前所未有的难题。因为，著书立说自古以来都被认为是种严肃而又神圣的事情。在春秋战国之前，做文章、写书都是官府委派官吏、士做的事，所写的内容多是官府文告、占卜的记录和历史，因此那些作者的官名就叫史或卜。广大的百姓没有文化，不需要也不允许写什么东西。到春秋战国时期，以前那种"学在官府"的局面改变了，文化有一点普及，特别是经春秋时期的孔子（公元前551年至公元前479年）提倡和亲自散播，开民间讲学之风，一般百姓读书识字的人多了起来，私人著述也渐渐出现。孔夫子讲学的内容，就被他的徒子徒孙们整理、记录下来编成语录式的著作《论语》。孔子的孙子子思的再传弟子孟轲（约公元前390年至公元前305年）也是一位大学问家、大思想家。他讲学的内容，也被弟子们写成专著《孟子》。这两部著作都是儒家的经典，一直流传到今天。和孔子同时代，尤其是孔子以后的战国时期，还有愈来愈多的士将自己的理论、主张，或对人生的思考，或对事物的见解写出，成一家之言，像《老子》《庄子》《法经》《商君书》《墨子》等就是前面提到的老聃、庄周、李悝、商鞅、墨翟等人自己的著述或其后人编辑而成。除此之外，战国时期的私家著述很多，有的讲哲理，有的讲兵法，有的讲逻辑，有的说政治，有的说伦理。各种观点、各种派别都有作品传世，这就形成了战国时期"百家争鸣"的局面。然而，诸子百家的著作虽然写作方式不一，风格各异，但每一部书都是一人的作品，至多是代表一派的思想，《论语》就是孔子及其弟子的言论，是儒家的作品；《商君书》就是商鞅及其弟子的思想；《墨子》就是墨家思想的代表作；《老子》则是老聃一人的创作①。总之，一部书是一个人的作品或一派的理论。这是当时诸子百家著作的通例。而吕不韦门下的宾客则什么人都有，到秦国来的宾客中，包括了战国时期的

------

　　①　关于《老子》一书的作者，有几种说法，这是其中一种。

几乎所有学派和各类学者。现在令这些学者宾客写出自己的见解、研究心得，且要把这么杂的内容编成一部书，这在当时确无先例可循。

既要保持各派学者自己的观点、风格，又要编在一本书中，成为一部完整的作品，这确是个难题，但经过研究，终于得到比较圆满的解决。即按照统一规定的体例，以大体相近的字数把各派学说收集在各篇章中。于是，这部书在形式上和内容上与其他诸子的著作均不一样：体例是整齐的，内容则是多样的。真如"杂花生树，群莺乱飞"，杂中有序，齐而不纯。这也是吕不韦创造下的中国文化史上的两个第一：

第一次有计划、有组织的私人集体编书；

第一部"杂家"著作的产生。

各位宾客所写的文章即将完成，总纂工作就要开始之时，还有一个问题尚待解决。"这部书编出来后叫什么名呢？"吕不韦提出了这个问题。

"这部著作是按照相国大人旨意编的，内容非常丰富，堪与古代史书相比。"有人把吕不韦想说而没说出的话说出来。

"古代重要史书都称《春秋》，什么《周春秋》《燕春秋》《齐春秋》《鲁春秋》都是各国的国史。这部著作也应当称《春秋》。"

"只称《春秋》不合适。"另有学者提出异议，"要标明此书乃吕相国主持完成的，应称《吕氏春秋》。"这个意见得到了吕不韦的首肯。

于是，这部由吕不韦主持编写的，出自众多学者之手的杂家首部著作，就名之曰《吕氏春秋》①。

那么，编成后的《吕氏春秋》是怎样一部书呢？

在形式上，《吕氏春秋》非常整齐：全书分为《十二纪》《八览》《六论》三个部分。《十二纪》即以"孟春""仲春""季春""孟夏""仲夏""季夏""孟秋""仲秋""季秋""孟冬""仲冬""季冬"十

---

① 见《吕氏春秋·序意》。

二季节为"纪",每一纪有五篇文章;《八览》即"有始览""孝行览"
"慎大览""先识览""审分览""审应览""离俗览""恃君览",每
"览"共有八篇文章;《六论》为"开春论""慎行论""贵直论""不
苟论""似顺论""士容论",每"论"有六篇文章,加上序言——《序
意》,原应有一百六十一篇论文。但后来因夺佚错落,现存的《吕氏春
秋》中"有始览"只有七篇,显然佚失一篇论文,《序意》也仅余残
文,故全书现共存一百六十篇论文。

内容方面,《吕氏春秋》包含了先秦时代几乎各家各派的学说和主
张,而在宣扬这些主张时,书中各篇也似"百花齐放",名言,警句,
哲理和思想的火花,争奇斗艳,异彩纷呈。尤其是多数篇中有历史典故
或小故事穿插其间,使各种理论都显得十分活泼、生动。这是本书一大
特点。下面先一一加以介绍。

首先是儒家。战国时的儒家已成为大学派,尊孔子为师,其代表著
作有《论语》《孟子》。儒家鼓吹"仁、义",其政治上主张贤人治国,
维护君权,"修其身而天下平""尊贤使能"。这种观点在《吕氏春秋》
中有多处表达。《恃君》篇中极言君权之重要,在这一篇中,作者首先
用人的生理特点说明"君"的出现是人类生存的需要:

> 凡人之性,爪牙不足以自守卫,肌肤不足以捍寒暑,筋骨不足
> 以从利辟害,勇敢不足以却猛禁悍。然且犹裁万物,制禽兽,服狡
> 虫,寒暑燥湿弗能害,不唯先有其备,而以群聚邪!群之可聚也,
> 相与利之也。利之出于群也,君道立也。故君道立则利出于群,而
> 人备可完矣。

这里,提出人需要"群聚"才能抵御大自然和禽兽的袭击,而"群
聚"则需要一个头面人物来统率,这就是"君"。接着,作者又说明
"太古"时代没有"君",后来社会进步才出现了"君"。这种观点应当

说是不错的。最后，说明"君臣之义"，这是本文的重点。但阐述这一理论时，却用两个小故事说明。

春秋时期晋国的贵族智伯被赵襄子所害，晋国的一部分也被赵瓜分。智伯这支贵族灭亡之后，其臣豫让决心为智伯报仇，先是把胡子眉毛都剃光，又用漆将全身涂黑，还把自己弄得断肢残手，穿上破烂衣服，像个要饭的乞丐。他把自己打扮成这副模样，回到家中向妻子行乞："好心的太太，赏给我一口剩饭吧！"

豫让夫人端详着门口这个要饭的，心中起疑。

"看你这副穷兮兮的模样，本想给你点什么。可是，听声音我怎么觉得你有点像我丈夫？"

听妻子这么一说，装成乞丐的豫让知道自己的声音还没有变，又生吞木炭，愣把嗓子刮坏，声音嘶哑得像个破锣，连他妻子也听不出来了。于是，他知道伪装成功，准备去暗杀赵襄子。

这时，豫让的一个亲密朋友见他如此残害自己，就前来问他："你老兄怎么想出这么个主意？"

"我要替智伯报仇。"豫让坚定地回答。

"可是，"这位朋友说，"你这样办简直是白受罪，不会有什么结果。如果说你精神可嘉倒可以，若说这样做是明智的，则不然。"

豫让不回答，听他继续说下去：

"以你的才能去投奔赵襄子，赵襄子必重用你，待他信任你时，你再采取设计好的办法杀他，不是便当得多嘛！"

"此言差矣！"豫让笑着反驳说，"照你说的这个办法，简直是出卖新朋友报答旧朋友。为旧君而害新主。违背君臣之义，还有比这种事更严重的吗？这和我报仇的初衷是背道而驰的。我所以要为智伯报仇，正是为了维护和发扬君臣之义，而不是拣什么便当的路走捷径！"

又有一则故事。

春秋时莒国的柱厉叔为莒敖公的大臣。柱厉叔发现莒敖公并不怎么信任自己，于是便知趣地辞官而去，闲居在海边，夏天拾菱芡充饥，冬天捡橡实果腹，凑合过日子，维持生活。突然有一天，消息传来说莒敖公被敌人围困，处于危难之中快死了。柱厉叔立即向友人告别，去莒敖公处与其同死。柱厉叔的知己劝他说："当初，因为莒敖公不信任你，你才离开他，现在你可又去与他同死，这岂不是对你信任和不信任都没区别了嘛！"

"不然！"柱厉叔坚定地反驳，"以前，因为他不信任我，我才离开他。现在，他有难。若我不去，这恰恰证明他当初不信任我是对的。我就是在这个时刻去与他共患难，用这种行动做给后世不能识别忠臣的君主看，让他们内疚，自责。这样，后世的忠臣就不会像我一样被误解，忠臣不被君所误解，则君王的地位就会永远稳固了！"

这两个小故事充分表明儒家讲的"义"，在君臣关系上是什么内容。《贵信》篇中则主张君主不可失信于民，《慎大》篇中鼓吹君主不可骄恣，《达郁》篇中说明君主纳谏的重要性，《举难》《权勋》篇中强调君主用人要得当，等等，都是儒家政治思想的具体发挥。

儒家重教育，《吕氏春秋》中有许多篇均与教育有关。《劝学》篇说明学习之重要，在《吕氏春秋》之前，《荀子》书中也有《劝学篇》，两篇文章都是告诫人们学习的重要性。可见，儒家一贯重视学习。《吕氏春秋》中的《劝学》特别强调"尊师"的重要性。这里指出："圣人"是由于学习的结果，不学习而能成为有名的人物，那是不可能的，而学习的关键在于尊师，凡不尊重老师的要想学习，简直就像抱着臭狗屎却要嗅到香味，明明是不会游泳却硬往深水里跳一样，不会有什么好结果的。儒家提倡教育、尊重师长，在这篇文章中说得透彻极了。《尊师》历陈诸名人师生关系，说明尊师之重要；《诬徒》说明不学之患，《用众》说明好学之人可以采众人之长、补己之短，等等。这些都是儒家教育思想的重要内容。

儒家重视制礼作乐，认为"乐"是"六艺"之一，也是治国之要务。《吕氏春秋》中有《大乐》《侈乐》《适音》《古乐》《音律》《音初》《明理》《制乐》等篇专门探讨音乐问题，说明乐的由来、作用以及帝王如何运用音乐施行教化的问题。

儒家重伦理道德，十分注意修身、孝行以及个人的立身处世法则。《吕氏春秋》里《孝行》摘录儒家经典《小戴记》中曾子论孝的言论。《务本》《论人》《观世》《观表》《知分》等篇皆发挥儒家自我修养及进身处世、观察、品评别人的标准和方法。在这些论文中都有一些生动、感人的例子。如《观世》中说，列子在穷困潦倒时，连饭都吃不饱，饿得面黄肌瘦、奄奄一息。这时，有人向郑国的相子阳报告说：

"报告相爷，列子可是个有道之士，现在居住在咱们郑国，大人不是有名的礼贤下士的官吗？"言下之意是怂恿子阳沽名钓誉，去列子那里做点表面文章。果然，子阳心领神会，立即派人给列子送去几大包粮食。当送粮的人来到列子家门口的时候，列子毕恭毕敬地对派来送粮的人再三施礼，表示感谢，可是，说什么也不接受那些粮食。看列子态度坚决，来人也无奈，只好把粮食原封运回。

列子把人送走，刚一回屋里，就听到妻子无限怨恨地责难道：

"人家有名的人，都把妻子养得安逸舒适，至少是不愁吃穿，可是，给你当老婆，连饭都吃不饱。这里，人家相爷给送来粮食，您又坚决不要。我这个命怎么如此倒霉啊！"说着还一边摸着胸口，看来气得心脏病也复发了。

"哈哈哈。"见到妻子气得这样，列子反倒笑了，"你知道我为什么不要他的粮食吗？这位相爷并不是自己知道我列子是个贤才，而是经过别人鼓动才送我粮食的。既然他听别人一说就相信、照办，将来若有人说我坏，鼓动他治我的罪，那我岂不又因此而获罪了吗？这种途径得来的东西还是不接受的好！"

这一番话把列子妻子说得恍然大悟，虽然仍旧饥肠辘辘，但也不再说什么了。

果然，不久郑国发生民众叛乱，因子阳干的坏事太多，民愤特大，报仇的民众愤怒地杀死了子阳。听到这个消息后，列子不无得意地对妻子和朋友说：

"现在你们应当知道我为何不接受子阳的馈赠了吧！如果当初我接受了他的粮食，受到他的恩惠，子阳有难时我袖手旁观，则是不义。若我和他一道儿去死，则是死于无道，死无道是和我的一贯主张不符的。"

说完列子摇晃着秃头，似乎很得意的样子，尽管下午饭还没有着落。

这就是儒家的处世哲学，也是儒家伦理道德的组成部分。

以上各方面说明儒家学派的主要理论、观点，在《吕氏春秋》中都有反映。

其次是道家。战国时期道家与墨家、法家、儒家成为最有影响的四大学派。道家的观点与儒家不同，主清虚无为，去礼学，弃仁义。其代表著作有《道德经》《庄子》。道家在政治上鼓吹小国寡民，无为而治。这些思想在《吕氏春秋》中都有阐述和发挥：《君守》《贵公》《重言》《首时》《别类》《先己》各篇从几个方面说明"君""圣人"治世贵"无为""无知"，在《贵公》中，有这么两则小故事。

楚国有个人丢了一把弓，他明明知道丢在什么地方，却不去找回来。朋友问他："你知道弓丢在什么地方，何不去找回来呢！"

"嘻！楚国人丢的弓，楚国人拾到了，何必去找它！"丢弓的人淡淡地答道。

孔子听到这件事后，对丢弓人的态度表示赞成，不过他认为此人淡泊得还不够："何必强调楚国？"

意思是只要是"人"拾到了也就和在自己手中一样了。

孔子的老师，道家祖师爷老聃听到这件事后，又补充说："人也不必强调！"

意思是说不是被人拾去也无所谓。天地万物皆不属哪个人私有，让其随大自然安排，不必刻意追求。

以这种观点治国的，齐国的管仲就是有名的一位。管仲在齐国为相，数十年把齐国治理得井井有条，百姓安居乐业。终于有一天，管仲年迈，病倒在床，人们都估计他将不久于人世。齐桓公见贤相命在旦夕，赶忙前去慰问，并准备安排后事。

"仲父病得这么重。"和秦始皇对吕不韦一样，齐桓公对管仲也称"仲父"，"万一您有个三长两短，我将把这个国家交给谁来管呐？"齐桓公的意思是请管仲推荐一个代替自己当相的人选。

"臣以前没病的时候，尽心竭智也没给大王提出个合适的人选，现在我病得糊里糊涂，怎么能有明智的判断呢？"

管仲这时是谦逊的话，不过他说的也有道理。可悲的是古今中外政治上当权的，往往是在病老垂危，神智远不及青年的时候决策的。这种决策正确的程度，就只能凭许多偶然因素来决定了。

"这是件大事，愿仲父指教，不要推辞。"齐桓公一定要管仲发表看法，紧追不舍。

"那您看让谁当相合适呢？"管仲被逼得无法，仍不正面回答，却反问了一句。

"鲍叔牙行吗？"齐桓公用试探的口气问。

"不行！"管仲的态度十分明确，"我是鲍叔牙的好朋友，鲍叔牙这个人我太了解了。此人清廉正直，绝对是个好人。可是，这位老兄对不如自己的人，不愿接近，一听到别人有缺点和过错，永远记住一辈子！"

管仲的意思是鲍叔牙为人太耿直，不能容那些能力水平低的、有错误和缺点的人在手下办事。不能容人的相国是不行的。桓公知道管仲的意思，接着问："那么，隰朋这个人行吧？"

"隰朋这个人，对自己的要求很严格，而对国家，则有些事不闻不问，对外界的事务，则有些事不知道，对于人则不苛求，不是任何事情都自己去做。隰朋是可以当相国的。"

《吕氏春秋·贵公》引了管仲这段话以后，发挥道：相是国家的大官，而当大官的不应当去管那些小事，不要显得事事都懂，那种是小聪明，故杰出的工匠不需要斧、锯之类的工具，高明的厨师不动锅、盘，最勇敢的人不去和人打架，大军事家不必率兵战斗。这种观点正是西汉初期实行的"无为而治"的理论基础。

道家对个人修养，主张出世"养生"，所谓"全天性"。《吕氏春秋》中《本生》《重己》《贵生》《情欲》《尽数》《必己》《慎人》《诚廉》皆反复说明人当全其本性，不为声色所迷，而应以贵生为中心。富贵、功名不可强求，因求富贵而失目前之乐，在有道者看来是最不幸的。在《必己》中讲了庄子的一个故事。

有一次庄子走到山中，见到山上长的树木枝叶繁茂，浓荫遮地。可是有个伐木的人只在树下休息而不去砍伐它。

庄子问道："这棵树你何以不伐呢？""此树不成材，所以我不砍它。"

"这就是由于不成材，才活了下来。"庄子意味深长地总结道。他又继续向前走，出了山，到一村落，投宿到一个熟悉的朋友家。朋友见庄子这个哲学家老朋友来了，十分高兴，赶快令仆人杀雁招待。仆人向主人请示道："咱们家有两只雁，一只能鸣，一只不能鸣，杀哪个呢？"

"杀不能鸣的！"主人回答说。

吃完了丰盛的晚宴，休息一宿。次日，庄子告别朋友，回到家中。

到家之后，庄子的学生们知道老师出行后的言论，不免产生疑问，就前来请教：

"老师，听说您到山中见到伐木的，不要不成材的树，您说这棵树是因不成材，才活了下来。可是，你到朋友家吃的那只雁，也是个不成材的家伙，连叫都不会。您说是应当成材还是不应成材呢？"言下之意是：你说不成材的可以活下来，可是不成材的也有活不下去的，看你怎么解释这个问题。

"要是问我成材好还是不成材好，我将处于成材和不成材之间。"庄子不慌不忙地回答，这正是他宣扬哲学观点的机会。"这样，我处于似是而非之间，又成材又不成材，比成材的树木和不成材的雁要避免许多麻烦。"说到这里庄子停顿了一下，他在发表哲学见解的时候往往由浅入深，一层一层向玄妙的理论发展。接下来的话就使一般人难以理解了："处于似是而非、材与不材之间的状态，还不免有所累。而若是道德则完全没有什么累不累的问题。道德这个玩意儿，无誉无毁，随时代而变化，无影无形，是万物之祖，体现在万物之上；而又不是万物，它有什么可累的。"这里，庄子说的"累"不是"劳累"的"累"，是哲学概念的专有名词，有"拖累"的意思，它的反面意思就是"清静无为"。下面的话就更清楚了："这种无誉无毁、无形无累的道德，就是神农、黄帝之术。"

道家对精神生活的研究，在《吕氏春秋》中反映得更为直接。《精谕》《精通》《去尤》等篇中多处抄《老子》《庄子》原文，如"至言无言，至为无为"等，表明这些篇章属于道家的观点。

墨家的主张是"兼爱""非攻""尚贤""尚同""明鬼""非命""节葬"，等等，其代表著作是《墨子》。墨家的政治主张与儒家相近，亦主张贤人为政。《吕氏春秋》中《当染》篇即鼓吹近贤人、远坏人。而《爱类》篇中，除言得贤臣之益外，又言非攻、节俭之事。可见，这是墨家的观点。与儒家不同，在《节丧》《安死》篇中，专门阐述丧礼要节俭，在《听言》《爱类》篇中发挥"非攻"之义，反对战争。后来广泛流传的墨子止楚攻宋的故事就是在这里记载的。

楚国的国王请来了公输般——即有名的工匠祖师爷鲁班——制造攻城的云梯，准备去攻打宋国。墨子听到这个消息后立即从鲁国前往楚国，去制止这场不义之战。他一路奔走，日夜兼程，衣服也撕破了，鞋也走坏了，用破布包着脚，走了十日十夜，风尘仆仆地来到楚国的国都郢，想方设法见到楚王。

"在下是北方的普通老百姓。"墨子在楚国王宫内见到楚王时，这样谦虚地说。实际此时墨子已是大名鼎鼎的学者，否则怎能轻而易举地见到楚王。"听说大王要攻宋，有这件事吗？"开门见山，墨子毫不客气地提出问题。

"没错！有这件事。"楚王毫不含糊地回答。

"如果必能打败宋，您才决定进行这次战争，还是打不败宋，而且出师无名，也要进行这场战争呢？"墨子问。

"明知打不败宋，又出师无名，我何必要打这一仗！"楚王显然不太高兴。

"说得好！"墨子要的就是楚王这句话，"在下认为大王一定打不败宋国。"

"笑话！"楚王当然不愿承认这种可能，"公输般是天下公认的能工巧匠。现在，他已经为我制好了攻城的器械。一个小小的宋国还攻不下来？"

"有攻城的器械，就会有守城的办法。大王若不信，可以令公输般演习一下，他攻，我守，看谁胜谁负！"

"就照你说的办！"楚王要看看墨子到底有什么办法，同时也想试试公输般的攻城云梯是否攻无不克。于是下令：传公输般前来与墨子对阵演习。

公输般接到王命，将制好的攻城器械随身带来。墨子也准备好守城的工具和武器。于是，两人便在楚王面前认真地演习起来。公输般前后用了九种攻城方法，而墨子也用了九种方法防御，终不能攻破。公输般承认，这个攻城的器械不能保障攻无不克、战无不胜。楚王在事实面前也不得不相信墨子的话，放弃了攻宋的计划。

《吕氏春秋·爱类》记载的这个故事，在《墨子》和后来的《淮南子》中也有。不过，在这里记载此事，在于说明："人主"要以"利民"为要务，"能以民为务者，则天下归之矣。王也者，非必坚甲利兵选卒练士也，非必隳人之城郭，杀人之士民也。上世之王者众矣，而事皆不同，其当世之急、忧民之利、除民之害同。"可见，墨家的非攻反战思想已经和儒家的"仁者爱人"思想结合了起来。这都是墨家独特的观点。在《离俗》《长利》《高义》《上德》等篇中皆发挥"兼爱"的思想，并有称赞墨子及其弟子自我牺牲的事迹及精神的内容。足见《吕氏春秋》中有相当篇幅出自墨家学者之手。

法家"不别亲疏，不殊贵贱，一断于法"，力倡法治，专任刑法，主赏罚严明，无教化，去仁义，其代表著作为《商君书》。秦国一贯尊崇法家并厉行法治。法家主张君主、贤臣治国，而不必为舆论所左右，人民可与乐成，难以虑始。《吕氏春秋》中的《长见》《乐成》各篇均认为，建立非常之事业，必须贤臣有计划，君主有决心，而不必顾及众人是否理解。这里举了一个魏襄王与史起的例子。

有一次魏襄王和群臣饮宴。大家喝得酒酣耳热之际，襄王高兴地说："愿大家万事如意！"

这本是一句祝贺的话，没想到碰到一个认真的大臣史起，听到这句贺词后颇不以为然，立刻公开反驳道："大王说群臣都万事如意，我看不合适。群臣中有贤的，有不贤的，贤臣万事如意当然可以，如果坏蛋大臣也如意了，朝廷岂不遭殃？"

这么一说，反倒把襄王弄得无话可答，只好自己打圆场："那么大家就都和西门豹一样当个好官吧！"

西门豹就是曾经在邺治过巫师的那个不信"河伯娶妇"的县令，应当说是个好官。可是，魏襄王的这句话也遭到史起的反对：

"西门豹治邺时，漳水明明在境内通过，他还不知利用，这算什么好官！"

魏襄王被堵得说不出一句话。宴会不欢而散。

次日，襄王召见史起问道："你昨天说的漳水可以灌邺田，现在还可以灌吗？"

"现在也能灌!"

"那你为什么不替我操办这件事呢?"

"我恐怕大王不让我干!"

"我让你干!"

史起得到襄王支持,决定领命去邺,临行前向襄王报告说:"我去邺治漳水,当地百姓必定反对,说不定我会被人杀死。若我被人杀死,愿大王不要顾忌众人反对,继续派人坚持治漳。"

"好,你放心去吧!"

史起辞别襄王,就任邺令。因为治漳水要动员大量劳力去干活,引起百姓对史起的不满。不少人恨不得杀死他,吓得他不敢出门。襄王得知消息,遵从史起的嘱咐,不顾民众反对,派人继续治河。不久,漳水治好,使邺的土地得到灌溉,百姓大得其利。这时,只有这时,百姓才说史起的好话。他们歌颂史起说:

"邺有一个多好的令!

他的名字叫史公,

率领百姓决漳水。

水渠布满邺,

稻粱遍地生。

咸卤不再长,

笙歌庆太平。"

《吕氏春秋·乐成》引这段故事,最终目的是要说明:"民不可与虑化举始,而可以乐成功。"即人主不能和老百姓商量创办什么,百姓只能接受创办成功后的好处。所以"圣主""贤人"应当不为民众舆论所左右,该干什么就干什么。这正是法家的基本观点。

法家提倡求实,"法后王"即注重当前现实,反对空谈"法先王"。在《吕氏春秋》中《离谓》《当务》《察今》《不二》等篇皆阐发了这些观点。法家主张法令划一,君主必须控制权柄和谙熟权术。《吕氏春秋》中《有度》《慎势》《具备》《任数》《勿躬》《知度》等篇即专谈以法治国及人君面南之术，等等。

法家的思想在《吕氏春秋》中也有相当篇幅。

除儒、道、墨、法四大家以外，在《吕氏春秋》中还可以见到其他各家和各派的观点。

名家。这一派主张名实之辩，对先秦逻辑学有突出贡献，代表人物是惠施（公元前370年至公元前310年）和公孙龙（公元前320年至公元前250年），代表著作有《公孙龙子》。《吕氏春秋》中有《正名》《审分》《审应》《不屈》《应言》等篇，内容或提倡正名，因名责实，或引述名家言论，或记载名家事迹。在《正名》中记载名家学者尹文见齐宣王的事，很能代表名家的学风。

尹文见齐宣王。齐宣王对尹文说："我很器重士。"他这样说也许是标榜自己，也许是讨尹文的好，或者两者兼而有之。没想到喜欢辩论"名实"的尹文偏偏要问个究竟："大王说好士，我想听听什么叫士？"

齐王一时语塞，回答不出来。

"假定现在有这样一个人，"尹文见齐王无话，接着问道，"对父母孝，对君忠，对朋友讲信用，在家则悌，有这四种品德，算不算士？"

"当然，这真才算士啦！"齐王说。

"大王若得到这样一个人，能让他为臣吗？"尹文接着发问。名家的特点就是步步进逼，使对方落入圈套，然后再阐明自己的观点。

"愿是愿意，只是恐怕难找到这样的人！"齐王按照尹文的思路一步步走下去。

"如果有个人在庙堂上，受到别人的侮辱，而不和欺负他的人争斗。大王能让这样的人当臣吗？"尹文又问。

"绝对不让！大丈夫被人侮辱而不斗，太窝囊了，我怎么能要窝囊废给我当臣！"齐王觉得回答得滴水不漏。

"虽然这个人被侮而不斗，可是他孝、忠、信、悌四行一点儿也不差。既然大王说有此四行就可为臣，那么这个人怎不可以为臣呢？如果被侮不斗的窝囊废虽有四行也不能为臣，那么，大王刚才说的孝、忠、信、悌四行俱全的人还算是士吗？"尹文这一套辩论的方法，是名家学者普遍采用的。有时虽显得强词夺理，但是对古代逻辑学的发展则很有贡献。当时又把齐王说得无话可答。

"假定现在有人治国，"尹文接着问，"百姓有错他责难，百姓无错他也责难，百姓有罪犯法他判刑，百姓无罪他也给人家判刑。能说这些百姓难治吗？"

"当然不能这样说。"齐王完全顺着尹文的思路走下去。

"我看齐国现在的官吏，大概就是这个样子！"尹文不客气地对齐王说。

"我看不见得吧！"齐王当然不愿承认。

"没有根据在下绝不会乱说。"尹文愈说愈来劲，"请让我给大王举几个例子。大王下令说：杀人者死，伤人者判刑。于是百姓害怕触犯这条禁令就不敢打架、争斗。这正是服从大王命令的结果。可是，大王又说，被人侮辱不去争斗，是个窝囊废，您却要惩治这种窝囊废。不知大王说的杀人者死、伤人者刑对呢？还是惩治窝囊废的话对？"

尹文用齐王自己的话，两头一堵，使齐王自己的话陷入矛盾之中。其实这只是一种形式逻辑的推理方法，不一定是真理。然而这种方法对古代逻辑学的发展则很有贡献。名家的辩论大多都是如此。如名家的代表人物公孙龙著名的命题是"白马非马"。说"白马"不是马，因为"白马"和"马"确实不是一个概念。可是，在事实上，哪里有抽象的"白"和抽象的"马"呢？所以，名家的这种判断，往往与事实相背离，听起来似乎有点"玄"。这种"玄而又玄"的"侃大山"于现实生活无补，但对发展古代逻辑思想则有不小的作用。

兵家。研究军事理论，总结战争指挥或战略战术的著作谓之兵家。战国时期的兵家代表人物有孙武、孙膑、尉缭等，其代表著作有《孙子兵法》《孙膑兵法》《尉缭子》，等等。秦国乃尚武之国，吕不韦门下谈兵之士不在少数，故《吕氏春秋》中兵家内容甚多。其中集中论兵的有《荡兵》《振乱》《禁塞》《怀宠》《论威》《爱士》《决胜》《顺民》《长攻》《贵卒》《行论》《贵因》《不广》《悔过》《原乱》等篇。在《顺民》和《爱士》篇中举了一些生动的例子说明战争的胜利在于能否得民心和能否得到士卒的拥戴。

越王勾践被吴王夫差打败，差一点身死国亡。勾践下决心要报仇，回到会稽（今浙江省绍兴市）卧薪尝胆，不住舒适的房子，不吃好食物，不听音乐，三年之内劳身苦心，把自己弄得唇焦口干，以取得百姓和君臣的同情、支持。在这三年之中，有好吃的东西，不够分给大家的，自己宁可不吃。有一点酒自己不喝，宁可倒入江中，让民众都尝一点。自己亲自种地，妻子织麻做衣。出门时，后面车上载着食物，见到老弱病残或穷困之人，都亲自送给食物。结果，越民对勾践非常拥护，誓同勾践一起报仇雪耻，"十年生聚，十年教训"，越国上下一心，同仇敌忾，终于一举打败吴国。这都是民心同国王一致的结果。

秦国在穆公时代与晋国经常发生战争。有一次秦穆公最喜爱的一匹马在国内跑丢了，不久有人报告说这匹马在岐山之下被"野人"捉住。穆公知道后，就兴冲冲地到岐山之下去找马，没想到在岐山之下见到的是一群"野人"正在吃煮熟的马肉。原来穆公最喜欢的马已被这伙"野人"杀来当美餐了！见到这种场面，穆公虽心如刀割，可是表面上却说出一句令人意外的话："吃马肉不喝酒会伤身体的，快给他们拿点酒来！"于是派人抬来几大桶酒给"野人"助餐。

"太棒了！真是个好国君。"

不难想象又吃又喝的一群"野人"那种高兴劲儿，大家尽兴而散。

一年后，秦穆公率兵和晋国军队打仗。晋军人数很多，一时将秦穆公围在韩原（今陕西省境内），眼看就要将穆公活捉。正在危险之际，突然从晋军后面冲出一股生力军，一下把晋军打得七零八落，使穆公得救。待解围后，穆公才得知，这支生力军不是秦国的正规部队，原来是去年分食马肉的岐下"野人"。这批人因得到穆公的恩赐，念念不忘他的好处，刚刚听到他有难，就赶来解围。这就是"行德爱人则民亲其上，民亲其上则皆乐为其君死矣"。

纵横家，即战国时期游说之士。这些游士以取富贵为目的，奔走于各国，或鼓吹合纵，或倡导连横，其特点是善于辞令，口若悬河。代表人物有苏秦、张仪，代表著作有后来编辑成书的《战国策》。

《吕氏春秋》中有《知士》《审己》《至忠》《忠廉》《士节》《介立》《不侵》《下贤》《报更》《顺说》等篇，其内容有的与《战国策》相近，有的与纵横家的口吻相同，有的则记叙纵横之事。证明其为纵横家之作品。

农家。以记述、研究农业生产为目的的称为农家。秦国一向重视农耕，关中之地农业发达，故吕不韦门下当有一批农家。《吕氏春秋》中最后四篇《上农》《任地》《辩土》《审时》专门记叙与农业生产紧密相关的内容，如利用天时、土壤以及重视农耕的重要性，等等，是先秦农家的宝贵资料。

《吕氏春秋》中不少哲理或政论性的言论都通过一些富有文采、生动曲折的小故事来说明，既可给人以鲜明的印象，亦可视为小说家之先河、滥觞。

如果将《吕氏春秋》看过一遍的话，就会发现这部书最大的特点就是"杂"，即内容观点方面与同时代的著作《论语》《孟子》《道德经》等不同，非一家一派之言，而是"兼儒墨、合名法"。凡当时出现的学派：儒、道、墨、法、名、阴阳、五行等理论、学说，几乎都可以在这里找到，真像一个杂货铺。正因其"杂"，后人就将此书列为"杂家"类，并因此开创了学术史上"杂家"一派。

然而，若仔细研究会发现《吕氏春秋》中杂得并非没有重点，各派并非平分秋色。而是杂而有序，收罗百家而有其中心。其重点或中心并不是道家，更不是儒、法、墨，而是上面没有提到的阴阳家的学说。
《吕氏春秋》中，专门阐述阴阳家学说的只有《有始》《应同》两篇。
但阴阳家的思想却是贯串于全书之中。什么是阴阳家呢？用《汉书·艺
文志》的话说就是：

> 阴阳家者流，盖出于羲和之官。敬顺昊天，历象日月星辰，敬
> 授民时。此其所长也。及拘者为之，则牵于禁忌，泥于小数，舍人
> 事而任鬼神。

这段话的大意是说，阴阳家是观星辰天象以确定季节、时辰的人，
其中有些人则专门注意禁忌，相信鬼神，成为算命的先生。用这个标准
衡量《吕氏春秋》，其中"十二纪"的每纪首篇，"八览"的各览首篇，
"六论"的各论首篇以及《明理》《精通》《至忠》《长见》《应同》
《首时》《如类》等篇都应属于阴阳家的学说。此外，还有许多篇文章
都是说明"春令生""夏令长""秋令杀""冬令死"，将四时、四季与
人事相配合，阐明春生、夏长、秋收、冬藏的规律，也都属于阴阳家的
观点。在作为序言的《序意》中，还明确标明本书主旨："所以纪治乱
存亡也，所以知寿夭吉凶也。"也透露出本书主旨是崇尚阴阳家。

以阴阳家学说为中心，《吕氏春秋》中的哲学观点十分明确。在回
答困扰着古今中外一切哲人、思想家的"什么是世界本源"这一问题
时，《吕氏春秋》提出了"太一""道"或者叫"精气"。在《仲夏
纪·大乐》篇中有：

> 日月星辰，或疾或徐，日月不同，以尽其行。四时代兴，或暑
> 或寒，或短或长，或柔或刚。万物所出，造于太一，化于阴阳。

这些排比整齐，读起来像诗一样的文句在书中俯拾皆是：

太一出两仪，两仪出阴阳。阴阳变化，一上一下，合而成章。浑浑沌沌，离则复合，合则复离，是谓天常。

　　将宇宙本源归结为实实在在的"太一""道"等朴素哲理。由这哲理引申出以金、木、水、火、土"五行"，并以"五行"配合春、夏、秋、冬四时的学说，《吕氏春秋》中由阴阳五行统御的历史观，其中有承认人类社会由低级向高级发展的看法和社会不断进步的观点。在《恃君览·恃君》中有："昔太古尝无君矣。其民聚生群处，知母不知父；无亲戚、兄弟、夫妻、男女之别，无上下、长幼之道；无进退、揖让之礼；无衣服、履带、宫室、蓄积之便；无器械、舟车、城郭、险阻之备……"这里描写了文明社会以前的图景，肯定了社会是在不断进步的。在这种思想指导下，书中提出建立中央集权制度的政治理想。在《审分览·不二》篇中有："必同法令，所以一心也；智者不得巧，愚者不得拙，所以一众也；勇者不得先，惧者不得后，所以一力也。故一则治，异则乱，一则安，异则危。"这种鼓吹一统天下的言论，与周室衰亡后消除诸侯割据局面，建立统一王国的历史趋势是相符合的。在《有始览·谨听》中有："今周室既灭，而天子已绝。乱莫大于无天子，无天子则强者胜弱，众者暴寡，以兵相残，不得休息。"主持写书的吕不韦力主"天子"当政，而他想象的"天子"当然就是自己。围绕着阴阳五行的观点，《吕氏春秋》中将儒家、法家等有关理论都和谐地熔于一炉，如《孟子·尽心下》中说："民为贵，社稷次之，君为轻。"这是儒家的基本观点。《吕氏春秋》中也阐述了这一观点。在《季秋纪·顺民》中说："凡举事必先审民心，然后可举。"意思是说君主办事必须顺乎民心。在《有始览·务本》中也有类似的话："宗庙之本在于民。"在《季秋纪·精通》中也有"圣人南面而立，以爱利民为心"。从这些言论中可以看出吕不韦通过《吕氏春秋》隐然以"圣人"自居，把"民"抬得高高的。故此，《吕氏春秋》中鼓吹"德政"与吕不韦在实际上奉行"兴灭，继绝"的"德政"则是十分吻合的了。在《离俗览·上德》中写道：

> 为天下及国，莫如以德，莫如行义。以德以义，不赏而民劝，不罚而邪止。

主张"德"和"义"本是儒家的特点。在这篇文章中，还举出事实说明用"德""义"胜过法家主张的"赏""罚"。书中说，上古时代，边境的民族"三苗"长期不服，禹请攻伐。而舜则主张用"德政"。结果，"行德"三年，三苗服。这是说用"德政"可降伏敌国。书中又举"行义"的例子，说晋献公时，那妖冶的丽姬谗害公子重耳，公子重耳逃出晋国，流亡于翟、卫、齐、鲁、宋各国，后来到了郑国。眼光短浅的郑文公对这位亡命的公子颇为不敬。郑国的大臣被瞻劝文公道：

"臣闻贤主不在人危难时落井下石，而今晋国公子有难，理应扶植他一把，今后必有好报。随从公子重耳的都是一些贤人，大王若不能恭敬地招待重耳，不如早点把他杀了。"

糊涂的郑文公并没有接受这个建议。重耳离开郑国之后，流徙周转了数年，终于回到晋国，成了晋国国君。当了晋文公的重耳，还记得建议杀他的被瞻，于是就发兵攻郑。郑国得知晋军来攻，惶恐万分。被瞻对郑君请求道："晋军攻郑全因被瞻，不如把我送给晋君，以免郑国遭殃。"郑君无法，只得照被瞻的请求将他送给晋军。被瞻被押到晋国后，晋文公重耳令人烧了大油锅，准备生烹被瞻。不料被瞻在下油锅之前大声疾呼："三军之士都听我说。我被瞻是由于忠于郑君而遭到这个下场的。从今以后你们就不要忠于君主了。忠君者最后是要下油锅被烹的。"

晋文公重耳一听此言，似有领悟，立即下令送被瞻回郑。结果郑国免除了晋国围攻之患，被瞻也逃脱了被烹之灾。这就是"行义"的好处。《吕氏春秋》中这段记叙，表明了作者对"忠""义"和"利"的态度和看法。原来"忠""义""德政"等已不是抽象的道德标准和范围，它们也有其实际的作用。在这一点上，和法家所提倡的"利"是一致的。而吕不韦所奉行的"德政"，倡导的"行义"，恰恰是属于这种类型。

在《吕氏春秋》中鼓吹的道家思想，也有所指，《似顺论·分职》中说："无智、无能、无为，此君之所执也。"要君主什么事也不干，一般地说这确是道家的主张，但针对吕不韦当政的那个时代，他是不是有意地教训坐在国王位置上的秦王政"无智、无能、无为"呢？看来有点嫌疑。否则不会引起秦王政后来那么深的积怨。

在《吕氏春秋》中，还可以见到吕不韦为政的一些主张。例如善于用人。《审分·勿躬》中说：治国为君者不必事事亲躬，更不需要事事都会，只需选择适合做各种事的人，委派、督促他们各负其责就可以了。"圣人"治天下就是把各种有专长的人用起来，上古时代大桡作甲子，黔如作虏首，容成作历，羲和作占日，尚仪作占月，后益作占岁，胡曹作衣，夷羿作弓，祝融作市，仪狄作酒，高元作室，虞姁作舟，伯益作井，赤冀作臼，乘雅作驾，寒哀作御，王冰作服牛，史皇作图，巫彭作医，巫咸作筮。而"圣王"什么也不会做，但"圣王"委这二十个人以官，令其各司专职，尽其巧，用其专长，故天下大治。春秋时代的齐国，桓公任管仲为相。管仲对齐王说："垦田种地方面的事，臣不如宁邀，请任命宁邀为大田；礼仪方面的事，臣不如隰朋，请任命隰朋为大行；进言直谏，臣不如东郭牙，请任命东郭牙为大谏臣；出征打仗之事，臣不如王子城父，请任命王子城父为大司马；判案断狱之事，臣不如弦章，请任命弦章为大理。"

齐王即按管仲所提，任命上述各人分别为官，而统受管仲控制。结果十年之内齐国就成为霸主，九合诸侯，一匡天下。管仲乃是齐国的相，他并不凭个人一己之能，而充分发挥别人的才能，故能使百官竭力奉公，而使国富民强。这正是吕不韦的做法。

世间一切活动都是由人进行的。英明君主，治世良相，善贾豪商和成功的企业家首先重视的就是择人、用人。在《知接》中讲了一个极生动的故事说明君主善于识别人的重要性。

齐国的相管仲有病，桓公前往探视，同时请他安排后事。

"仲父万一有个三长两短，有什么可嘱咐的事吗？"齐王虚心地问。

"我是要死的人，别问我了。"

"请你不要推辞，非听听你的意见不可！"

"好吧！那我就说说。"管仲被问得不得不说，"希望大王对易牙、竖刁、常之巫、卫公子启方这几个人防着点！别总接近他们。"

"易牙这个人对我不错。"齐桓公不解管仲何以对易牙印象如此之坏，就随口说出自己的感觉，"那一次我有病想吃肉，易牙竟把自己的亲生儿子煮来给我吃。对这样的人还有什么可疑的吗？"

"说的正是这件事！"管仲回答道，"人没有不爱自己的儿子的，可易牙这小子竟能忍心把自己亲生儿子煮了，对于您还有什么下不去手的吗？"

"竖刁对我也不错。"齐桓公又提起竖刁，"他为了侍候我，竟主动净身进宫来干活，难道还不够忠心吗？"

"人没有不爱自己的身体的，竖刁这小子竟对自己下得去狠手，疼得死去活来，又断子绝孙。这样的人对您还有什么不忍心干的吗？"管仲回答。

"常之巫呢？"齐桓公又问，"这个人能算命，又能治病，生死疾病经他算就能算出来。我何以不能信他呢？"

"死生是命中定的！"管仲说这话有点宿命论，但是古人都是这样想，况且他说这话的目的是反对巫术。的确，巫术于死生无补，而且害人。"病疾也是身体本身的问题，大王不遵循生命自身规律，而相信劳什子常之巫。此人就可凭您的信任胡作非为了。"

"卫公子启方侍候我十五年了，整天在我身旁，连父亲死他都不敢回家奔丧。对这样的人不该有什么怀疑的吧？"齐桓公非一一问到底不可。

"人之常情都爱自己的父亲，而卫公子启方竟能在他亲生父亲死时不哭，不奔丧。这样狼心狗肺的人对大王还会好吗？"管仲冷冷地回答。

"啊……"齐桓公无言以对，只好点头答应。不久，管仲咽了气，齐桓公果然遵照管仲的临终遗嘱将这四个家伙逐出宫外。

齐桓公逐走这四个坏蛋之后，因为身旁缺少阿谀奉承、拍马屁的人，感到极不舒服。吃饭也不香，睡觉也不安，也懒得上朝。这样过了三年，实在忍不住了。大概有权势的人之于阿谀奉承的需要，像是吸毒者对鸦片、海洛因一样，一会儿都离不开。

"这个管仲未免太过分了吧！"桓公为自己找理由，于是下令：召易牙、竖刁、卫公子启方回宫，官复原职，陪伴自己。一年以后，齐桓公身染重病。常之巫早就散布出消息："某日桓公就要死！"得到这个消息后，早就准备好的易牙、竖刁、卫公子启方就与常之巫勾结起来作乱，他们把宫门塞住，不准通行。假借桓公名义发布命令，一时国内不明真相。桓公在床上亦不知外界发生了什么事，幸好平时对女人还好，有一多情女子冒着风险跳墙进入桓公住的寿宫，见到这位躺在病榻无人问津的老头。

"给我点吃的。"听到有人进来，桓公有气无力地请求。大概多日无人给他送吃的东西了。

"我没有东西给您吃。"妇人据实回答，爱莫能助。

"给我点水吧！"奄奄一息的桓公嗫嚅地说。

"水也没有。"妇人不无遗憾地说。

"到底发生了什么事？"桓公吃力地问道。

这个女子如此这般地将易牙等四人干的事简略地说了一遍。这时，桓公才恍然大悟，老泪纵横伤心地叹道："嗨！毕竟是圣人预见得准，若死者有知，我还有什么脸在地下见仲父管仲呢？"说罢蒙住脸气绝而死。

桓公死后三个月也没有人管，尸体都长了蛆。

《吕氏春秋·知接》中记载了这段故事后，发表议论说："桓公非轻难而恶管子也，无由接见也。无由接，固却其忠信，而爱其所尊贵也。"这里所说的"接"就是接受贤臣的忠告。桓公不能接受管仲的忠告，结果落得那么可悲的下场。在《离俗览·难举》中说：善于用人者，用其所长，不必责备求全。若求全责备，则天下无可用之人。古代的尧、舜、禹、汤、武这些大"贤人"尚有"不慈""卑父""贪位""放弑"之类的恶名，何况其他人？故要求别人的时候应当想到他也是个人，不可能十全十美，而要求自己的时候，不妨用"义"的标准来衡量，就会发现自己有更多的不足之处。这样，就会有许多人可用。昔卫国的宁戚投奔齐桓公时，因无人引荐在路旁等待。伺齐桓公出来时，宁戚击牛角而歌，被桓公发现。询问之后，桓公得知其有治国安邦之才，次日拟委之重任。但齐国旧臣闻讯反对，对齐桓公说："宁戚是卫国人，齐距卫不远，不妨派人去卫一问，若是贤才，用之未晚。"但齐桓公却说："不必去问。若去问可能会发现其有小毛病——'小恶'。因其有小恶而不用其治国安邦之能'大美'。'以人之小恶，亡人之大美。'这是许多君主得不到人才的根本原因啊。"齐桓公的这段故事和他的这句名言，也正是吕不韦用人标准的注解。用人不疑，疑人勿用。这是君主用人的重要原则。《吕氏春秋》中还宣扬，君臣之间相互信任不疑，是事成、功立的重要保障。对臣下的任用，决不能被无端的诬告和谣言所动摇，而君主需有判断是非的能力，此所谓"决善"。魏文侯派乐羊率兵攻中山。得胜后乐羊回朝报功，面有得意之色。魏文侯得知，命负责文书的官吏将乐羊出征时群臣、宾客的奏书拿来给乐羊看。一翻这些奏书，其中竟有两大箱上告自己和中山不能攻取的文书，乐羊顿时感悟：

"中山之举，非我乐羊之力，国王之功也。"乐羊的话确实说出问题的关键，如魏文侯不能坚信乐羊而听信谗言，不用说有两箱告密信，就是有一二件也足以使乐羊身败名裂了，还有什么攻中山的胜利。魏文侯有决断，不为流言蜚语所动摇，坚持信用乐羊，终于取胜。这些记载，无异于为吕不韦"决善"作了注脚。

上述这些内容都归纳到阴阳五行的大系统中，从而构成以阴阳五行为中心的杂家体系。对照吕不韦为政的表现，也正是与其行为相吻合的。所以《吕氏春秋》虽不是吕不韦亲手所写，却可反映吕不韦的观点。

同先秦时代的许多著作一样，《吕氏春秋》在宣扬这些观点的时候，不仅仅是空洞的说教，常常是用一些历史故事来加以论证。这就使全书内容显得丰富、生动，易于引起读者的兴趣。例如《季冬纪·士节》篇中，用极大篇幅记了这样一段故事。

齐国有个名叫北郭骚的人，以结网、打柴、织履为生，但仍无法养活自己的母亲。一天，北郭骚求见齐相晏婴。

"我整天干活连老母亲都养不活，请大人给我想个办法吧。"北郭骚对晏婴说。

晏婴不认识北郭骚，但他的下属却知道此人，对晏婴说："此人是齐国的贤者，一贯行为正直，对天子不义、对诸侯不友善的事，对他有利也不做。现在，他能主动请相爷帮忙，是崇拜您的为人，一定得答应他的要求！"

晏婴听左右这么一说，立即下令赐给北郭骚粮食和钱财。而北郭骚仅接纳粮食却拒绝钱财的赠予，就回家侍奉老母去了。

几年后，晏婴失宠，被齐国国王猜忌而出亡，路过北郭骚家时入门辞行。北郭骚正在洗澡，听说晏婴来访，立即出来欢迎："先生准备到何处去？"

"国王对我有怀疑，不相信我啦！只有逃走啦！"

"那您就好自为之吧！"

晏婴原想北郭骚会有更热情的话安慰他，没想到得到的只是这么一句冷淡得近乎无情的话，只好悻悻而去。

"唉！我晏婴有今天的下场，活该！谁让我不识好坏人呢！"晏婴遭到北郭骚冷遇，寒心到极点。

晏婴走后，北郭骚对身边的朋友说："我曾经因仰慕晏子的为人，向他请求过帮助以养活老母，俗话说受人之恩，必当以身报答。今天晏子遭受猜疑，背黑锅，受冤枉，我要用死来替他洗清。"

接着，北郭骚就穿戴整齐，请朋友替他捧着剑和竹箱，一同前往国君门下求见。国君的大门怎能随便进入？北郭骚对守门的人说："晏子是齐国的贤人，听说他离开了齐，他这一走齐国必定遭到外敌入侵。与其见到外敌侵入，当亡国奴，不如先死。请将我的头献给大王，以替晏子洗刷冤案。"又对随同来的友人说："请将我的头装在竹箱里，送上去！"

说完，自刎而亡。

北郭骚死后，他的朋友果真遵嘱把北郭骚的头割下来送给齐王。

"北郭先生为国而死，我也要为北郭先生死了！"献过北郭的头后，那位朋友也刎颈自杀。

齐国国君听到这一连串为晏婴出走而自杀的壮烈之举，吓得立即派人去追晏婴。这时晏婴已走出城外，尚未到国境，使者追至，晏婴不得已而返回。

当晏婴回到城里，方知北郭骚自刎的壮举，也才了解不吭不哈的北郭骚为自己付出了多大的代价。他痛恨自己曾错怪了这位大勇大智的义士，懊悔地骂了自己一句："像我这样有眼不识泰山的人，家破人亡，真是活该啊！"

这个曲折、生动、颇为激动人心的故事，要说明什么问题呢？《吕氏春秋》的作者只总结了十一个字：

"贤主劳于求贤，而逸于治事。"

《吕氏春秋》的这种文章风格，使书中的大部分内容看起来不太枯燥，甚至十分有趣。更重要的则是因其兼容并包，思想、资料极为丰富，它不仅有哲学的、政治学的、经济学的、逻辑学的、法学的、自然科学的、农学的第一手资料，而且具有相当高的文学的、史学的价值。它不仅是秦国历史上一部最重要的著作，也是先秦诸子中独树一帜的"杂家"开山之作，在中国学术史上占有极重要的地位。

书是知识的载体，是传播知识的媒介。著书立说就要公之于众，让别人知道。《吕氏春秋》写成后在什么时候发表，用什么方式发表，却颇费了吕不韦的一番心思。

千金悬赏

关中的初秋，是个异常美妙的季节：青黄相间的原野，展示着一大片一大片的渐趋成熟的诱惑，天空清澈，恬淡得犹如一泓无痕的秋水，而它深邃蔚蓝的神情却又使人生出无限遐想。清凉之风让人从容地想到生命的未来。而风中传来的秋虫凄切的鸣叫，又让人感到悲伤和迷惘……战国末年，统一中国的战争前线已推到距秦国本土以东遥远的地方，关中地区一片和平景象，这里是秦国的大后方。在宁静、威严、豪华的秦国宫殿深处，吕不韦沉醉在收获的满足气氛之中，享受着权力斗争的丰硕果实，却又如感染秋天悲凉的情绪，踱步于宫中御道上，倾听殿旁秋虫鸣叫时，觉得前景像个难解之谜。不久，一个小小的计划就在吕不韦的脑际出现……

公元前239年（秦王政八年）的一天清晨，秦国国都咸阳突然显得比平时热闹起来。不少人跑到城东的市区，既不买卖东西，也不是来散步，而是来看稀罕。原来，在咸阳的市门之上，公布了一部书，还有一个告示。大家七嘴八舌地议论，纷纷赶到市区来看的，就是这部书和这份告示。

那时作为秦国国都的咸阳城，是十分整齐的。陆续建造起来的宫殿，构成咸阳的主体。贵族、富人的房舍占据了宫殿以外的主要大道旁。一般平民百姓只是在僻街、陋巷搭间草棚、茅屋栖身。而买卖物品的商贾，则必须到划定的市区内进行交易活动。所以，"市"区内是商号、铺面和小摊集中的地方。咸阳的市是用围墙圈起来的，进出市区必须从市门经过。这样，朝廷或地方官要发布什么告示，就常常在市门附近揭示，以便使更多的人都了解。当时，纸还没有被发明出来，书写的材料主要是木牍和竹简，有时也用绢、帛等纺织品。如果写部书，字数很多，用绢、帛太贵，大概一般都写在简、牍之上。简，是将竹子劈开、刮平，截成长二十三厘米、宽一厘米的竹片，在上面写字。每支简大约可写三四十字。有时根据需要，竹简可以截得长一些。那就能多容纳一些字。但无论简有多长，一支竹简能写上去的字数也是有限的，所以古代人要写一篇文章或一部书要用许多支简。写好后把这些简用麻绳或皮条连缀起来，就成为类似现代的书，当时叫作"编"。写在木质材料上的文书，应当叫木牍，用法大体和竹简一样。只是木牍可以宽一点，成为方形的。此外，简、牍还有各种形式和不同用法。公元前239年出现在咸阳市门上的告示和书，当然是写在简、牍上面的，那么多的竹片和木板要挂在市门之上，也必定是十分醒目的一大片，这是从前没有过的事。因此，咸阳城都轰动起来，人们怀着好奇的心情，兴冲冲地赶来，看看到底是怎么回事。

在闹闹嚷嚷、万头攒动的市门前，当人们弄清楚是怎么回事之后，更是大为惊讶。

原来那写在数千支简上的，就是吕不韦组织编写的《吕氏春秋》。而《吕氏春秋》旁的那个告示内容是：

现将《吕氏春秋》全文公布，欢迎指正，有能增、损一字者，给以千金的赏赐。

在这个告示之上，果真有明晃晃的一大堆钱放在那里，据说这就是"千金"，谁若能改动《吕氏春秋》中一个字的，立即按告示中宣布的兑现，将"千金"拿走。

这的确是件惊人的事，难怪今天咸阳城像一锅开水一样都沸腾起来了，众人奔走相告，议论纷纷。"千金"，毕竟是个巨大的数目，只要能改动一个字，就可以得到这么多钱，怎能不使人激动呢？于是，围在市门前的人越来越多，有的一字一句地阅读《吕氏春秋》的全文，有的反复琢磨着告示的内容。就是不认字的也馋涎欲滴地瞪着两只眼睛，望着那一大堆诱人的钱不愿离去。每个人脑子里都不免浮想联翩，激发出发财的美梦。市门上的《吕氏春秋》以及其旁的告示和"千金"，成了咸阳城人人谈论的热门话题，成了人们注意的焦点。

但是，时间一天天过去，好奇的观众越来越少，站在市门前阅读《吕氏春秋》的人也逐渐散去，一直到最后也没有一个人提出改动这部书的一个字，那令人动心的"千金"原封不动地仍旧放在那里，没有谁能把它拿走。

《吕氏春秋》果真写得那么好，连一个字都无法改动吗？当然不是！是咸阳城的人水平都不高，挑不出这部书的毛病吗？也不是！那究竟为什么没有人能更动《吕氏春秋》的一字呢？这个问题在当时的资料中找不到答案，成为吕不韦历史中的又一个谜。

不过，这个谜不难解答。之所以没有人指摘《吕氏春秋》瑕疵，不是别的原因，而是因为人们知道这是相国吕不韦主编的。大家都明白，尽管告示写明"有能增损一字者与千金"，实际这是一种自我吹嘘的手段，不过标榜此书完美无缺、无可指摘而已。若真有信以为真的书呆子，当场挑出毛病，谁知道后果会如何？说不定拿不到"千金"之赏，反而会惹来杀身之祸呢！

这就是《吕氏春秋》公布后没人更动一字的真实原因。

这个原因虽然是推测出来的，但却是合情合理的。首先明确提出这个看法的，是在《吕氏春秋》首次公布二三百年以后，生活在东汉时代的王充（公元 27 年至约公元 97 年）。这时的吕不韦早已不在世，他的党羽也早都死光。好学深思的学者王充，在研究了历史和《吕氏春秋》之后指出，吕不韦当时的权势如中天之日，用他的名义写的这本《吕氏春秋》悬在市门之上，在场的观众、读者害怕吕的权势，尽管能看出书中的毛病，谁敢公开指出呢①？

又过了一百余年，到东汉末有一个大学者高诱，首次对《吕氏春秋》作系统、详尽的注。在高诱的注中，就挑出十一处错误②。这些错误中，有的是字、句、称谓的错，有的则是跟事实有出入，比如下面两个例子。

《吕氏春秋》中有一篇名为《必己》的文章，其中记载春秋时代宋国有个"桓司马"的大官，此人有一颗宝珠，很多人都十分羡慕，连当时的宋国最高统治者宋国的国君也想要把这颗宝珠弄到手。恰巧，后来这个"桓司马"犯了罪离家出逃。国君就派人询问那颗宝珠的去向，有人说那颗宝珠被扔到鱼池中去了，于是宋国君就下令淘干鱼池找宝珠。结果，鱼池淘干宝珠没有找到，鱼也死光了。这里，《吕氏春秋》记载的宋国国君称为"王"。但是高诱考证：上述那件事发生在公元前 418 年即鲁哀公十四年，宋国的"桓司马"名叫桓，而当时的宋国国君是宋景公，并没有称王，这在《春秋》中有明确记载。所以，高诱指出：《吕氏春秋》此处称宋"王"是不对的。

《吕氏春秋》中的《上德》篇所记载的故事中也有错误。春秋时的晋国国君献公，娶了一个年轻貌美的小老婆丽姬。这个丽姬仗着在献公身边得宠，成天说前面几个老婆生的儿子的坏话，使得献公逐渐对三个

---

① 见《论衡·自纪》。
② 见《吕氏春秋》高诱注。

儿子（大儿子称为"太子"申生，二儿子公子重耳，三儿子公子夷吾）疏远，让他们都离开国都到外地。但丽姬还不死心，非要害死这三个儿子才甘心。有一天，丽姬突然召见太子申生，对他说："你爹梦见你的生母姜氏了。"

太子申生听说已经死去的亲生母亲姜氏在父亲的梦中出现，赶忙准备了丰盛的食品，到姜氏的祠堂前祭祀。按当时的礼仪规定，祭祀过母亲的食品，应奉献给生父享用。就在申生将这些食品送给献公去的途中，丽姬做了手脚，将有毒的食品换了进去。待献公将要吃的时候，丽姬突然拦住了他。"这些东西是从远方送来的，"丽姬对献公说，"还是叫别人先尝尝吧！"

于是献公下令，叫随从的内侍先尝几口，不料吃下去的人一会儿工夫就伸腿瞪眼死了。又拿那些食品喂狗，这些狗也立时断气。献公一见大怒，要杀太子。太子申生明知这是丽姬在捣鬼加害自己，但他不愿向父亲表白，只对左右的人说："我父亲没有丽姬，觉也睡不安，饭也吃不下。"

之后，申生举剑自尽，含冤离开人世。

太子申生死后，公子夷吾见丽姬如此狠毒，就逃往外地。另一个公子重耳也带着随从人等逃往国外。公子重耳先跑到翟，又到卫国。卫国的文公对重耳不甚礼貌，使重耳不得不离卫去齐。在齐国住了不久又到鲁国，鲁国的国君更不像话，竟然让重耳光着膀子下水捕鱼。重耳当然受不了这样的侮辱，就去了宋国。宋国的襄公还不错，对重耳的招待还算热情。可是重耳也没在此住多久，又去了郑国。到了郑国后就碰上前面提到的被瞻。重耳又率人离开郑国，来到楚国。又从楚国到秦国。后来，在秦穆公的支持下，重耳回到晋国，成为国君。这就是赫赫有名的晋文公。

《吕氏春秋》中《上德》篇在记载这一段故事时，有一处错误，那就是重耳到楚国后，"荆成王慢焉"，就是说楚成王对重耳慢怠，很不尊敬。其实这是与历史事实不符的。东汉学者高诱在注《吕氏春秋》时，就举出证明驳斥了《吕氏春秋》的记载失实。他举出的证据是《春秋左传》的下述记载：

公子重耳来到楚国，楚国国君设宴招待。

"公子若有朝一日返回晋国，你将怎样报答我呢？"楚国国君在宴席上向重耳问道。

"漂亮的女人，贵重的玉帛，您有的是；奇禽、异兽，好玩的东西也是贵国的特产。至于晋国有的物品，都是贵国弃之不要的。我能有什么报答您的呢？"重耳这样回答，不知是谦虚，还是不愿向楚君承诺什么。

"尽管如此，你到底用什么报答我呢？"楚君仍不放松，继续逼问。

"那我就告诉您吧！"重耳无奈，只好直率地说："若托陛下之福，我得以返回晋国掌权，当晋、楚发生军事冲突时，我一定先令晋军退避'三舍'（'一舍'三十里，'三舍'共九十里），给楚军让路。若仍得不到贵军谅解，那我就左手执鞭、右手持弓箭和您拼个死活！"

公子重耳的直言不讳，惹恼了楚国大臣子玉，他要楚君立即杀掉重耳。但楚君十分冷静地说："晋公子重耳廉洁而俭朴，文质彬彬而有礼节，随从他的人都有修养而宽厚，对重耳都十分忠心且有能力，我看重耳必能成大事。这是天意，谁也不能违背。"

结果，楚君便把重耳送往秦国①。根据上述记载，高诱推断出楚君对重耳还算可以，"不得为慢之也"，指出《吕氏春秋》的记载是不符合历史事实的。

高诱就是根据自己的考证，指出《吕氏春秋》并非无瑕可摘；咸阳市门的"千金"，也并非无人能取："咸阳市门之金，固得载而归也。"当时无人对悬之市门的《吕氏春秋》增损一字的原因，乃是由于惧怕相

---

① 见《左传·僖公二十三年》。

国吕不韦的权势而已，"盖惮相国畏其势耳"。

王充和高诱的分析是对的。《吕氏春秋》的确有不少错误和不足之处。不过，综观这部大著，结构整齐，内容丰富，在当时也属于极有价值的作品，对以后的影响更深，不失为我国古代优秀的文化遗产。所以，"千金悬赏"尽管有自我吹嘘的意思，可是这本书毕竟非同寻常。此书的出现，不仅在秦国，而且在那个时代，也算得上一件大事。

不过，吕不韦在秦王政八年将《吕氏春秋》公布于市门，并千金悬赏，难道仅仅为了自我吹嘘吗？非也，选在这个时间公布《吕氏春秋》，是吕不韦经过深思熟虑，反复思考，有计划、有目的安排的，是有其特殊用意的。

自从公元前249年庄襄王上台后，吕不韦便以相国的身份执掌秦国大权。公元前246年，十三岁的秦王政继位，吕不韦更以"仲父"的地位进一步控制朝政。这期间，秦国的实权完全操控在吕不韦手中，尚未成年的秦王政只不过是个傀儡。可是，随着岁月流逝，吕不韦一天天老下去，秦王政则逐渐长大成人，到公元前239年（秦王政八年）嬴政已经是二十一岁的青年，按秦国的规定，青年国君到二十二岁时就要举行加冕礼，戴上一顶表示进入成年的帽子，从此就要亲自处理政务，而"辅政"的吕不韦也应当还政于秦王政。如果即将亲政的秦王是个有为的君主，或不愿受人摆布的国王，那么吕不韦不仅会丧失以前的一切权势，而且会遭到清算。惯于独揽政权的吕不韦自然不愿落到这个地步，但他大约已经察觉秦王政并不是一个可以任意摆布的软弱国君，甚至可能是自己最大的政敌，而自己又不敢公开篡位取而代之。怎么办？只有加紧对秦王政的控制。《吕氏春秋》抢在秦王政二十一岁时公布，其目的之一就是向秦王政示威。他用千金悬赏的办法向秦王政发出讯号，令他知道，自己作为一个相国，对秦国百姓的威慑力究竟有多大！《吕氏春秋》公布后无人敢更动一字，这就表明没有人敢公然反对他。用这种办法要这位年轻的国君了解吕相国的势力，从而不敢稍有反抗①。

公布《吕氏春秋》的另一目的，还在于暗示秦王亲政以后，要像古代传说中的颛顼对待黄帝那样，接受吕不韦的教导。《吕氏春秋》一书的序言《序意》中写道："良人请问十二纪，文信侯曰：尝得黄帝之所以诲颛顼矣……"示意吕不韦像黄帝教导颛顼那样，要将自己的主张强加在秦王政身上。

最后，也是最重要的目的乃是，《吕氏春秋》作为吕不韦个人对人生、宇宙、政治等重大问题的基本看法，既是他本人思想的代表，也是吕不韦执掌秦国十余年大政的施政纲领和指导思想。在秦王政即将亲政之前，公布《吕氏春秋》，实际上是将吕不韦的思想、观点和政治纲领系统、全面地向秦王政坦露，希图秦王政按照他的思想和政治路线继续走下去②。作为一部包罗百家的"杂家"著作，似乎很难看出哪些内容、观点、理论和主张是反映吕不韦个人的东西。这里说的代表吕不韦人生观和政治思想的内容，也并非指其书中某几个具体观点和主张。因为其书兼收各家，所以许多具体观点和理论主张在本书中往往有相互抵触、矛盾之处，有时此篇否定彼，而彼篇肯定此。故任意摘取书中某篇或某种观点就视其为吕不韦本人的主张、看法，则不免以偏概全。然而，若就《吕氏春秋》总的指导思想和总的倾向及全书突出特点论吕不韦的思想及政治纲领，则是较为科学的，较为接近实际的。

《吕氏春秋》总的指导思想是以阴阳五行为中心的"兼儒墨，合名法"，包容百家，其特点是"杂"。本书的这个特点也正是吕不韦本人思想和政治纲领的特点。

这种"杂"的倾向，决定了吕不韦既不拒绝法家，也不反对儒、道、墨家，而是兼容并包，采纳各派的理论主张和思想观点。而这一特

---

① 见《子略》。
② 见《吕氏春秋·序意》高诱注。

点表现在天命观方面，吕不韦既不迷信神鬼，又未能摆脱对命运的恐惧；表现在统一中国的方式上，既采用法家主张的武力进取，又采用儒家的怀柔方式诱敌归顺；表现在统治方法上，既主张严刑峻法，又不弃礼义教化，同时也强调道家的"无为而治"；表现在君主的个人作风方面，既主张君主专权，又反对君主独断，在大权独揽的前提下，拱手无为；在物欲的追求方面，既不提倡禁欲的苦行主义，主"任天性"，满足人自身生理需求，又反对奢侈、纵欲。以上五个方面不仅在《吕氏春秋》中有明确论述，而且吕不韦在一生的活动中也在贯彻实行，视其为吕不韦的思想和政治主张，大体是没有问题的。吕不韦公布《吕氏春秋》，要秦王政接受的，无非是这些内容。

可问题是：秦王政会不会接受呢？

败亡

下篇

且夫嗜欲无穷，则必有贪鄙悖乱之心、淫佚奸诈之事矣。

《吕氏春秋·侈乐》

凡治乱存亡，安危强弱，必有其遇，然后可成，各一则不设。故桀纣虽不肖，其亡，遇汤武也。遇汤武，天也，非桀纣之不肖也。汤武虽贤，其王，遇桀纣也。遇桀纣，天也，非汤武之贤也。

《吕氏春秋·长攻》

一　骊山建冢　甘泉纵欢

欢乐的渭水从中国的西部高原奔流东下，从进入关中平原开始，她似乎就变得忧郁而凝重，不再喧腾，咆哮，而是缓缓地向前滚动，从而把挟来的大量泥沙留在身后。在她经过的关中平原上，由一片片葱郁林莽覆盖下的黄土沃野，一直伸展数百里。在渭河北岸沿一望无际的平原，矗立起一座座秦国王家的离宫别馆，那辉煌瑰丽或精巧别致的凤阁龙楼，令附近耕作的农民和途经此地的旅行者敬畏而又浮想联翩。不过，多少宫闱秽事，也似乎随宫中的柳絮落英传到高大的宫墙以外。飘到民间的宫中艳息绯闻，并没有和春花秋月的时光一起一日日流逝得无影无踪，而如缕缕的轻烟和淡淡的薄雾，在历史长河中留下神秘和诱人的遗迹……

嬴政之谜

历代大人物的面目往往都被时代涂上一层神秘的色彩。居住在深宫中的帝王，在戒备森严的护卫下与世人隔绝，更让普通的人感到难以理解。吕不韦在人生最后的日子里处心积虑加以控制应付的秦王嬴政，就是一个极其神秘的君主，从他的出生，到其所有的作为，都留下一连串难解之谜。即使是精于运筹、善于谋划如吕不韦这样的大投机商，也未能早日识破嬴政之谜，最后终于将其数十年钻营所得的暴利，连同老本——自己的身家性命，一股脑儿输给了这位稀世的君主。

当《吕氏春秋》公布后，那一阵不大不小的冲击波越过宫墙使年轻的嬴政经历了一阵短暂的激动，然后一切又都归于平静，似乎什么事都没发生过。御沟中淌着的仍是散发出脂粉气息的细流；透过梧桐、垂柳的密荫飘到宫外的笙歌管弦之声，依然欢快优雅；巍峨的大殿上照旧是神气活现的吕不韦在发号施令；而坐在饰满珠宝的硕大御座上的还是那个一言不发的秦王嬴政。

清晨，在朝曦尚未代替启明星出现在东方天际之前，咸阳城的章台宫前早已钟鼓齐鸣。伴随着庄严、肃穆的鼓乐声，秦国文武大臣鱼贯来到章台前殿（在今陕西省西安市西北的低堡子附近）。这里是秦国的主要朝宫。每日的早朝，计议军国大事和重大政治活动均在这里进行。照例，相国、"仲父"吕不韦神采飞扬志得意满地坐于嬴政之侧，听取大臣禀奏，发布各种指示。他连看都不看一眼坐在大殿中央的秦王，似乎根本没有这样一位君主存在。

已经二十岁的秦王嬴政与年轻、英俊这些字眼沾不上边。他长得难看而瘦小，坐在那阔大的王位上，听着吕不韦颐指气使地发号施令，显得可怜巴巴。因为自小得过软骨病成了鸡胸，使得他坐在那里像顶着一口大锅。那些踞于殿下的群臣几乎看不到年轻君王的面孔。而他的面孔确实没什么值得可看的，像拧干了的抹布似的脸上，长着一副马鞍鼻，那两只眼球突出像马一样的眼睛，时不时地闪出一道冷冷的青光。偶尔说几句话，嘶哑的声音像狼嚎，令人毛骨悚然①。秦王政的这副"尊"容，绝不会给人留下诸如亲切、和蔼之类的印象。不过在他亲政之前，臣民们被吕不韦的权势所震慑，没有多少人会注意那个坐在宫殿中央却一言不发的秦王。

"请大王定夺。"每次吕不韦处理完朝政之后，都不忘加上这么一句例行公事的话。

"按丞相说的办。"秦王政也只能机械地作如是回应。

于是群臣喧呼谢恩，叩首散朝。这一套程序从秦王政继位到第八个年头天天重演，表面上看来没有丝毫变化。

可是，秦王政毕竟一天天大了，虽然长得不那么英武，但脑袋里的东西肯定一天天多起来。吕不韦正是感到这点，才迫不及待地、大张旗鼓地公布《吕氏春秋》，看看这个不吭不哈的秦王有什么反应。

"请大王定夺。"《吕氏春秋》公布后，吕不韦仍这样说，同时看看坐在殿中央的秦王政。他已经派人给嬴政的案头摆上一部《吕氏春秋》，料他已经看过。吕不韦想知道嬴政看过后在朝廷上有什么变化。

"按丞相说的办。"秦王嬴政还是那句已重复过八年的话，像一只坏了的留声唱片，连声调都没变。

"散朝！"吕不韦冷冷地盯了嬴政一眼，无可奈何地吐出这两个字，转身回府去了。他暗暗地叹了一口气：摸不透这个从小看着长大的嬴政

---

①　见《史记·秦始皇本纪》。

心里想什么，真是个谜！

　　望着远去的相国，嬴政也慢慢地抬起身转回后宫，谁也没有注意到他眼里射出的凶光。虽然表面上一切依旧，但嬴政内心里正经历一次前所未有的剧烈风暴。他的理智和感情正展开一场激战。只是长期以来养成的冷酷性格和极端的冷静，使得他能在必要的时候保持沉默。这大概与他幼年的经历有关系。他一定记得刚刚懂事的时候就被遗弃在邯郸的日子，孤儿寡母过着逃亡的生活，那时虽然母子相依为命，可风流成性的母亲在落难中也不忘寻欢作乐，情人一个跟着一个地更换，最后遇到性能力超强的嫪毐，俩人终于难解难分，哪里还顾得上连父亲都难确定是谁的赵政呢。好不容易盼到回咸阳的日子，随着母亲成为宫中的后妃，嬴政也算是一名王室贵胄了。可是在众多的王子、王孙面前，这母子俩的来历不免常常成为宫中悄悄议论的话题。

　　"不过是个娼妓罢了，什么破货，也来宫中当妃子！"出身秦国贵族门第的妃子嘲讽地说。

　　"瞧那个小东西的丑样子，不知是谁的种，也要当个王子！"众多的王子、王孙鄙夷地谈论着赵政。

　　冷嘲、热讽、排挤、打击，以及歧视的神情、怜悯的目光，像一支支利箭射来。几年来宫中的生活虽也锦衣玉食，但宫内的空气像三九天的严寒包围着嬴政母子二人。做母亲的邯郸姬倒不在乎，反正身边有异人疼爱，左右有吕不韦维护，对后宫嫔妃姬妾的嫉妒很快习以为常，依然自顾自地寻欢作乐，日子也过得快活。唯有可怜的嬴政似乎是被父母遗忘，孤独地忍受着周围的压力。他处在被忽视、被歧视的境遇，不仅生病缺乏及时的医治，以至留下一生难以断根的残疾，而且心灵上受到永远不能疗愈的创伤。所以他常常喜欢一个人独处，不愿见人。渐渐发展到不喜欢看到别人欢乐。他以仇恨的心情审视周围的世界，报复的火种在他心中萌生。到读书识字的年龄，秦国宫内完全按照本国传统向嬴政灌输文化和价值观。在秦宫内重要的传统教材无疑是《商君书》。因为商鞅是使秦国兴盛的奠基人，百余年来秦国奉行的就是商鞅的政策路线。事实证明，商鞅确实使秦国由弱变强。他所说的话哪能不被认真对待，记载商鞅思想、言论的《商君书》哪能不被秦宫奉为圭臬？

　　　成大功者不谋于众。

　　　论至德者不和于俗。

　　这是嬴政读《商君书》一开始就碰到的两句话。这两句话对他影响极深，使得这个本来就心理阴暗、性格孤僻的嬴政，在接受秦国传统文化熏陶后，更加冷漠、残酷，对一切人都不信任，对众人都仇视，唯一追求的就是个人的功利。为了个人目的他可以忍耐旁人无法忍受的压力，甘心坐在王座上当傀儡，眼睁睁地看着吕不韦在身边颐指气使地发号施令。他甚至视而不见地任凭吕不韦、嫪毐之流出入自己母亲的后宫，眼看着他们在母后的床笫间恣意欢乐，让他们鬼混。但是，这种压抑的性格下，潜藏着令吕不韦想都没想到的仇恨：一旦得志他会像豺狼一样吃掉任何一个人的。说他"居约易出人下，得志亦轻食人"①，简直恰当极了。

　　不过，在秦王政八年之前，他必须保持沉默，必须装聋作哑，装得什么也不懂，任吕不韦摆布。尤其是《吕氏春秋》公布后的一段日子里，嬴政似乎什么事都没有发生一样，没说一句评论的话，甚至没有任何表情。令吕不韦捉摸不透。

　　事实上嬴政这些日子紧张极了，下朝以后他匆匆忙忙回到后宫，顾不得和宫女们嬉闹，就伏在案上一支简一支简地阅读《吕氏春秋》。他急于弄清吕不韦这部书里写的什么内容，弄清楚他要干什么。

———————————

①　尉缭语，见《史记·秦始皇本纪》。

　　"当当"，"咚咚"，宫中巡夜的卫士敲着警器已经走过三遍，滴漏刻示标出已是夜半时刻。可是秦王寝殿内还亮着灯光，嬴政从晚饭后一直伏在案上看《吕氏春秋》。他眼睛从简上掠过，脑海里翻江倒海似的掀起波涛。书中所写的内容有的使他拍案赞赏，有的则令他愤怒发指，不知不觉已到深夜。宫女、侍卫们偷偷地看了几次，谁也不敢请他睡觉，他们都纳闷，究竟是什么吸引秦王如此动情。

　　"好！说得好。"忽然听到嬴政大叫，下人忙进来看，谁知嬴政原来是看书入神自言自语，高兴得大叫。他看到的是《有始览·谨听》中的一段文字：

> 今周室既灭，而天子已绝。乱莫大于无天子，无天子则强者胜弱，众者暴寡，以兵相残，不得休息。

　　当时东、西周均被秦所灭，挂名的"天子"确实"已绝"，年轻的秦王嬴政隐然以未来的天子自居，当然欣赏这种重新建立以"天子"为中心的、统一的中央集权的新秩序的言论和主张，所以对于依靠战争实现统一的理论也由衷地赞成。同时，他对于以武力的方式完成统一大业也颇赞赏，比如《孟秋纪·禁塞》中所写的：

> 故取攻伐不可，非攻伐不可；取救守不可，非救守不可；惟义兵为可。兵苟义，攻伐亦可，救守亦可。

　　这里说的"义兵"就是指消灭各诸侯国割据、实现统一的秦军。《吕氏春秋》中还明确提出：战争胜利后要建立统一的政权、统一的法令。《审分览·不二》："必同法令，所以一心也；智者不得巧，愚者不得拙，所以一众也；勇者不得先，惧者不得后，所以一力也。故一则治，异则乱；一则安，异则危。"

　　吕不韦当政期间进行了统一战争，正是《吕氏春秋》中提出的上述主张的具体实践。看到这里，秦王嬴政知道，主张用武力消灭各诸侯国，建立中央集权的统一政府，吕不韦的想法是和自己一致的。

　　从以后的事实表明，秦王嬴政对于消灭割据、武力统一全国的态度和《吕氏春秋》的主张确是相同的。他即位之后，首先处理朝廷和宫中的内乱，一旦内乱处理完毕，就立即全力以赴地进行统一战争。结果，终于在即位后的二十六年，亲政后的十七年，公元前 221 年，结束了数百年割据局面，建立了统一的秦王朝，在中国境内实现了前所未有的空前统一。对于这个成就，秦王政——统一六国后称秦始皇——是颇为得意的。当公元前 221 年（秦始皇二十六年）秦消灭了各诸侯国之后，在庆祝海内统一的朝会上，秦始皇历数了消灭山东六国的经过之后，对群臣说：

　　　　寡人以眇眇之身，兴兵诛暴乱，赖宗庙之灵，六王咸伏其辜，天下大定。①

　　这里，他把消灭山东六国称为"诛暴乱"。接着，秦始皇就令臣"议帝号"，建立统一的制度：统一法令，统一道路，统一文字，统一度量衡，在全国建立统一的官僚体制，统一实行郡县制，等等。这些千秋大业的建立，与《吕氏春秋》中表达的吕不韦的政治纲领是一致的。消灭诸侯国割据，建立中央集权的统一国家，这个目标，如果说自秦孝公在商鞅变法以后就确立了的话，那么在吕不韦时代，就以《吕氏春秋》的系统表达方式见诸文字而公布于世，在秦始皇时代则最后完成。这是一个长达百年的历史任务，吕不韦和秦始皇只是这根链条中的两个环扣，但却是两个极为重要的环扣。吕不韦时代承上启下，尤其是集各家

──────────

　　① 见《史记·秦始皇本纪》。

之学说阐发统一中国和消灭割据的观点及以武力达到统一的合理性，首次为秦国统一提出了系统的理论根据。而秦始皇则以实际行动完成了中国的统一。这两个环扣缺一不可。秦始皇本人也十分明确地认识到，他所进行的统一事业乃是完成包括吕不韦在内的秦国先人的未竟之业。在公元前210年（秦始皇三十七年），秦始皇逝世之前，在概括其一生的《会稽刻石》中就明确地宣布其统一大业是继承前代未竟之事①。

可见，秦王政和吕不韦在统一中国的大政方针方面不谋而合。难怪他看到《吕氏春秋》忘情地拍案叫好。

"说得对！"当他看出《吕氏春秋》这部杂家著作是以阴阳五行学说为中心的时候，禁不住脱口而出，自言自语。这一回宫女们可不再理他了。在《吕氏春秋》中《有始览·应同》篇具体运用五行学说于人世："凡帝王者之将兴也，天必先见祥乎下民。黄帝之时，天先见大螾大蝼。黄帝曰：'土气胜。'土气胜，故其色尚黄，其事则土。及禹之时，天先见草木秋冬不杀。禹曰：'木气胜。'木气胜，故其色尚青，其事则木。……代火者必将水，天且先见水气胜。水气胜，故其色尚黑，其事则水。"秦王政特别崇奉阴阳五行，所以对类似言论大声叫好。从秦统一中国后的事实看，秦始皇虽以法家学说来治国，但其统治国家的思想理论基础则是五行学说：按照金、木、水、火、土的相生、相克原则，水克火，周为火德，则秦就是水德。这是在战国时期就已有阴阳五行家宣传的观点，又被《吕氏春秋》系统化地形成理论。秦始皇统一中国之后，更加有意识地宣扬这种"五行终始说"以证明秦王朝建立的必然、合理性。公元前221年（秦始皇二十六年），秦始皇把"皇帝"的称号加给自己的同时就宣布：秦代周是水德代替火德，这个历史命运早在五百年前就定了。据说，五百年前秦文公出猎时获得一条黑龙，这条黑龙就预示着代表水德的秦人要取得天下。于是，秦统一中国后，一切

① 见《会稽刻石》及《全秦文》。

按五行学说办事，规定河水更名为"德水"，各种颜色中以代表水的黑色为上，衣服、旌旗、节旄都是黑色的，连宫殿中墙壁上画的龙都是黑色的。此外，与水德有关系的数目、声音也以法令形式作为规定：数字以六为尊，因为六代表五行中的水，故而秦王朝时代能凑够数的皆为六：车六尺，乘六马，六尺为步，符、法冠皆六寸，举凡一切与数有关者，皆以六为上。这些事实都说明，秦始皇时代的政治是在五行学说之下运作的。

可见，对于《吕氏春秋》中建立的统治理论，秦王政绝对赞成。他一定十分欣赏这部书中说出了自己想说的一些话，才兴奋得连连喝彩。

不过，在殿外听命侍奉的宫女们注意到，读简的秦王嬴政并非一直处在这种兴奋的情绪中，有时听到他低声自语，似在诅咒着什么。

"哗啦。"突然听到竹简落地的响声，这声音在寂静的深夜显得特别吓人。正在巡逻的宫中卫士也从远处跑来。人们看到秦王嬴政把一堆竹简推到地下，愤怒地走来走去，灯光照着晃动的人影映在窗纱上，像是一头囚禁在笼中的发情野兽。宫娥、侍卫都清楚，在这个时刻最好不用理他。一定是书中的某些言论勾起年轻君王的怒火了。

宫娥、侍卫们猜得不错，秦王嬴政确实是从《吕氏春秋》中引发的怒火。尤其是当他看出这部书不仅鼓吹法家思想，而且提倡儒、法、道、墨各派兼收并蓄的时候。看到在治国为政方面除主张严刑酷法的法治以外，还提倡儒家的"仁义"、实行怀柔政策的言论。看到有关这方面的内容，秦王嬴政一定会联系到吕不韦在对关东六国的兼并时，除使用暴力彻底消灭之外，有时尚用笼络、绥靖手段的做法。他甚至暂时采用"兴灭国，继绝世"的策略，取得某些诸侯的妥协和支持。这种刚柔相济的两手策略，在吕不韦统治时期是最明显的一个特点，却是秦王嬴政不大赞同的。

逐渐成熟起来的秦王嬴政，是不喜欢这种策略的，他不仅继承秦国一贯奉行的尊法传统，而且将法家的严峻、酷烈统治方法推向极端。对法家主张的欣赏和偏爱，首先来自秦人的环境和传统。秦人最早处于黄土高原的陇地，这里气候寒冷，土地贫瘠，生活艰苦，人民性格豪爽。而历来的统治者都是采取重赏、重罚的办法支配人民。因此，秦民养成"重功利轻仁义"的价值观。其次由于秦王政本人的性格。而他这种性格在接触到李斯之后则与之一拍即合。李斯为荀子的学生，但他的思想、主张皆已超出荀子儒家观点的范围，把荀子的性恶论——即认为人性先天是"恶"的——发展成法家以严刑峻法治国的理论。李斯早在吕不韦当政时来秦，后来深得秦王政的器重。秦王政在统一六国的过程中及统一六国以后施行的军事、政治措施，则可以明显地看出和《吕氏春秋》中宣扬的"德""刑"并用、刚柔相济的主张不同；其繁法严刑为亘古所无，以至"赭衣塞路"，"囹圄成市"。在战争中杀人遍野姑且不论，刚刚平定六国后又大兴土木，建六国宫殿，北筑长城，南戍五岭，使数以百万计的劳动力暴尸于边塞及工地。在这十余年中，只有暴力的淫威在肆虐，吕不韦提倡的仁德与刑罚并重的统治方法，已为极端的、单纯的严刑酷法的统治所代替。而日后的这一切表现，早在吕不韦执政时期，就在秦王政的思想上逐渐成熟起来。难怪秦王嬴政气急败坏地将《吕氏春秋》推到地上。

不仅如此，还有令秦王嬴政生气的内容：当他看到《吕氏春秋》阐述用人之道的文字时，恨不得把这些竹片一把火烧掉。在《孟夏纪·用众》中有"物固莫不有长，莫不有短"，善于经商者则以长济短，取长补短方可赢利，为政者当也循此理。善于吸取别人长处以补己短者，才能成功。而善于利用长处以补己之不足者，方能有天下。

　　　　天下无粹白之狐，而有粹白之裘，取之众白也。夫取于众，此三皇五帝之所以大立功名也。凡君之所以立，出乎众也。立已定而舍其众，是得其末而失其本。得其末而失其本，不闻安居。

这里指出，君主欲成大业必须依靠众多比自己高明的臣下，方能"出乎众"。若不用其众，仅相信自己的力量乃是舍本求末，没有不失败的。事实上，这正是吕不韦奉行的。在他当政的数年，其军事、政治的成就都是在其他将军、大臣名下做出的。吕不韦甚至没有直接发号施令。然而，在他执政的十余年中，文武大臣们个个尽心供职，忠于职守。可见吕不韦用人有方，善于发挥众人之长，取集腋成裘之效。不专断而发挥臣下的作用，乃是吕不韦为政作风的一个特点。

秦王政对此则大不以为然。他从来不相信臣下，尤其在统一六国后，他所表现的作风是独断专行，对任何臣僚都不相信，成为真正的孤家寡人。这种作风在统一六国后发展到了顶点，他不仅不相信臣下，而且对左右最亲近的大臣也不放心，他的行动隐秘，不让任何人知道。有一次，秦始皇到梁山宫，从山上见到丞相李斯的车骑甚多，表示不太高兴。随从左右的宦官暗暗通知丞相，令其减损车骑以免引起秦始皇不悦。谁知秦始皇见到丞相减损车骑后反而大怒："谁将我的话泄露出去了？"他追问左右的宦官，当然没人敢承认。于是，秦始皇下令：将当时在场的宦官一律杀掉。从此以后再没有人知道秦始皇的行迹了。一个国君怀疑臣民，以至连左右近臣都不相信，还谈得到信任臣下发挥众长吗？怪不得当时有人说秦始皇"天性刚戾自用，起诸侯，并天下，意得欲从，以为自古莫及己。专任狱吏，狱吏得亲幸。博士虽七十人，特备员弗用，丞相诸大臣皆受成事，倚辨于上。上乐以刑杀为威，天下畏罪持禄，莫敢尽忠"。

这里说他有"博士"却"备员弗用"，"丞相"也只"皆受成事"，唯唯诺诺地"倚辨于上"，所有的人都"莫敢尽忠"。这同吕不韦放手令臣下去做的作风大相径庭。而那些应当由臣下去做的事，秦始皇却喜欢自己干。

"天下之事无大小皆决于上，上至以衡石量书，日夜有呈，不中呈不得休息，贪于权势如此。"①

　　显然，秦始皇喜欢独断专行、事必躬亲、不信任臣下的性格和作风，绝非统一中国之后才出现的。它必定早在吕不韦执政期间，就已逐渐在步入青年时代的秦始皇身上形成了。不过，在没亲政之前，他不得不隐忍着不暴露而已。见到《吕氏春秋》中的说教，秦王嬴政当然怒不可遏，气得他在屋内团团转。

　　金鸡报晓，晨光熹微，东方已露出鱼肚白色。通宵没有合眼的秦王嬴政勉强地看完《吕氏春秋》的最后一支简，强打着精神又去上朝。当他坐在王位上，一面哼哼哈哈地应付着吕不韦和群臣，脑子里却满是刚刚读过的《吕氏春秋》。对书中的观点，他还隐隐约约地感到有一点不满意，那就是对天命和鬼神的看法。在《吕氏春秋》中有墨家的言论，但《墨子》一书中专有《名鬼》一章宣扬鬼神，而《吕氏春秋》中却偏偏很少有相信鬼神作用的言论。相反却常常出现强调人的作用，反对迷信天鬼的言论。例如，《有始览·名类》中说："祸福之所自来，众人以为命，安知其所？"《季春纪·尽数》中说："卜筮祷祠，故疾病愈来。"《不名论·博志》中说："精而熟之，鬼将告之。非鬼告之也，精而熟之也。"这些言论也正是吕不韦实际奉行的，他的一生中没有一次祈求鬼神的活动，也没有听天由命的迹象，始终都在靠自己的力量奋斗。

　　秦王政想到这些内心也万分不悦，他不仅相信阴阳五行学说并力图将其神秘化，而且一贯迷信鬼神、命运。这种倾向到统一六国后愈来愈严重。最为明显的就是为求长生不死之药，多次派人到海中求仙。企图长生已是荒唐，又妄求寻找神仙和妙药更属无稽。难怪一再被骗，而秦始皇终不悔悟。公元前219年（秦始皇二十八年），方士徐福上书，说东海有蓬莱、方丈、瀛洲三座仙山，山上有仙人，可得长生之药。秦始

---

①　见《史记·秦始皇本纪》。

皇立即派徐福率数千童男、童女入海求仙，但徐福一去杳无音信①。公元前215年（秦始皇三十二年），秦始皇又派燕人卢生去求仙人，令韩终、侯公、石生去寻不死之药。不仅一无所获，反而被方士愚弄，先是向秦始皇献图书，后来又说"真人"必须隐秘不为人知，才能得到不死之药。于是，秦始皇自称"真人"，行动隐蔽不让人知"以辟鬼"。但无论怎样求神装鬼，都不可能得到根本不存在的不死之药。结果，秦始皇一怒之下杀掉咒骂他的儒生、方士，造成遗臭万年的"坑儒"惨案。然而，一再被骗的秦始皇，对寻求长生，对鬼神迷信，至死不渝。当他巡行到东海岸，听说海中有天鱼，射中即可找到仙人，竟亲自乘船出海，不惜冒险在风浪中射鱼求仙，见到"亡秦者胡也"的谶语，就相信胡人即匈奴必定是秦王朝的死敌，立即下令伐匈奴。听说周鼎中有一个沉于泗水，他相信找到这个鼎就可永保皇位，就在公元前219年（秦始皇二十八年）东巡至彭城（今江苏省徐州市）时，斋戒祷祠，令千人下水求周鼎，结果毫无所得。更可笑的是，这一年秦始皇南下渡淮，由南郡到湘山时，因船行水中遇大风影响过江。随从说此地有湘山神乃是尧之女、舜之妻。始皇震怒，下令皆伐湘山树赭其山。这种与"神"搏斗的愚蠢行径，后来被某些史学家美化为"不惧鬼神的精神"。实际反映了秦始皇对鬼神的存在是深信不疑的，否则他何必对山和树如此大发雷霆呢？从秦王政一生的活动中可以看出，他一直相信命运、鬼神，因此对于《吕氏春秋》中表现出的不怎么相信命运和鬼神的态度怎么能接受呢？

"散朝！"听到耳边响起吕不韦宣布散朝的声音，秦王嬴政才从沉思中回到现实中来。回到后宫，思绪仍在起伏，他想把看过的《吕氏春秋》在头脑中整理出个条理来。

---

① 有传说是徐福东渡到今日之日本国，见拙著《秦汉史》（上），台北五南出版公司，1992年出版。

"大王请用浆！"宫女们端上新酿的香喷喷的浆，紧接着又有人给他揉肩、捶背。尽管秦王嬴政还很年轻，平时宫娥彩女的这些温存也是必不可少的，但近来却一反常态。他挥挥手赶走了千柔百媚的宫女，独自倚在案旁，甚至连饭都不想吃。他要冷静地想一想。

秦王政知道，《吕氏春秋》虽不是吕不韦自己所写，却无疑表达了吕不韦的看法。待看完《吕氏春秋》之后，秦王嬴政又明白了吕不韦何以赶在自己亲政之前的这一年公布这部书。

秦宫的白昼幽静而显得悠长。早朝归来的秦王嬴政倚案凝思，不觉昏昏欲睡。待一觉醒来，已见一抹夕阳涂在窗口，窗外的天边一角映出金色的晚霞，他方晓得昏睡了一整天，大约是近日连续深夜读书太累的缘故吧。不过，一到夜幕降临之时，秦王政的精神立刻就抖擞起来。这个习惯一直到他的晚年仍然保持着。待吃过膳房送来的晚饭后，秦王政觉得脑子里已逐渐勾画出他与吕不韦之间的异同。这种感觉早在几年前就朦胧地萌生，只是并不清晰。全部看过《吕氏春秋》之后，经过冷静思索，他才得出明确的概念。

"乱莫大于无天子。"秦王嬴政踱着方步轻声自语，他习惯于独自沉思，从来不愿与别人讨论自己心中的问题。"要有统一天下的天子，这个看法对！"

"用义兵取得天下。"他自己将这个问题提出来，又自己回答，"说得也不错！我秦军伐各国就是义兵。未来的天子就是我。"

"阴阳五行主宰着万事万物。"他又想到《吕氏春秋》中浓厚的阴阳五行色彩，"说得很透彻，不愧是一些文人。"

想到这里秦王政舒心地一笑，他感到在这些根本问题上和吕不韦想到一块儿去了。

不过，笑容在秦王嬴政脸上没停留多久就消失得无影无踪。他那一副阴森的"尊容"像被蛇咬了一口似的，扭曲得令人不寒而栗。小心翼翼地站在门外的宫女和宦官们又听到熟悉的低沉的诅咒声。

"什么仁义！什么德政，一派胡言！"他自己嘟囔的话，显然是不满意《吕氏春秋》的内容。

"不相信神鬼、命运？"一个接一个的问题都要在他自己已经成熟的理性天平上衡量一遍，这是秦王嬴政在清理《吕氏春秋》留下的一大堆观念，也在审视本人与吕不韦的分歧："胡说，妄论！"

"君主要无为？要放权给臣下？"清理到这个观念时，秦王嬴政情不自禁地大声喊了出来，他愤怒得控制不住自己，再一次抓起竹简摔到地上。

至此，秦王嬴政终于弄清了，他与吕不韦在统一天下的大目标方面虽没有分歧，可是在统治这个未来帝国的策略、手段方面，以及个人作风方面，都和吕不韦完全不同。又想到吕不韦这么多年独揽秦国大权，使自己居于傀儡地位，以及他和自己母亲的种种丑行，嬴政不由得怒火中烧："不共戴天！""势不两立！"这就是秦王嬴政经过思考后得出的最后结论。

不过，秦王嬴政也十分清楚，现在尚不是和吕不韦摊牌的时候，因为他还没有亲政，秦国的大权还操控在吕不韦手中。还需要不动声色地忍耐，仍需表现得似乎是无所作为的样子，对吕不韦处理政务不加干预，听其摆布。

谜一样的秦王政，难解的秦王之谜！千百年来有多少人面对这些谜而兴叹。但是对吕不韦来说最重要的谜大约就是此刻秦王在想什么。吕不韦一生最大的失误恐怕就是没有解开这一造成吕氏悲剧的千古之谜。

吕不韦对秦王政即将亲政虽有一定戒备和种种安排，但对这个已经成熟起来的年轻君主究竟想些什么，大概一无所知。这样，在秦王政和吕不韦两人间埋伏的冲突中，一个在明处被人看得清清楚楚，一个在暗处使对方无从防备。这种形势就决定了这场悲剧的最后结局。

不过，一直到公元前238年（秦王政九年）之前，秦国内外大政均由吕不韦主持，在这一阶段的历史上，似乎没有秦王政的存在，所发生的重大事件，大都与秦王政无关。这期间他二人有直接关系的只有一件事，那就是秦始皇陵的修建。

秦陵悲歌

从咸阳向东，经过垂柳依依的潮河，眼前就展开一幅恬静而广阔的田园画卷。这里，雄踞于北面的骊山，像一匹黑色的骏马，驻足于秦国国都的阙右。极目登临，漫山遍野郁郁葱葱，青松亭亭，芳草萋萋。那山脚下的温泉，千百年来急急匆匆地冒着热气，从地下涌出，又缓缓地向远方流去。是谁在这里谱下这首令人心醉的和谐、宁馨无声的协奏曲，让人们在动的、静的、五颜六色的、千姿百态的大自然的组合中，尽情地、无偿地领略美的境界。

俯瞰着三秦大地的骊山，她的绰约风姿曾诱发过多少人的神往！而在她苍翠的胸膛上，却留下一连串悲怆的痕迹。早在公元前 8 世纪的周代末，昏庸暴虐的周幽王为了博取他心爱的宠妃褒姒一笑，竟在和平的日子里点燃了骊山顶上报警的烽火。一时狼烟滚滚，遮天蔽日，各地领兵诸侯见烽火台上的信号，以为发生战事，纷纷率军前来救驾。当各路大军从四面八方聚会至骊山脚下的时候，气喘吁吁的诸侯们才发现：原来是幽王同他们开了一个玩笑。而那位平时不轻易笑的冷美人褒姒，见诸侯们匆匆赶来的狼狈相，竟难得地开心大笑起来。幽王博得了宠妃的欢心，但却失掉了所有诸侯的信任。后来，西方的犬戎果真向周朝首都镐京（今陕西省西安市境内）进攻，危急中幽王又燃起骊山的烽火。可是幽王的威信早已扫地，这一次没有一个诸侯来救。结果，犬戎攻进西周首都，周王被迫逃向关东。建国二百多年的西周王朝就此灭亡。

幽王的悲剧落幕五百余年后，骊山顶上的烽火早被山下的袅袅炊烟代替。这时，一场更大的悲剧又拉开序幕。

　　序幕开始的时间是秦王政刚登基的公元前 247 年。上场的是相国吕不韦。

　　有一天朝会散后，文武官员纷纷退出王宫。吕不韦特宣召主管秦国宫室、陵墓工程的左、右司空二人上殿①。

　　"新王登基，建陵之事你们如何安排？"吕不韦在上发问。依照传统惯例，每个国王刚即位时都要亲自筹划修建陵墓，秦王政才十三岁，自然就由丞相代办了。"启奏相国，陵址尚需议定。"左司空先提出一个需要解决的问题。

　　"你们的意向如何？"吕不韦知道左、右司空早有成竹在胸，让他们先说。

　　"秦国先公先王，自孝公以前都葬在故都雍地，此所谓'西陵'。孝公葬于栎阳。惠文王'公陵'悼武王'永陵'则在咸阳西侧北原。昭襄王与唐太后合葬'芷陵'。孝文王'寿陵'庄襄王'阳陵'均在咸阳东、骊山西麓芷阳地带，此所谓'东陵'。"左、右司空一口气历数秦国先公、先王陵墓地址，供吕不韦定夺，"依臣等参酌祖宗旧制，观察、测定阴阳风水，新王陵址若确定在'东陵'之东、骊山北麓，则既合礼制，又占地脉之利。"

　　"好！那就选定东陵东端，骊山北麓！择良日就破土动工吧！"吕不韦说，"不过，秦国自先王惠文、武、昭、庄襄各王所建陵墓，皆大其丘坊，多其殉葬宝藏。甚不足为训。"

　　"是！"左、右司空从《吕氏春秋》中就知道吕不韦主张薄葬，对秦国厚葬之风不以为然，连连称是。

　　"世人埋葬死者时，把坟墓建得极高，墓上栽的树多得像森林，还在陵墓旁修建寝殿、宫室甚至城邑，大兴土木，我看用这种方法夸富是

---

　　① 见《秦陵工程督建考》，《秦始皇陵兵马俑博物馆论文选》，西北大学出版社 1989 年出版。

可以的，以此送葬则大可不必。"

吕不韦说得兴起，滔滔不绝，口若悬河地发挥一通"节丧"的主张。见左、右司空连连称"是"，他更加起劲地接着说："人活在世上没有不死的，而死后视生前这段短短的时间，即使活一万年也像是一眨眼的工夫。可是寿长者不过百岁，一般的不过活六十岁。以百八十年活的工夫为无穷尽的死后之事考虑，怎么能想得尽善尽美呢？"吕不韦将"生""死"的问题突然提到哲学的高度。这些本是写入《吕氏春秋》中《节丧》和《安死》篇的话，不知是执笔者根据吕不韦的口述写出的，还是吕不韦从书上学来的，反正说得有道理，反映了古人对生、死和丧葬有一整套看法。他又接着说："凡生于天地间的动物，都必有一死！"

这个看法显然与秦王嬴政不同。秦王嬴政后来统一中国的目的达到，接着就追求长生不死。在这一点上他确实比吕不韦愚蠢多了。"父子之情这是天性，若人死后就弃之沟壑，也是人情所不忍，故有葬死之举，所谓'葬'就是'藏'，把尸体藏起来，不要被抛尸荒野就行了。作为活着的人，儿子埋葬老人也好，老子埋葬夭折的后代也好，最重要的就是关注死者的尸体埋藏好，不要被从土里发掘出来，不要被人或者动物乱拉乱动。这就叫作'重闭'。"

"臣下明白！"左、右司空口头答应着，至于心里如何想，只有他们自己知道。

"古时死人埋葬于广野深山就觉得心安了！"吕不韦听到左、右司空同意他的看法更来劲了，又拉出"古人"来攻击，其实他说的"古人"也许就指秦国的先王、先公，因为这些王、公都是厚葬主义者。"埋在深山里，葬在高陵上，避开狐狸骚扰，免得水泉潮湿。这都是好办法。可是，何必要把墓修得那样豪华？棺椁内又何须放那么多珠宝？这样做只能是生者为炫耀富贵，而不是替死者打算。他们就没想到把那么多财宝埋在墓里会招来盗贼吗？他们就没想到这样奢侈办丧事对死者毫无益处，反而给尸体带来麻烦吗？"

吕不韦对厚葬的气愤，使得他激动之情溢于言表，大概在胸中积郁已久的看法，已经到了不吐不快的地步："利、财这些东西对百姓来说诱惑力是相当大的。为财、利，有的人宁可冒杀头、流血危险，至于那些没有教养的野人，为夺财、利，更不顾亲戚、兄弟的情义。现在有机会让他们发大财，吃好的穿好的还能给子孙留下用不完的财产，而又没有任何危险，谁会不干呢？那些把财宝埋在墓里，把陵墓建造得像宫殿一样的人，实际上是吸引盗贼来盗墓。虽然法令严禁掘坟盗墓，然而既有那么多的财宝诱惑，哪能制止这种无本万利的营生呢？何况死者埋在地下愈久，活着的人的关系愈来愈疏远，对死尸的关心程度愈来愈浅。结果，埋在地下的金银财宝，珍玉玩好，羽旄旌旗，黼黻文章，还不知落到谁的手里呢？所以，我认为这些好东西奉养生者是可以的，送给死者无益而有害。"

吕不韦的见解实际是墨家的主张，不过他说得比《墨子》中的议论具体，似有所指而发，大约他批判的对象是秦国的王公贵族，但作为外来人而身居丞相之位，又不便直斥秦国先辈，故而有意泛泛而谈。这样，他的话就不免海阔天空，反复复述："现在如果有人在墓上立一石碑，碑上刻着：'此碑下埋有财宝甚多，不可不掘。掘出来的人一定大富，世世代代享用不尽。'人们必定笑这个立碑的是个'二百五'、大傻瓜。可是，世界上厚葬的人却正是这样的'二百五'、大傻瓜。从古至今，没有不亡之国，而亡国之贵族、王室的大墓没有不被掘开的，就是那些打过败仗墓地被敌国占领过的国家，诸如齐、楚、燕、宋、中山、魏、韩、赵等都打过败仗，此前还有更多的国家或亡或败，而这些国家的大墓没有一个不被掘开过。都知道这些事实，还争相建造豪华大墓，岂不悲哉。"吕不韦提到一些诸侯国战败后国君或贵族陵墓被掘的事实，意在引起秦国贵族和国君重视，不要蹈其覆辙。不料，这些浅显的道理竟不能被秦王嬴政所接受。不知坐在吕不韦身旁的嬴政当时是如何想的，但后来的历史证明他对吕不韦的这套主张十分反感，更不屑于接受他所提出的教训。见到秦王嬴政毫无反应，吕不韦不厌其烦地又接着说：

"耗费巨资修建陵墓，只给死者招致祸患，故忠臣、孝子都主张俭朴办丧事，古代名君尧葬于谷林，仅种一棵树作为标记而已；舜葬于纪市，也不随便移动原来的市肆；禹葬于会稽，更不扰乱当地百姓的正常生活。他们如此俭朴节葬，并非吝啬，而是节省财力，实实在在地替死者办事啊！"直接举出尧、舜、禹这几位古代国君为例，几乎是对着秦王嬴政耳提面命。吕不韦啰唆半天，意犹未尽，最后又总结性地说："死去的先王如果有知，必以坟墓被掘为最大耻辱。而要保持先王陵墓不被掘发，则唯有俭、合、同。俭是说俭朴，合、同就是因地制宜，葬在山林就借山林地势，葬在平地就按平地形势埋葬，不必大动土木。这才叫爱惜民力，只有爱惜民力的人，才有人保护。不知爱惜民力，耗资费力兴建豪华陵墓的，往往没有好结果。请想一想宋未亡而宋文公的冢就被人掘了，齐未亡而齐庄公的坟也被掘开的事实。这还是在国未亡之时发生的，何况百年之后国已亡时呢？"①

吕不韦最后几句话似是对秦国的预言。可是嬴政既没有重视《吕氏春秋》中有关节葬、俭丧的倡议，也没有对吕不韦的耳提面命做出丝毫反应。

"相国所见极是，臣下必照办无误。"左、右司空遵命回衙，立即筹办修陵事宜，不日就破土动工。

按照吕不韦的要求，秦王政的陵墓应当俭朴无华，至少要低于其父王庄襄王及先祖昭王、和孝文王的陵丘。事实上，吕不韦执政的数年间，秦王陵的修建确实也是按照这个意图以低标准的规格进行的。这时，朝廷不过动用有数的劳动力，在骊山北侧清理出一片不大的陵园，

---

① 　见《吕氏春秋·节丧》及《吕氏春秋·安死》。

选择吉利的地形开始掘出墓坑而已。按吕不韦的设计意图，建成的秦王陵其高大、豪华程度绝不会超过秦东陵的任何一陵。

然而，今天人们所知道的秦始皇陵的规模，和吕不韦最初的意图相距何止十万八千里！其高大、豪华程度，不仅远远超过秦东陵的任何一陵，而且超过秦国历史上所有先公、先王的陵墓，在中国历代帝王陵中也是绝无仅有的。秦始皇陵的修建创造了一批震惊世界的奇迹，那这一切又是怎么发生的呢？秦陵这一世界奇迹的产生与吕不韦的悲剧有直接关系。

现在，让我们暂时将目光从两千年前移到今天，投向陕西临潼东约五公里的地方。映入视野的是骊山与渭河之间的广阔田野，在一片麦田中可见到郁郁葱葱的矮树和长满树丛的土丘，若细心观察，在田野、草丛中可以不断发现秦代的残砖碎瓦，这里就是秦始皇陵园区。

秦始皇陵园区的范围，包括三个主要部分：陵墓、城垣及陪葬坑。这三个部分都蕴藏着令人神往的内容和说不清的被时间长河湮灭了的动人故事。

陵墓分为地上和地下两部分。地面以上有高达76米的封土，像一座小山与南面的骊山遥遥相映。如此大的坟丘，在中国历史上是独一无二的。本来，人的死亡无非是一种物质转化形式，对死人如何处理完全取决于生人的观念。在原始社会初期，人死后就随便掩埋了事，没有任何神秘和繁杂的礼仪。埋死人的"墓"字在古文字中，其意义与"没"字相同，埋在地下就没有了。后来，人们产生了灵魂观念，认为人死以后灵魂到另外的世界去，于是对死人的埋葬才开始复杂化。为祭祀死者，需要在墓地建立标志，最初是种上一棵树，后来就除种树外又堆上土成为"坟"。中国古代夏、商的帝王墓上还没有封土的痕迹，大约自周代开始，在君主和贵族的墓上才有封土坟头出现。它的做法是在墓坑上面，用层层黄土夯筑，使之成为上小下大的方锥体。因它的上部是方形平顶，好像被截去顶部，故名之曰"方上"。自有封土坟头的制度以后，其"方上"的大小都按官爵等级高低建造。春秋战国时期，各诸侯国国君竞相称霸，坟头也因而趋向高大发展，大到犹如山丘。秦国君王的陵墓则从春秋到战国初年尚没有封土，到秦献公以后墓上才有封土，而秦始皇陵的"方上"，乃是迄今为止国君、帝王坟中最大的一个。原封土的底部南北长 515 米，东西宽 485 米，总面积 249775 平方米。经两千年风雨侵蚀，现仍存封土高 76 米，东西长 345 米，南北宽 350 米，面积尚有约 12 万平方米①。站在始皇陵封土堆上极目四望，向东伸展出一片平畴，左靠渭水，右依骊山，东方原野尽收眼底，想象当年秦王在关中俯视关东，挥师挺进如驱猛虎而入羊群，其气魄何等豪壮！从封土堆走下来，一路缓坡，"方上"似渐高大，站在远处向南瞭望，墓上雄伟矗立的封土竟与远方的骊山一争高下，其气势不禁令人惊叹，难怪以"山陵"的"陵"字称这里为"秦始皇陵"。遥想当年在平地上用一担担土造成的这个山陵，不知多少人为此献出了他们的汗水、精力和生命！

然而，最"精彩"的部分还在地面以下。

秦始皇陵的地下部分，因至今尚未经过考古发掘，所以仍然是个谜。根据有关记载和勘探资料可知，在封土的正下方埋藏着一座豪华的地下宫殿。地宫的宫墙如咸阳城内的宫墙一样巍峨，宫墙南北长 460 米，东西宽 392 米，墙体高和厚各 4 米，其顶部距地表深约2.4~7 米，面积有 180320 平方米。四门都有斜坡形通道，东面有通道五个，其他三面各有一个，金碧辉煌的宫殿也如咸阳城内的宫殿布局修建，其中珍藏着无数的财宝，以及供君主享用之物。又用水银制成百川、江河、大海在地宫中流动，又模拟天象制成日、月、星、辰在地宫里旋转。在墓道和棺椁周围又布置了弩矢机关，死者嬴政（秦始皇）就安放在特制的铜棺中。地宫内还常年点烧不灭的人鱼膏烛，千年不熄，照耀如同白

---

① 见《秦始皇陵调查简报》，《考古》1962 年第 8 期。

昼。但这一座富丽堂皇的地下宫殿究竟是何景象，至今仍停留在人们的想象之中，甚至地宫的面向、墓道的走向等基本问题，也仅依推测而已。这座神秘的地宫留给人们无限遐想，也透露出当年吕不韦和秦王嬴政之间的分歧。

秦始皇陵的封土四周，追寻残瓦碎砖和夯土遗迹，可以勾画出陵园地面上的城垣规模。这座仿照咸阳城形式建造的城垣，分内、外两重，内城垣占地达 785900 平方米；外城垣占地 2035100 平方米，平面布局呈"回"字形。内外城垣的四面辟门，门上有华丽的阙形建筑，内城的四角还筑有对称的角楼。进入内城，从遗迹中可以看出分为南、北大体相等的两区，北区又以城墙隔成东、西两部分。内城南区主要是陵墓上的封土。封土北侧有一大型建筑遗址，这里原来一定是一座庄严、肃穆的寝殿，是用以祭祀墓主的礼堂。在秦始皇陵以前的君主陵上都没有寝殿，祭祀墓主的寝殿在另外的地方。秦始皇陵上第一次出现了寝殿，从此就成为制度，故而帝王"陵墓"又称"陵寝"。封土西侧、南侧和西北角布满了陪葬坑。内城北区的西部也为密集的建筑遗址占据，当年这里是陵园的便殿，那黑墙灰瓦和飞檐斗拱与寝殿陪衬，更显得和谐、完整。在内、外城垣之间的东、西、南、北四个区中，除各种陪葬坑外，在西区的三分之二空间里，还有寺园吏舍的遗址。当陵墓被毁之前，这里住着管理陵墓的官吏、士卒，他们年复一年地守在这陵墓之旁，看着草生叶落，度过他们的一生。

在城垣内外，有数不尽的陪葬坑，构成秦始皇陵不可忽略的一部分。除了内城的府藏坑，内外城之间的马厩坑、珍禽异兽坑及各种殉葬坑外，已经发现的震惊世界的陪葬坑，有兵马俑坑和铜车马坑。

1974 年 3 月，有几位农民在距秦始皇陵东侧1.5公里处打井时，偶然发现几片陶俑的碎片。聪明的中国农民立刻意识到地下一定埋有重要的文物。于是，他们立刻向文物部门报告。经过考古工作者发掘，结果掘出了世界第八大奇迹——雄武、壮观的秦始皇陵兵马俑群。以军阵形式排列的兵马俑群共有三个坑。一号坑长 230 米，宽 62 米，面积为 14260 平方米，共有陶俑、陶车马 6000 余件，战车 40 余乘。二号坑位于一号坑的东端北侧，平面呈曲尺形，东西长 124 米，南北宽 98 米，约有战车 80 乘，驾车的陶马 356 匹，陶质鞍马 116 匹，各类武士俑 900 余件。三号坑位于一号坑的西端北侧，平面呈凹字形，东西长 17.6 米，南北宽 21.4 米。坑内计有战车一乘，陶马 4 匹，各类武士俑 68 件。三个俑坑总共约有陶俑、陶马 7000 余件、战车 100 余乘。这些兵马陶俑和战车，都按古代军阵组成面向东方。一号坑是长方形军阵，军阵四周配置有前锋、后卫及两侧的翼卫，以战车、步兵相间；二号坑是以战车、骑兵、弩兵及车徒结合的四个小方阵组成的曲尺形军阵；三号坑内的武士俑按夹道的环卫队形排列，象征着古代的军幕，即指挥部。古代军队的编列多为三军，一号坑象征着右军；二号坑的军阵为左军；三号坑是指挥部，从而构成一个完整的军阵编列体系。

站在秦始皇陵兵马俑坑旁，犹如置身于秦国的千军万马的军阵之中，从这里向西望去，秦始皇陵的高冢就在眼前。从这个位置判断，兵马俑军阵正是象征着守卫京城的宿卫军。从恢宏的气势和一个个高大的武士俑冷峻的神情中，可以想象到当年秦国军队横扫六合的威风。兵马俑的出土，被誉为世界第八奇迹，确是当之无愧的。然而，这仅仅是秦始皇陵园外的一个陪葬坑而已。

1978 年在秦始皇陵封土西侧 20 米处又探出另一个陪葬坑。

1980 年在这里试掘出了另一震惊世界的文物——铜车马。这个陪葬坑平面呈巾字形，长、宽各为 55 米，面积为 3025 平方米，出土的铜车马共两乘，大小相当于真车的二分之一，均系以铜制成。车轮均为双轮，单辕，前驾四铜马，车上各有铜御官俑 1 件，车马鞍具齐全，与真实车马无异。一号车上立有一柄铜伞，并有铜弩、铜矢、矢匣、铜盾。铜御官俑立于车上双手紧握马辔控驭马车。二号铜车分为前后两室，周围立有厢板，上有一椭圆形的篷盖，车后有门，两侧有窗。铜御官俑跪坐于前室内双手紧握马辔控驭马车，铜马通体彩绘，以大量的金银为饰，装饰得华贵富丽，是秦始皇车马仪仗的象征。铜车马的结构复杂，制作工艺很高，是世界文明史上的一颗瑰宝。而这也仅仅是秦始皇陵陪葬品中的一两件而已。

那么，整个秦始皇陵中还有多少奇迹和瑰宝，至今仍难以断定，而建造秦始皇陵这一伟大历史奇迹，共动用了多少人力、物力和财力，也只能粗略地计算。根据已发掘的秦国先公大墓资料推算，仅陵墓的土方工程量约29976000立方米，全部工程总土方量为36030070立方米，用工数为207035480个工日。秦王朝统一中国后大约有两千万的人口，如以五口之家计，全国不过有青壮劳力四百万，仅土方工程一项用工，则平均每个劳动力只负担修陵一种徭役就需四十余天，这还不算其他方面的徭役。

这么多的劳动力用于修陵，其场面一定异常壮观，在方圆数十里的范围内，成千上万的人或在烈日炎炎下或在寒风凛冽中挥舞工具抬石、挖土、烧砖、制器，成年累月地劳动。不知多少汗水、鲜血和生命才造成了这个伟大工程！距陵墓西南1600米的赵背户村西，曾发掘出两处墓地，一处仅长50米、宽12米的墓穴中，白骨杂乱，互相叠压，无法数清其中究竟埋下多少死人。另一处南北长180米，东西宽45米，总面积8100平方米的墓地中，竟有墓穴114座，其中小墓穴中埋有尸骨二至三具，大墓穴中埋有尸骨十余具。这些都是为建始皇陵而把生命丢在此地的刑徒。而像这样的刑徒墓穴共有多少，至今也无法弄清。

秦始皇陵是用数十万人的白骨垒起来的。那些被迫来为秦始皇修陵的民工，鹑衣百结，忍饥挨饿，背负重压如牛马一样拼死拼活、没日没夜地出力苦干，他们恨从心头起，泪往肚里流，只有无可奈何地唱着悲歌：

运石甘泉口，渭水不敢流，千人唱，万人讴，金陵余石大如斗。①

有的人怒斥秦始皇夺去他们衣食，诅咒这个暴君不得好死：

秦始皇，夺俺粮，开吾户，据吾床，饮吾酒，喝吾浆，食吾饭，以为粮，张吾弓，射东墙，前至沙丘当灭亡。②

秦始皇大兴陵墓，是在秦统一中国的公元前221年（秦始皇二十六年）之后。当时征发的徭役，除筑陵外，尚有修长城、戍五岭、修驰道、建阿房宫，等等。这些徭役加起来几乎使百姓喘不过气，人们不堪苦役，悲观绝望，悲愤地喊出："生男慎勿举，生女哺用脯，不见长城下，尸骸相支柱。"③ 他们被残酷的劳役吓得连儿女都不敢养，宁可饿死自己的儿女，也不愿让他们长大后给秦始皇服劳役了。在这些名目繁多的劳役中，修始皇陵是重要的项目。史载仅这一项就用工七十万人。秦始皇陵所留下来的"奇迹"，都是这数十万人的血汗、智慧和生命积累起来的。

如果用吕不韦薄葬、俭丧的主张，与秦始皇陵铺张、豪华的奇迹对照，就可看出两者反差何其巨大。当公元前246年（秦王政元年）吕不韦主持建秦王陵时，确是按照他的薄葬主张动工的。但是，这种薄葬的方针在建陵过程中，持续到秦王政十年就因吕不韦罢相而中止。从此以后，建陵就按嬴政的旨意进行。秦王嬴政对生死、鬼神和丧葬的看法，恰与吕不韦相反。好大喜功，贪大务多，铺张奢侈是嬴政的作风，这种作风也反映到陵墓修建上面，特别是公元前221年秦统一六国之后，秦

① 见《三秦记》。
② 见《太平御览》卷86。
③ 见《古谣谚》。

王嬴政成了秦始皇，这种作风更进一步发展。大肆动用人力、物力、财力修建始皇陵，就在公元前221年之后，这时，他可以征发全国的劳动人民来关中修陵。在已掘出的始皇陵旁陪葬坑中，就发现大量的从关东地区征发来的刑徒遗骨。元代张养浩有一首《山坡羊》小曲，唱出了为秦服劳役的辛酸："峰峦如聚，波涛如怒，山河表里潼关路。望西都，意踌躇。伤心秦汉经行处，宫阙万间都做了土。兴，百姓苦；亡，百姓苦。"始皇陵大规模修建，从公元前221年（秦始皇二十六年）直至秦始皇死时的公元前210年尚未结束。在秦始皇死后，其陵墓又由二世和子婴继续修建，直到公元前206年，反秦大起义的队伍在刘邦和项羽统率下，打进关中，秦始皇陵的修建才被迫中止。如此长时间的大规模修陵，秦始皇陵焉能不成为奇迹！

但秦陵这一奇迹的遭遇，却被吕不韦不幸而言中。就在公元前210年（秦始皇三十七年）嬴政死后，不到三年的时间，当秦陵尚未最后完工时，反秦大起义的队伍就杀进咸阳。公元前206年，秦王子婴投降刘邦，秦朝灭亡。接着项羽率兵入关，到咸阳后，一把大火烧光了秦国的宫殿，三十天的大火也焚烧了始皇陵上的建筑，他又挖开陵下的地宫，将能攫走的财物抢掠而去，不能掠走的放火烧掉。项羽走后，又有牧童因找亡羊，手持火把进入秦陵地宫，又放起一把火，熊熊火焰在秦陵下九十日不灭。结果，恰如吕不韦预言的那样，耗资费力、历经数十年修建陵墓，尚未最后竣工，就化为灰烬。留下的遗迹成为后人凭吊、伤感，发思古之幽情的对象。历代文人骚客来到始皇陵前都不由得发出世事沧桑的叹息，其中唐代诗人王维咏叹得最为凝练：

　　《过始皇墓》
　　古墓成苍岭，幽宫象紫台。
　　星辰七曜隔，河汉九泉开。
　　有海人宁渡，无春雁不回。

更闻松韵切，疑是大夫哀。

无论如何叹息，都无法改变秦始皇陵被焚毁的事实。后来有人提出，项羽和牧童所焚乃是地宫上层及地表建筑，埋葬始皇尸体的地宫仍未被打开，一直保存完好，因此寄希望今后考古发掘有意外的收获。即使果真如此，也不妨碍吕不韦预言的正确性，如果当年按照吕不韦的一贯薄葬俭丧的主张修建始皇陵，即使秦亡后，始皇陵也不至于屡屡遭焚，不断被掘，直至今日仍是世人觑觊的对象。

如果秦王嬴政像其父异人一样，把秦国大政始终交吕不韦控制，如果秦始皇陵一直在吕不韦督建下完成，秦陵的命运绝不至如此，今天见到的秦始皇陵也绝不是这个样子。当然，现代中国也一定因此而少了一个足以向世界炫耀的"奇迹"。

但历史像蜿蜒的长河，不知在什么地方就突然转了大弯。炙手可热、如日中天的吕不韦，却在顷刻之间失掉一切，由实际的太上皇变成阶下囚。秦陵的命运转折，正是从吕不韦悲剧开启的那时开始的。"冰冻三尺，非一日之寒。"吕不韦的悲剧早在他大权在握时就已萌生。吕不韦苦心经营数十年，当他达到权力和财富的顶峰时，就"物极必反"，开始从顶峰跌入谷底。风起于青蘋之末，吕不韦的一切祸患皆从女色而起。让我们看看秦国污秽的后宫吧！

深宫秽闻

甘泉宫坐落在渭河以南，又称南宫①。在秦国众多的宫殿中这里显得突出的华丽。那宫墙内高大的殿堂，绣栭云楣、镂槛文楹、嘉木树

---

①　见《三辅黄图》。

庭、芳草如茵自不待言。就是那殿内的装饰、摆设亦与一般后宫不同。不论是几、案、帷、帐，还是珠、玉、炉、鼎，都显得精细、富丽、华贵、纤缛。壁上、楹桷裛衣以藻绣，文以朱绿，案上罗列的珊瑚琳碧，瑶珉璘彬，明月随珠，光耀如烛，翡翠火齐，络以美玉。显示出居住在这座宫里的绝非一般的后妃。原来这里住的是秦王政的生母，生性风流的太后。

太后（邯郸姬）自赵归来后，就住在甘泉宫里。随着吕不韦投机事业的成功和秦国政局的变化，她的身份也由邯郸姬而逐次变为异人妻、王太子妃、秦王后。到秦王政即位之后，她已成为秦国的王太后了。尽管身份变化，但太后淫荡成性的作风却没有丝毫改变。而且随着年岁的增长、地位的提高，这个徐娘半老却风韵犹存的太后，欲火愈来愈旺。吕不韦是她的老情人，自回到咸阳后，俩人重温旧梦，如鱼得水。在庄襄王时期，吕不韦为相，大权在握，公然出入后宫，国王异人视而不见，从不加干涉。庄襄王死后，秦王嬴政即位时尚不懂事，太后垂帘听政，吕不韦更以"仲父"身份，直接在朝廷上发号施令，每当处理完朝政，吕不韦就径直奔向甘泉宫，俩人在宫中纵欲，太后的寝宫成了吕不韦的卧室。恣意淫乐肆无忌惮。幽会、偷情变成公开的宣淫、做爱。举凡宫闱内种种丑行、秽事无不一一上演。

正如大多数贵族妇女一样，太后的欲火是老而弥烈，对性的要求一年年有增无减，每天散朝声传入后宫，她就急切地盼着吕不韦的到来，俩人厮混由日中到夕阳西下，直至第二日早朝，才恋恋不舍地放吕不韦出宫上朝，日日如此。而在吕不韦这方面，对太后的热情则逐渐降低，有时散朝后，吕不韦故意不去甘泉宫，却回丞相府。后来，去见太后的时间愈来愈少，以至几个月也不见她一面。他由开始冷淡而至有意躲避风骚太后的纠缠。

吕不韦疏远太后，固然有其生理方面的原因：自己年纪渐长且太后色衰。但根本原因还在于他思想上起了变化。

随着秦王嬴政一年年长大，原来不懂事的孩子，已逐渐成长为沉默寡言的年轻君王。虽然秦王嬴政在二十二岁亲政之前，对于吕不韦似乎言听计从，对吕不韦的发号施令从来没提出过异议。可是吕不韦深知，自己和太后的肮脏关系，在宫中，甚至在国内外都已半公开化。丑闻已传遍天下，只是瞒着幼稚的秦王而已。一旦秦王政知道他的生母与自己的关系，后果如何，实在很难设想。看到这位不吭不哈的嬴政，谁知道他心里想些什么？还不如小心为妙。更何况太后已人老珠黄，早已没有了昔日在邯郸时的娇艳和妖冶，失去了对吕不韦的吸引力！

吕不韦要从与太后的肮脏关系中摆脱出来，还有更深层的原因，那就是作为一个政治家，他的思想境界，远超过昔日作为富商阔少的吕不韦了。声色的享受固然是不可少的，但权势的追求和政治上的贪欲则绝对压倒生理上的需要。他自占据丞相要位之后，不能不把保持和扩大自己的权势、地位以及治理秦国政务置于首位，而要应付秦国内外的政治、军事、经济、文化等头绪纷繁的要务和宫廷内外钩心斗角的政争，又不得不迫使自己学习和吸收一切有益的知识，以弥补自己的不足。吕不韦善于学习，从他招揽宾客及编纂《吕氏春秋》的创举中，就可得到证明。而《吕氏春秋》的编写，无疑也给吕不韦以理论和知识营养。所以，至少在他执政的最后几年，其思想境界远不是一个纨绔子弟的水平了。

此时，吕不韦对于男女和淫乐之事也有了一定的正确认识。

他认为人有贪有欲是无可厚非的，无论是"圣人"还是凡人，贵贱、智愚、贤或不肖都有耳、目、口之欲，喜听悦耳的"五声"，喜看悦目的"五色"，喜吃可口的"五味"。这是人之常情，有欲就有情。所以喜欢美色，愉悦男女之情是人的本性。吕不韦不是道貌岸然的禁欲主义者，所以他并不以为同太后的恋情有何不可。不过，他认识到欲和情不能无节制，胸怀匡世大志的"圣人"必须对欲和情有所节制，适可而止。这倒不是因为伦理和道德上的原因，而是无节制地纵欲，不仅不能达到身心的满足，反而导致"亡败"。要适当地控制耳目、口腹之欲（包括性欲），使耳不可赡，目不可厌，口不可满，皆留有余地。否则就会筋骨沉滞，血脉壅塞，九窍寥寥。一个人若虚弱成这个样子，当然任何欲都只是心有余而力不足了。人能长寿才能充分享受声色滋味和男女之情，而纵欲者恰恰不能长寿，所以为长久享乐计，也要"贵生"，不可毫无节制地肆意淫乐①。

由个人身体强弱又联系到国家的兴亡。吕不韦认为，君主若一味嗜欲，必然不顾国计民生，骄奢淫逸，接近佞巧之臣，疏远端直之士，不施仁义，急功近利，结果招致百姓怨恨，国家大危。等到那时，社稷政权摇摇欲坠。听到的是一片危机的消息，见到的是那即将亡国的景象。此刻为君主的由大忧大患而百病并发，再好的音乐也听不入耳，再好的东西也吃不进去，最漂亮的美人在旁也无力临幸了，那和死有什么两样呢？

吕不韦所处的地位，决定了他要从一个大国当权者的角度考虑问题。他认为"主道约，君守近"。意谓欲治天下的君主，首先必先治己身。治己身的重要内容之一就是"适耳目，节嗜欲"②。那些亡国的君主，大多是无节制地纵欲的暴君。丝竹歌舞、声色美妇固然为君主所喜爱，但若流于淫逸，则这些能使君主欢乐的"宝"，就变成乱世之源。因为君主嗜欲愈多，则"民愈怨，国人愈危"，而君主本人也"身愈危累"。古代的昏君夏桀、殷纣就是因纵欲、嗜欲而亡国的。而宋、齐、楚等国的衰败，也与其君主无节制的嗜欲有关。由此可见，嗜欲无穷则必失天下。因为嗜欲无穷必然生贪鄙、悖乱之心，必然引起许多淫逸奸诈之事。结果"强者劫弱，众者暴寡"，社会大乱，君主岂有不失掉政权的道理？③

---

① 见《吕氏春秋·情欲》。
② 见《吕氏春秋·论人》。
③ 见《吕氏春秋·侈乐》。

甘泉宫中，愈来愈少见吕不韦的身影，太后的寝殿，愈来愈多的日夜是一人独宿。从来没有须臾缺少男人温存的太后，怎能耐得住寒衾孤枕的长夜，而欲火正炽的贵妇，哪里懂得身为丞相的吕不韦既怕嬴政洞悉奸情，又恐淫逸失国的种种顾虑。只要吕不韦不主动入宫，她就千方百计派宫女、内侍前往丞相府宣唤，她一味死缠住吕不韦不放，使得吕不韦十分为难。如何彻底摆脱这个老淫妇的纠缠，又能满足其难填的欲壑，成为吕不韦必须解决的难题。

有一天，在夜幕降临、九重秦宫已深锁殿门之后，吕不韦又被太后召到甘泉宫中。然而，这天晚上出现在太后卧榻之前的，除了吕不韦以外，还有一个似曾相识的身影。最初着实使太后猛然一惊，待移过灯烛仔细观看，才又把那一颗悬着的心轻轻地放下。

原来随吕不韦来的不是别人，乃是太后老相识嫪毐。吕不韦为摆脱太后无休止的纠缠，才想到唯有把嫪毐奉上，才是唯一出路。

对于嫪毐，太后自然非常满意，一来是同乡，老相识旧情人，更因其性能力较吕不韦强得多。故此，太后对其优宠有加，爱之更甚于吕不韦。从此，吕不韦才松了一口气，如释重负地离开了太后。然而，嫪毐与吕不韦不同，吕不韦身为相国，又称"仲父"，与秦王嬴政和太后关系公开，与众不同，进出后宫很容易找到借口，而嫪毐并非朝廷命官，又与王室成员没有正式说得出口的关系。这种颇能引人注目的壮汉，偶尔潜入后宫，与太后作一度春风犹可。若依太后要求，不仅夜夜需鱼水之欢，且恨不得日以继夜作巫山云雨，这就有一道极其严重的障碍横亘在他们之间。这便是古代特有的绝对禁止除帝王一人以外的任何成年男子出入的后宫禁制。

依中国古代帝王宫中的制度，君主、国王拥有大批妻妾。如周朝天子立一后、三夫人、九嫔、二十七世妇、八十一御妻，还有数量惊人的宫女，她们实际上都是天子个人的妾。春秋战国时期，各诸侯国的国君都不再尊奉周天子，在后妃制度上也开始仿效天子。事实上，他们拥有的后妃数量早已超过周天子。孟子说当时的贵族"侍妾数百"，管子说"齐襄公陈妾数千"。秦国的后宫当也不少于此数。这么多的后、妃、嫔、妾，是仅供天子、国王一人玩弄，绝对不允许其他男性染指的。因此，在后宫内只有一个成年男性，那就是国王。供后妃们驱使的奴仆也是大批宫女，这样安排的目的，是隔绝后宫中大量女性和异性的接触。然而宫中不少劳役仅靠宫女是不能完成的，于是就有阉人出现。

阉人，即割掉生殖器使其失掉性交能力的男人。在我国古代典籍中，最早出现与阉人有关的是甲骨文中的"丨×羌"，其中"丨"表示阳具，"×"表示切断，羌是殷朝西方的少数民族。这片甲骨文所叙述的是殷王武丁将抓来的羌人变成阉人来祭神。武丁的时代大约是公元前1300年。不过，甲骨文的记载毕竟是极其简略的，较为确切地记载宦官的出现，则要从《周礼》及其他有关资料考证。中国至少在公元前8世纪，就有用于宫中服役的"阉人"。最早的"阉人"大约是被处以宫刑的罪人，由于他们被割去生殖器，性情温顺，别无他欲，在王宫内作内侍官或洒扫宫廷，可使拥有众多姬妾佳丽的君王放心。后来就将进宫服役的正常人阉割，形成一种宫禁。不过，在战国至西汉时代宦官尚不完全用阉人，到东汉时，宫中所有宦官才全部用阉人。这种制度在西方也曾出现过，据历史之父希罗多德记述，在公元前8世纪亚述的西密拉米斯时，就有宦官出现。在公元前6世纪的波斯，宦官被认为是比一般人都值得信赖的宫中役者。后来宦官被广泛地使用。希腊人还利用宦官做买卖。而在小亚细亚的古都，还有将宦官卖给波斯人的。这说明中外历史上都有宦官这种畸形人群的出现。

在吕不韦生活的那个时代，宦官虽不全由阉人担任，但多数宫内服役者则为阉人，他们又被称为"寺人""内臣""中涓""内监""内侍"等，后来通称为"宦官""宦者"。这些人在宫中服役，由于已失掉性交能力，从而既能完成在宫中的劳役，又不会同宫中女性发生性爱关系，这是古代统治阶级自私本性的产物。阉人的出现是古代政治专制、道德上野蛮的表现，也是科学技术上的耻辱。秦国虽早年偏居西方一隅，但这种畸形的阉人也早已出现。春秋时期的《诗经·秦风·东邻》中就有"未见君子，寺人之令"的说法，这个"寺人"就是被阉去生殖器的宫内男奴。可见，秦国宫内很早就有阉人。而只有这些被阉过的宦者才令君主放心。

嫪毐既不是女性，又不是阉人，出入后宫是不免要受到限制的。

如何才能使嫪毐公开地、合法地日夜守在太后身边，而不被禁止呢？

吕不韦在思索一条万全之策。

嫪毐也在为难。

太后更是心急如焚。

俗语道："淫博迷心，则倾囊不吝。"一个大胆而冒险的计划，终于被吕不韦想了出来。

又是一个早朝。当例行的前方战报、国内政事奏告完之后，一位御史在阶下高喊："臣还有一事上奏。"

"有事速奏。"吕不韦照习惯代替尚未亲政的嬴政处理政务。十四五岁的嬴政大气不出地坐在中央，背后一帘之隔端坐着嬴政的亲妈——太后，她每根神经都像上紧的发条似的，静听帘外朝廷之上发生的事情。

"臣参奏嫪毐擅自出入宫闱，秽乱宫闱，该当治罪。这里有奏简，其罪行都一一列上，请大王、相国审阅。"说毕，御史递上一叠竹简。

吕不韦接过奏简，摊在案上做阅读状。只见那竹简上密密麻麻写满嫪毐如何仗势欺民、为非作歹以及种种淫乱秽行。御史所奏之事确实并非捏造，本来像嫪毐这样的无所事事的淫棍无赖，有吕不韦和太后做靠山，越制犯法的劣行绝不会少。不要说这一叠竹简，就是罄南山之竹，也难以书尽。不过，这位御史写上的仅仅是其中很小的一部分，这部分中当然不包括与太后的关系。然而就是这样避重就轻地"参奏"出的罪行，就已经够重重地治罪了。

吕不韦将目光停留在简上，其实他根本没有看简上写的什么，不需要看那密密麻麻的文字，他也早已知道简的内容，因为今天这一幕就是吕不韦自己导演的。

装模作样地看了一会儿，吕不韦突然抬起头来，像是勃然大怒："岂有此理！定要从重惩治！"

廷下诸文武皆惊悚，殿内没有一丝响动，空气似乎凝结，大家都等着看相国如何决定一个人的命运。多数正直大臣都暗自高兴，庆幸这个不三不四、没有正式官位却势大无比的嫪毐终于得到报应。当然，必有少数人看出眼前这不过是一场戏。

"请大王裁决！"辅政的相国照例还要向坐在王位上的秦王请示。这个过场还是要走的。

"唔唔、啊啊。"正在复发气管炎的秦王，还像往常一样吐出几个不清楚的音节算是回答。

"我看就处以腐刑吧？不知众位大臣的意下如何？"吕不韦端出早已准备好的底牌，又照例征询在场的各位官员的看法。

秦国虽一贯奉行极权主义，君主独裁专断，但在朝廷议事时却有一个极优良的传统，就是允许朝臣们发表不同意见，甚至与国君顶撞，往往也不被怪罪。这一"祖制"在春秋时期的秦国就确立了下来。那还是在吕不韦执政的四百多年前，秦穆公为王的时代，当时许多军国大事允许臣下提出各自见解。公元前 625 年（秦穆公十五年），秦在韩原（今山西省河津市、万荣县之间）与晋国大战取胜。俘虏了晋惠公之后，对于晋惠公如何处置，在秦国的王廷上，当着穆公的面，秦国君臣就展开了极为激烈的讨论。

"晋君成了我们的俘虏，是杀掉还是放回去，怎么做合适？请各位大臣发表高见。"穆公颇有点"民主"精神，先征询大家的看法。

"杀掉！"公子縶抢先发言，意见很明确，"放走他到别国会留后患，令其归国则会死灰复燃。不如杀死干脆！"

"不可!"大臣公孙支立即表示反对。

"已经把晋国军队打败,使晋人脸上无光,又要杀他们的国君,这样做会增加晋人对秦人的仇恨。子思报父之仇,臣思报君之仇,这不是为秦树敌吗?"

"我并不是主张杀掉晋惠公就算完事。"公子縶接着争辩,"我想用晋国威望颇高的公子重耳代替无道的惠公。这样,我们战胜晋国军队,显示了武力强大,杀无道之君立有道之王,又显示了我们的仁义。胜而无害,有何不可?"

"把人家一国羞辱个够,又说我给你送个'有道'之君。这能办得到吗?"公孙支不无讥讽地反驳,"这样做如行不通,必然为其他诸侯所耻笑。战胜敌国却遭到诸侯耻笑,这能称得上'武'吗?杀了为弟的晋惠公而立惠公之兄重耳,这也不能称为'仁'吧!这样做是极不明智的。"

"……"公子縶一时语塞。

"那怎么办呢?"听过双方辩论后,穆公态度开始明朗,向公孙支发问。

"不如放惠公归国,且让晋国有个首领,然后将国君之子请到秦国为质,让子代替其父待在这里,可以无后患。"公孙支这个意见果然被穆公采纳,后来就照此实行了。

以秦穆公这样有名的"霸主",都允许不同意见在廷前辩论,更何况后来的历代秦王?所以,对大事的廷议实际成为秦国的定制。战国时期秦孝公在任用商鞅实行变法之前,及秦惠文王决定伐蜀之前,都允许不同意见在朝廷上发表。总之,有大事,征询在朝大臣的意见和允许在王廷上发表不同看法,是秦国的一个传统。这一现象在其他诸侯国的历史上是很少见到的。至于形成这样传统的原因,恐非三言两语所能说清的,但其中原因之一,大概与秦国进入阶级社会较晚,残存于政治生活中的氏族民主制的遗迹有关。

因为秦国有这样的惯例，吕不韦当然也需走走过场，故而顺口问问。不料这一问却令一个人紧张得不敢出大气，那就是坐在秦王背后用帘子掩盖着的太后。她怕万一有个大臣提出不同的处置办法，或者揭出嫪毐和她的肮脏关系可就糟了。虽然秦国宫内从宣太后开始就不以这些事为耻，但与嫪毐的关系毕竟尚未公开，何况她还要继续同其隐蔽地维持下去。听到吕不韦发问，太后不由得捏一把汗。

实际上，太后的顾虑是多余的，精于算计的吕不韦早已安排妥当。王廷上略一冷场，就有专司律令的廷尉高声应对："相国所见极是！"廷尉挺身而出，来证明吕不韦决断的正确："按秦法，死刑有腰斩、枭首、弃市、磔、剖腹、戮尸、凿颠、抽筋、镬烹、车裂、体解、绞、赐死。族刑有灭家、灭宗、灭族、夷三、七、九、十族。肉刑有髌、黥、斩左趾、劓、笞、榜掠、具五刑、髡钳、鋈足。徒刑有城旦黥、刑城旦、完城旦等。"廷尉一口气说出这么多刑名，也不无在吕不韦和秦王面前炫耀自己对律令的熟悉的意思。秦国惯例对熟知律令者多加以重用、重赏。从廷尉所报的令人不寒而栗的众多刑名中，也可了解秦国刑罚多么的严酷。

"依嫪毐罪行定刑，"不等吕不韦插言，廷尉接着说，"将其判为死刑、族刑则太重，定为徒刑又太轻。相国所说的腐刑甚为合适。"

"愿闻其详。"吕不韦见一切都按其事先安排好的进行，当然微笑点头。不过，他还需要廷尉从法律根据上加以论证，于是令廷尉说下去。

"是！"廷尉更来劲了，"《尚书·吕刑》曰'宫辟疑赦'。宫刑即腐刑，自古宫刑为淫刑，男子割势，女子幽闭。凡男女不以义交者，皆应处以宫刑。嫪毐最大的罪恶就是乱搞，不以'义'交，按法应处宫刑，割掉生殖器。"

廷尉所说处刑原则，确实在古书中有明文规定。不过，在实施过程中，处腐刑者并不皆因"淫"或所谓"不以义交"。在专制时代，国君对臣民常常是不顾法律规定而任意滥加刑罚的。吕不韦当政前，鲁国有姓孟的两个年轻人，到秦国来求见秦王。其中一人向秦王宣传打仗的兵法，得到重用，另一个则向秦王鼓吹他家乡先辈孔子、孟子的"仁义"学说，没想到碰了大钉子。还没听完这位小孟的游说，秦王早就不耐烦了："当今是诸侯争天下的时候，要'仁义'有什么用！"呵斥一顿还不算，又立即命令将此人处以宫刑后赶出国门。

由上面这段往事可以证明，事实上处宫刑者不一定和"淫"有关系。不过，廷尉当着众朝臣对吕不韦和秦王这样讲，无非是拍相国的马屁，为嫪毐的腐刑找一点法律根据而已。

吕不韦听着廷尉熟练地背台词，不动声色。而帘后的太后此时才把一颗悬在半空中的心放下，轻轻地嘘了一口气。

"那就由廷尉去执行吧，散朝。"吕不韦大声宣布。

始终坐在帘后的太后在朝臣退下之后，不由得和走近跟前的吕不韦相视一笑。当着逐渐长大的嬴政，他们已有所顾忌。不过，在无言的顾盼中，他们俩已经清楚："大功告成了！"

太后急切地希望给嫪毐施以宫刑是有原因的。本来宫刑是极为残酷的刑罚，受这种刑罚的人，要被活活割掉睾丸。而在古代不施麻药、不能消毒的条件下，被施以这种酷刑，其痛苦是不难想象的。不少人在被施刑时就不胜痛苦而死，幸免不死者其伤口也极易感染。故受刑后一百日之内，要居于不通风的密室，犹如蚕一样蜷伏静养。其伤口不断流脓出血，似腐烂一般。所以宫刑又称"腐刑"，处宫刑又叫"下蚕室"。汉朝司马迁就因得罪汉武帝而被"下蚕室"。他描述被刑后的痛苦时写道："肠一日而九回，居则忽忽若有所亡"，腹内似刀绞而出门不知所往。常常为受到这种酷刑的折磨而全身大汗，简直比死还难过。这还是在受刑之后的感受，至于在行刑过程中的痛苦更不难想象。然而多情的太后又为何忍心让她心爱的嫪毐受这样的酷刑呢？原来，吕不韦早已为她策划好，在行刑之前由太后密令刽子手刀下留情。好在施腐刑者一般皆不在大庭广众之中、众目睽睽之下进行。只要主刀的刽子手及一两个助手在密室中将罪犯摆弄一番，出来回报一声"执行完毕"即算大功告成。更重要的是，按古代礼制——"礼"制也有法律效力——受宫刑的罪犯可以分配到宫内服役。因其受过宫刑，和宦者的生理条件一样，尽可以放心其在清一色女性的后宫中活动了。太后所希冀的，正是要把嫪毐变成保存着性功能的假宦者，从而在宫中公开与之厮混。

吕不韦和太后的阴谋得逞了。在"厚赐"之下，行刑的过程和刑后的安排，均按他俩的计划顺利地进行。嫪毐的性功能被保留下来，名正言顺地、大摇大摆无所顾忌地来到太后宫中充当宦者。从此太后和嫪毐两人在宫中如影随形亲热无间，恣意纵欢，好不舒畅。

吕不韦把纠缠多年的淫妇太后推给嫪毐，也卸下一个沉重的包袱。他想松一口气以便集中精力处理朝政，加紧控制一天天成熟的嬴政，并安排自己的晚年。

然而这一幕幕令人作呕的场面，都表演在秦王嬴政面前，不能不使这位自幼性格偏狭的君主，心胸更加阴暗。从小缺乏母爱，又从未享受过家庭温暖的嬴政，对自己的生母和吕不韦更加仇恨，报复的火焰在他胸中熊熊燃烧，只待烧毁这一切。

公元前 240 年（秦王政七年），夏太后去世。夏太后是庄襄王异人的亲生母亲、秦王政的亲祖母。按照常理，她在秦宫中应享有最尊贵的地位。可是当年异人为谋求王位，听从吕不韦的安排，认华阳夫人为母，并将名字都改为"子楚"，而置自己亲生母亲于不顾。后来异人果然如愿以偿，当了庄襄王，当然也只能将自己亲生母亲夏太后排在华阳太后之下。年轻时受丈夫冷落，晚年时又被儿子遗弃的这位夏太后，虽居深宫之中，却从未感到人世的温暖，一定对王族内的严酷斗争有着切肤之痛。所以，当秦王政七年五月十六，年迈的夏太后怀着无限哀怨的心情离开这个世界之前，在弥留之际，她极其沉痛地提出一生中唯一的、也是最后的一个要求："请将我埋在杜东，好让我死后东望吾子，西望吾夫。"

因为庄襄王的墓在杜东之东，孝文王的墓在杜东之西，皆已先于夏太后安葬于地下。她这一点可怜的请求当然得到了满足。不过夏太后临终前这个请求，撕心裂肺，撼动人心，是被剥夺青春、欢乐的贵族妇女，被扭曲压抑人性的、被遗弃的玩偶，对专制社会提出的凄凉、哀婉的抗议。直到今天，在西安市东郊，还保留着夏太后陵墓的遗址。那长满荒草的秃冢，孤零零地被包围在现代化的楼群中，像是无言地向世人泣诉世道的不公和政治斗争的残酷无情。

夏太后的死，在当时的秦国并没有多少影响。不过，这位老祖母凄惨的一生和她最后悲凉的遗言，一定使秦王嬴政的心灵产生过巨大的震动，使得这位从小就看惯了人与人钩心斗角，夫妻、父子、叔侄、姑婆、君臣、朋友之间口是心非、残酷争斗、你死我活地相互残杀的君主，更加冷酷，更加无情，更加孤僻，进而采取更加没有人性的统治手段。

二　蕲年兵败　魂归北邙

当吕不韦处心积虑地把嫪毐往太后身边安排的时候，他一定不会想到这个举动将打破秦国的政治格局，不会想到"阉人"嫪毐有那么大的政治野心。从异人登上王位开始，吕不韦一直站在秦国权力金字塔的顶端，没有人敢于挑战他的权威。这或许让他麻痹大意，因而丝毫没有对嫪毐这么个"宦者"产生警惕。但是嫪毐的可怕之处在于他拥有太后的绝对宠信，很快就在秦国形成一股强大的政治力量。而日渐成长的秦王政，只是冷眼旁观吕、嫪二人的争斗，静静地等待着时机……

吕、嫪之争

一轮冷月高悬夜空，甘泉宫里烛光摇曳，从太后寝殿里传出高一声、低一声的娇吟浪笑，那是太后和嫪毐在旁若无人地纵情欢乐。这是公元前 239 年（秦王政八年），嬴政已经二十一岁了。这位年轻的国王多数时间住在兴乐宫，而吕不韦则在下朝后就回相府。宫中的太监、宫女自然没有人敢干涉太后和宦官嫪毐的自由。

"嘻嘻……"一阵阵轻浮的笑谑之声不时地从紧闭的殿门中飞出，值夜的宫女和太监不由得向殿内张望。门窗关得严严实实，当然什么也看不见。不过，用不着看，他们知道殿里正演着一场好戏。

殿内，纱幔微动，薄幄轻摇。过了一阵，一声长吟之后嫪毐伏地谢恩。

"想当初，我俩在邯郸时，东躲西藏何等狼狈！"意兴阑珊之际，太后对跪在面前的嫪毐不免忆起旧情，"今天你已有了宦者的身份，可以公开地待在我身边，应当满足了吧！"

"这都是太后恩典，臣肝脑涂地誓死相报。不过……"

"你难道还有什么不满足的吗？"太后看出嫪毐又有什么要求。对这个爱宠的要求，太后是从来没有不给他满足的。有时嫪毐没有提出的，太后也主动给以赏赐，以取得他的欢心。

"臣眼下只是一名普通的宦者，没有爵位，也没有封地……"

"别说了，我已经明白你的意思。"太后不等嫪毐说完就知道他要什么。

　　隔了几天，朝廷便发布诏令："封宦者嫪毐为长信侯，赐山阳（今太行山东南）之地为嫪毐封地。"

　　这道诏令的发表，在秦国朝野又像一次冲击波，引起极大震动。按秦制，封爵、赐邑都是国王才有的权力。封赐嫪毐当然也只能出自秦王嬴政之口，但大臣都知道，赏赐嫪毐实际是太后的主意。嫪毐是太后的宠臣，给他以厚赐是可以理解的。而大权在握的丞相吕不韦为什么对此未加阻挠呢？封长信侯、赐山阳之地，这和吕不韦的文信侯、食邑洛阳的待遇、地位完全相等。难道吕不韦没有看出太后在这里又培植出一个与自己分庭抗礼的政敌吗？对嫪毐此次的封赏，吕不韦未加制止，甚至还可能主动促成，不知是他疏忽、没有料到后果的严重性，还是错误地低估了嫪毐的作用。总之是种下灭亡自己的苦果。朝野上下都从这道赏赐的诏令中得到了信息：又一个实权人物已经出现。于是，望风趋势者随时地注视宫内动向，宦海中又要掀起一阵波涛，官场上将要重新列队。

　　嫪毐得到山阳之地的封邑，当然不会去山阳居住，照例是以山阳之地为衣食租税的领地，他本人依然在宫中陪伴太后。而长信侯的爵位，则与吕不韦的爵位同级，除了没有丞相的职位外，嫪毐的地位几乎和吕不韦一样。至于居住的宫室，使用的车马，穿戴的衣服，以及游猎、苑囿所需，全任嫪毐所好。想要什么有什么，对他来说，似乎不存在限制和制度。唯一的麻烦就是他自己，因为宫中真正的宦者是不长胡须的，而他是伪装宦者，表示男性特征的胡子照长不误。这就只能定期将长出来的胡子眉毛拔掉，以继续伪装阉人。尽管他没有丞相的职位，可是因为有太后的支持，他仍然可以干预政事。逐渐，吕不韦的权力在不知不觉中被嫪毐夺去了，朝廷上大、小事皆按他的意志办。不久，又将河西（今山西省境内黄河西岸地区）的太原郡（今太原市附近）封给嫪毐，更名毐国。这时的吕不韦大概才感到嫪毐已成为一个可怕的政敌了。嫪毐则是步步进逼，寸权不让，他已不满足于被动地从太后那里得到"赏赐"，而利用一切机会，主动地扩展自己的势力，以同吕不韦抗衡。

养士，是战国时期各国贵族培植私人势力的重要手段。吕不韦成功的原因之一，就是在门下招揽了三千宾客，所以在秦国拥有很大势力，这是嫪毐有切身体会的。然而，他虽被封侯，却名为宦者，公开养士有所不便，于是就改头换面不称养士，而蓄养家僮。"僮"是寄身于主人家的仆役，名义上虽身份较低，而实际上在嫪毐家的"僮"，也与吕不韦门下的"士"相差无几。他采用的手段，无非是财货的利诱和权势的吸引。只要有钱财或名位做诱饵，就会有宦官和士人前来投靠，自古皆然。凡投到嫪氏门下者，都得到丰厚的待遇。在不长的时间内，嫪氏就拥有家僮数千人。要求在嫪氏手下为宦者，也不下数千人之多。嫪毐的势力像恶性肿瘤一样迅速膨胀，没有多少时间，他就与吕不韦旗鼓相当了。

吕不韦感到嫪毐的势力已形成对自己的威胁时，已经晚了，想再把自己扶植起来的嫪毐的势力压下去已不可能。因为嫪毐的背后有牢牢地把持政权的太后，而那位表面上不问政务的秦王嬴政究竟想什么，谁也猜不到。朝臣们一贯是向势大者倾倒。不少人已随着嫪毐势力的上升，而纷纷倒戈相向。眼看着十余年经营的权势大厦就要在嫪毐的面前塌下，这对于吕不韦来说，真是不甘心。但这颗苦果是自己培植的，只能忍气吞下。

嫪毐势力蒸蒸日上，在秦国大有超过吕不韦之势。这种政治形势日益明显，连外边也了若指掌，那些被秦国军队打得落花流水的国家，常常能利用秦国内部两派势力的矛盾，解救自身的危机。

公元前239年（秦王政八年），有一次秦国大军向魏国发动强劲攻势，疲弱不堪的魏国已无招架之力，束手无策的魏景湣王吓得惶惶不可终日。在这危急关头，有人问正在魏国的孔顺："有何高见？"孔顺是大学者孔子的后裔，故人们又尊称他为"子顺"。

"敝人有点办法。"子顺回答，但话头一转又说，"可是我哪里能有当政者高明，还是不说吧。"

　　子顺这种欲言又止的态度，被魏王得知。他就急病不择医，立即驾车亲临子顺居室就教。子顺见魏王如此恭谦，也就趁势把自己的见解和盘端出。

　　"与其战败失地，不如用土地贿赂敌军，与其战而败亡，不如丢点土地。"没触及具体问题之前，子顺先来一大套理论，然后转入正题，"宁可将地丢掉，也不肯用来贿敌，宁可战败亡国，而不肯丢点土地，这就是大王您的错处。"子顺以教训的口吻说。

　　"请您把话说清楚！"魏王挨了训，还不得不老实地请教，谁让自己无能呐。

　　"如今大王失地数百里，弃城数十座，而国难不解，就是因为大王策略不对头。"

　　听着子顺的训斥，魏王到这时还没弄清楚他的锦囊妙计是什么，只好耐心地听下去。"大王若能听臣之计，丢一点地而不至于伤国家元气，失一点面子而不至于损失国格，国难可解而国仇可报。"子顺又继续吹嘘。不过下面的话确不失为真知灼见："如今秦国全境自上而下都说，'某某是嫪氏的人，某某是吕氏的人'。可见，秦国上层当权者分为嫪、吕两派，连一般百姓都清清楚楚。大王何不利用这个矛盾呢？"话说到这里，魏王才听出点眉目。子顺对秦国内部情况有一定调查，难怪他开始时吹大话。接着又听子顺说："今大王通过嫪毐割部分土地贿赂秦国，拉拢嫪毐向秦讨好。这样就可以增加嫪毐在国内的实力，也就等于在嫪、吕两派势力斗争中，支持了嫪毐。而大王支持嫪毐，秦国的太后必对大王感谢不尽，一定会真心实意地与大王联合、友好。这样，大王就取得外交上最大的胜利。"这是子顺谋略的核心，也反映出当时秦国内部嫪毐和吕不韦两派水火不相容的严重程度。最后，子顺做结论似的说：

　　"秦、魏两国有老交情，而我们却总是被秦所欺。这都是吕不韦的诡计。今趁秦国内部吕、嫪相斗，我们拉拢嫪毐从而与秦联合，秦国人和各国诸侯谁还不抛弃吕不韦而拥戴嫪毐，大王的仇不是彻底报了吗？"

子顺的一番话，说得魏王顿时如梦初醒，连忙唯唯称诺，立即返朝按子顺之言如此这般做一番布置。手下人按吩咐去秦国展开活动，魏王在国内静候"佳音"。

不久，在嫪毐门下，果然出现魏国来的神秘人物，而前线上进攻魏国的秦国军队也放慢了步伐，魏、秦的关系显然趋向缓和。两国关系出现了微妙的变化，而嫪毐的势力在国内则直线上升。

出身市井无赖的嫪毐，虽不乏政治上的野心，但除了取悦于太后的房中术外，本无任何才能。靠太后庇护而暴发之后，尽管他处心积虑地拉拢官吏、士民，以巩固自身实力，但劣根性毕竟无法彻底改掉，时不时又暴露出小人得志的本相，锋芒毕露，骄横跋扈。与太后纵欲之后，他就在宫内外为非作歹，无论是大臣、贵戚，还是权宦、内侍，都不放在眼里。有一次，嫪毐与宫中大宦官和秦王左右的大臣一起吃酒、赌博。众人都喝得大醉，不免发生口角。不料嫪毐突然圆睁双目，厉声吼道："我是秦王的假父，你们这些小子谁敢和我争高低？"这无异于公开宣布他与太后的龌龊关系，吓得大家瞠目结舌，谁还敢吭一声。嫪毐又占了上风。

不过，嫪毐没料到，这次占上风将要付出的代价是巨大的。当场被他压服的那几位，也不是好惹的。他们早知嫪毐与太后的关系，只是不敢说。这次他亲口供认，而秦王嬴政也已年近二十，逐渐显示出一定主见。于是他们立即向秦王告发，说嫪毐并非真宦者，与太后关系不清，等等，如此这般将嫪毐的秽行丑事一一历数，请秦王决断。

然而，秦王嬴政听到揭发嫪毐的秽行之后，并没有作出什么反应，只是表示已知此事，令众人退下。

嬴政的葫芦里卖的什么药，难道他有什么难言之隐吗？众人如此猜测。

秦王嬴政确实有难处，目前他才二十岁，尚未到秦国法定的亲政年龄，大权仍在吕不韦和太后（实际就是嫪毐）手中。另外，由于嫪、吕两派的明争暗斗，国内出现了空前的危机。他觉得现在还不是解决嫪毐的时候，仅仅把发生的一切看在眼里，记在心里，等待时机到来。

战争的岁月和欢娱的时刻同样是飞快流逝的，秦国宫内一幕幕丑剧依次上演的同时，千里以外的东方战场上激烈的统一战争仍在进行之中。

公元前 239 年（秦王政八年）的一天，一封十万火急的战报从前方送传到咸阳秦国的朝廷之上："长安君成蟜在屯留叛投赵国。"

这个消息像万里晴空中突然响起的一声巨雷，把卷进秦国内部争权夺利的官、宦、贵族、豪门、宗室都打蒙了，一时不知如何是好。因为成蟜不是一般的率军将领，此人乃是秦王的亲弟弟。他不仅是贵族，被封为长安君，而且是秦国宗室中少有的几员能干的青年将领。早在几年前成蟜被派往韩国，就曾不费一兵一卒使秦国扩展百里之地，立下显赫的功绩。但这一年，长安君成蟜率兵攻打赵国的上党（今山西省长治市一带），正是秦军士气旺盛之际，上党又无劲敌，却不料在屯留（今山西省长治市境内）成蟜竟向赵国投降。得到这样的消息后，秦国朝廷上下不免一片混乱。还没来得及提出对策，从前方又传来情报说：赵国以极高的礼遇接受成蟜的投降，当时就把饶地（今河北省饶阳县东北）封给了长安君。这是秦国有史以来公开率兵投敌并接受敌国封赏的第一位王室成员。不用说，这件事对秦国内部的震撼是极大的。

成蟜的叛变显示了秦国王室内部出现危机，或许就是由于嫪、吕两派的争权夺利，才迫使曾为秦国建立功勋的成蟜倒向赵国的。

此时的秦国毕竟还是军事上无敌的"超级大国"，得到消息后，立即派军镇压。秦军一到，屯留的叛军顷刻瓦解。成蟜叛军失败后，遭到极残酷的屠杀。这时秦军又一次露出残暴面孔：所有反卒先被斩首，又被戮尸。身为国王之弟的成蟜，也自知没有生的希望，决然在壁垒内自杀。就是屯留境内随成蛟反叛的民众，也被迁往千里以外遥远的临洮（今甘肃省境内），过着被流放的生活。

叛变的成蛟虽被轻而易举地解决，但并没有使秦国内部稳定下来。天灾人祸接踵而至，这一年黄河又发大水，致使河水溢出，黄河大鲤鱼西上入渭水。渭水暴涨，大鱼在平地游来游去，关中平原成了人鱼共处、蛙兽共存的一片泽国。庄稼、房屋、村落损失无数。多年来从未遭到天灾之害、本土远离战乱之地的秦国人，遇到这样大的水灾哪有不惊慌失措的？于是，大批秦人纷纷离开家乡，肩挑手提、扶老携幼、牵车引马地逃往东方，寻找有食物和栖身之地的处所去了。

对于遭灾的秦国难民，秦国朝廷不一定关切。可是一大批农民背井离乡，不仅会减少秦国军队后备力量和统治者赖以生存的衣食之源，而且增加了社会的不稳定因素，使秦国长期以来比较安定的社会秩序产生动乱。这就不能不使当权者焦虑了。尤其令人不安的是，黄河的鱼西上渭河，河水又不断泛滥，致使鱼上平地。这种罕见的现象，根据阴阳五行学说，是一种可怕的征兆。"鱼者阴类，臣民之象也。"鱼，代表臣民。他们上岸，岂不是臣民要翻天了？在朝廷和达官贵族看来，"豕虫之孽"预示人间将有"小人"之乱。在当时社会上就传出谣言，说秦王政八年的这场水灾，预告了吕不韦同嫪毐的末日到来。这个看法，直到汉代还为学者们深信不疑，在《汉书·五行志》中尚有记叙。不过当时的嫪毐并不知道，但深信阴阳五行学说的吕不韦，面对着空前的水患，大概也会惶惶不安地猜想，将要有一场人祸发生！

鸡鸣紫陌，金阙晓钟，花迎剑戟，柳拂旌旗，又是一个早朝。水灾终于过去，一切又恢复了正常。像往日一样，秦国的文武大臣在晨光熹微中，安静、肃穆地进入章台宫，按官爵大小侍立于大殿两旁，等候秦王和相国召见。

这是公元前238年（秦王政九年）一次例行的朝会，首先是听取前方的战报。国尉高声禀奏：

"大将杨端和已攻占魏地的首垣、蒲、衍氏（均在今河南省长垣市附近）。"

攻占魏国的首垣、蒲、衍氏虽在当时是一次小胜利，但在刚刚发生过成蛟叛变后不久，这次小胜对秦国朝野都有极大的鼓舞，举国上下一片欢腾。然而，奇怪的是在朝廷上，除依例论功行赏、奏凯旋之乐外，竟没有任何军事部署。此刻被打得落花流水的魏国，已无招架之功，更无还击之力，只待束手就擒。只要命兵马乘胜进攻，灭魏和统一中国的时间将会大大提前。但是，这时秦国向东方的进军步伐却明显地放慢。无论是秦王嬴政，还是嫪毐、吕不韦两大实权人物，或是幕后操纵的太后，都没有对前线的战事发出什么命令。前线的秦军将士们似乎按"惯性"在作战，只不过当时的秦国军事实力已对六国具有绝对压倒性的优势，所以秦国的土地一点点向前扩展。

听不到朝廷的指令，见不到国君和丞相对战争的布置。秦国的臣民，尤其是前方的将士一定在纳闷：这些当权的人物在干什么呢？

嫪毐、太后、吕不韦、秦王嬴政此刻确实都没闲着，他们已顾不上前线的胜负，都在紧张地筹划个人的事。对他们每个人来说，都到了生死存亡的紧急关头，一场你死我活的斗争即将公开进行。

嫪毐和太后在宫中公开宣淫，欲火日炽。嫪毐的羽翼已丰满，横行国内，愈加骄奢无度，而太后则淫乱不止。也许是因其生活优裕，或是由于嫪毐精通房中术，纵淫有术，在两年中偌大年纪的太后，竟与嫪毐生下两个孩子。尽管秦国后宫早不以淫乱为耻，但身为太后与"宦者"嫪毐生子，毕竟是说不过去的，所以早在发现怀孕之初，太后就主动由咸阳迁出，避居到远在雍城的大郑宫，以躲过朝中文武官员的耳目。嫪毐则不时往返于咸阳和雍城之间。

雍城（在今陕西省宝鸡市）本是秦国故都，也是秦人发迹地。这里地处关中平原西端，东依周原，南临渭水，西有汧河，北靠汧山。地势平坦，土壤肥沃，气候温和，交通便利，是通往西北的咽喉要地。早在西周时代，这里就是政治、经济发达的地方。秦人祖先自西方崛起之后，由西向东迁徙，到公元前677年（秦德公元年）就定居在此地，并兴建大郑宫，这是秦人正式建立的国都。从此以后，经过秦宣公、成公，特别是穆公的经营，秦国由一西方小国，终于能与中原的晋、齐、楚等国分庭抗礼，称霸称雄。一直到公元前383年（秦献公二年）迁都栎阳（今西安市临潼区栎阳街道）之前，秦国的国都始终在雍城。这里作为秦国的国都达294年之久，所以其宫殿的建筑较后修的咸阳，在当时要恢宏、壮观得多。雍城长达二公里见方，城内营建宫室，有大郑宫、蕲年宫、橐泉宫等，各相距约1.5公里，形成等腰三角形。此外，稍远还有棫阳、羽阳等宫。一股清流由西北流经雍城，于宫前横过，为宫中池榭注入汩汩活水，蜿蜒从东南出城，流入雍水。这股清流后来以秦将白起之名命曰"白起河"。雍城宫殿建筑也较当时的咸阳豪华得多。据1962年考古工作者在雍城遗址发掘出的部分遗物来判断，雍城宫殿建筑远优于统一前的咸阳，不少装饰均为咸阳所无，如装饰于建筑物上高达一米的大型豪华青铜构件，不仅秦国其他地区未曾发现，就是在秦国以外的各国亦未曾使用过。正是因为雍城的特殊历史背景和优越的条件，故秦自献公二年迁都栎阳，又于秦孝公十二年由栎阳迁都咸阳以来，并未废弃雍城。举凡祭祀祖先和各种国家盛典，均需来雍举行。而历代国君及后妃、贵族死后，也多埋葬在此地。这里有的贵族和王室的墓地，比所有的君主国王的墓地都宏大，甚至超过了商代的殷王墓。雍城既有此便利条件，太后悄悄溜回雍城，怀孕、分娩，并继续与嫪毐寻欢作乐，自以为不会引起宫内外的注意。

但嫪毐则预感到自身的危机。一方面与吕氏集团的对立已趋于白热化，但更重要的则是这一年秦王已届二十二岁。按秦国传统，二十二岁的君主即不需旁人辅政。而在秦王嬴政亲政之前嫪毐若不能控制秦国局势，不仅要败在吕不韦手下，首先就有被秦王嬴政铲除的危险。故此，嫪毐早在是年春天，就已下决心孤注一掷，准备公开作乱，以武力谋图夺权。自太后离开咸阳之后，嫪毐就加速叛乱的准备，他利用在宫中自由出入的便利和已经培植起来的个人势力，打着太后的招牌，联络了宫内一批掌兵权和掌机要的死党，其中的骨干有：

卫尉竭。卫尉是重要的领兵官，负责掌管宫内保卫，在宫门部署屯卫，夜间在宫内巡逻。天下各地凡欲入宫者皆须通过卫尉，其下属有公车司马令、卫令等。嫪毐所联络的卫尉名竭，他自然是叛乱的主要指挥者。

内史肆。内史是国都附近地区的最高行政及军事长官。肆是嫪毐所网罗的死党。

佐弋竭。佐弋也是武官，主射弋，是当时掌握先进武器的军事首领，此人的名同嫪毐联络的卫尉一样，也叫竭。

中大夫令齐。中大夫是在宫中侍奉国王供咨询政事的宦者。平时可与国王议论朝政，也是十分重要的官员。

除这几人以外，还有十五六个重要官员都和嫪毐混在一起，有的参与密谋，暗中调兵遣将，有的则知情不报或多方保护。戎翟君公、舍人、卫卒、宫骑等大小官吏，都在紧锣密鼓地加紧行动，伺机而发。

嫪毐的政敌吕不韦对嫪毐的密谋自应早有发觉。不过，面临着秦王即将亲政的局面，吕不韦宁愿看到嫪毐的叛乱，因为他感到迫在眉睫的威胁不是嫪毐，而是嬴政。也许他暗自盘算：如嫪毐叛乱成功，正好阻止了秦王的亲政，自己可待机解决嫪毐；若叛乱失败，也可借秦王之名镇压政敌嫪毐。正因为如此，吕不韦与嫪毐暂时似乎达成默契，对他叛乱的举动持观望态度，既不揭发，又不参与，实际是暗中支持。

至于秦王嬴政，这位登基八年尚未真正掌权的国王，目睹朝廷内外惊心动魄的政治风云，历经变幻莫测的世事沧桑，一定早已形成一整套谋略和计划。不过，这位城府极深的国王，始终对别人紧闭心扉，谁也不知这位即将亲政的年轻君主有何打算。就在嫪毐剑拔弩张的这年四月，嬴政突然率重要文武大臣离开国都咸阳驾临雍城。

嬴政到雍城的理由，是要在这里举行加冠大典。加冠，是古代中国自西周以后就确立的一项极重要的礼仪制度。当时认为，士人二十岁才算成年，可以任职当官，可以生子，可以取别名——"字"。为表示进入成年，在二十岁时要举行隆重的仪式，届时由长辈为其戴上一顶特制的标志成年的帽子，称为"冠礼"。因此，古人将二十岁称为"弱冠"。人们非常重视"冠礼"，因为它是人生进入重要阶段的一个重要标志。在古代礼书《仪礼》中特将"士冠礼"列到首位。连天子也须按规定举行加冠礼。不过，天子和诸侯的加冠礼可能更早。如周文王十二岁就已加冠，十五岁就生子伯邑考。春秋战国时代也有不少国君十三四岁就已加冠①。奇怪的是秦王嬴政十三岁就继王位登基，可为什么直到二十二岁才举行加冠礼，比二十而冠的一般士人尚迟二年？其中原因无非是吕不韦和太后把持政权不愿让嬴政亲政。如今若不是吕不韦和嫪毐的矛盾加深，给嬴政夺回权力留下一个绝好机会，还不知何时才让嬴政举行加冠礼呢！现在，已经二十二岁的嬴政本人也已有主见，他决心不受吕不韦摆布，可以独立，毅然率文武大臣到雍举行加冠礼。这无异于公开宣布：自己要和嫪毐、吕不韦以及太后这三个政敌宣战了。

冠礼在四月己酉日，于雍城蕲年宫内隆重地举行。按照古代礼制规定，加冠礼仪式必须由被加冠者的长辈主持，有关族人、宾客参加，于祖庙前举行极为繁复的典礼，最后给被加冠者戴上象征成年的"皮弁冠"。嬴政的加冠礼当也大同小异，不过场面更加宏大，代表长辈的吕不韦无疑应当参加，随来的群臣也都行礼如仪。至于加在秦王头上的则不是皮弁，而是冕。这是一种黑色的大礼帽，上有一长方板，称为綖（yán），前后各有十二串小圆玉石，称为旒。下方有两根丝带，称为纮，戴冕时将装饰用的丝穗称为缨。綖的下方尚有一类似簪状物，称为衡，用以插在头发内起固定作用。衡的下端系一块玉，称为瑱，而系玉

————————

① 见《仪礼·士冠礼一》疏。

的丝线称为纮。除了这顶表示王权和王位的冕加于嬴政的头上之外，在这次典礼中还有一个内容，即为嬴政佩剑，这是秦国特有的礼制。因为剑是古代奴隶主阶级表示身份、地位的重要标志。对于成年人佩剑，秦国历史上一直十分严格地加以限制，到公元前409年（秦简公六年）才允许"吏初带剑"，而国君也只有举行加冕礼表示成年时，才郑重地将剑佩在身上。

加冠典礼的仪式刚刚结束，悠扬的雅乐声似乎还在雍城上空回响，就从咸阳传来令人吃惊的消息。

咸阳报警

对于秦王嬴政来说，这个消息并不意外，不久前就有人来告发嫪毐并非宦者，并准备作乱。只是那时尚由吕不韦辅政，嬴政还只有听他的份儿，而且反叛尚缺乏证据，因而隐忍未发，静观动向。现在加冠礼既已完成，嬴政再也不必受吕不韦约束了。他亲政的第一件事就是直接指挥镇压这场酝酿已久的叛乱。由于国王丞相和大部分文武大臣都在雍城，秦国国都很快就为叛乱的军队所占据，王宫内笼罩着一片恐怖气氛。

原来，自嬴政率朝内重要文武官员赴雍城之后，嫪毐知道自己与太后的秽行及叛乱的图谋已被发现，又见秦王嬴政举行加冠礼，知道嬴政亲政后迟早要对自己加以处置，故决心趁咸阳空虚之际作乱。因他早有预谋，宫内外重要头目，如戎翟君公、舍人、卫尉等均已被他拉拢收买，倒也有一定势力。唯一的困难，就是所能掌握、控制的兵卒甚少。秦国的军制非常严密，自从商鞅变法之后就建立起一套利于作战的统一指挥系统。军事武装力量分为正规军和地方武装两种：正规军包括边防、野战及国都警卫部队，均直接由朝廷掌握；地方军由郡、县尉统率，作为正规军的补充和后备，随时可调归中央。而武装力量的指挥权则完全掌握在国君手中，就是征调县卒，也都要国君的命令盖上御玺才有效。朝中武将平时无固定统属之部队，出征时，凡用兵五十人以上者，均需由国君委任并发给虎符才能调兵。虎符形状如虎，分左、右两半，左半交出征主帅，右半由国君掌握。出征归来后，主帅交回虎符脱离部队。这样，军队可直接控制在国君手中，任何人均难以调动大量的军队。嫪毐图谋叛乱时，尽管收买了不少带兵的头目如卫尉等人，但也必然遇到难以调兵的困难。

不过，嫪毐对此也有所准备，他早就伪造好秦王和太后的御玺，待秦王一离开咸阳，持伪造秦王和太后调兵令的嫪毐就征发部分地方武装——"县卒"，和守卫国都的军队——"卫卒"，以及官骑（骑兵），命他们向雍城进发，目标是正在举行大典的蕲年宫。形势显得相当紧张。

"咚、咚、咚！"

叛军还没走出咸阳，就已闻到城外传来的战鼓声。这时，由雍城赶来镇压叛乱的军队已兵临城下。秦王嬴政亲政第一天，就表现出他刚毅果断的统治作风，当听到咸阳发生叛乱的消息后，他就毫不犹豫地下令：派相国昌平君和昌文君率兵直接从蕲年宫出发，日夜兼程赶回咸阳。所以嫪毐的叛军还没出咸阳，就碰到由雍城开来的秦军。率领秦军镇压叛乱的昌平君和昌文君都是左丞相。秦国的官制分右、左两相，右在左之上，当时吕不韦为右相，大权在握。而昌平君和昌文君为左相，此二人虽为相国，以前却很少理事，以至史书上连其姓名都没有留下，仅知昌平君原为楚国公子，立以为相，至于昌文君的事迹连这一点线索都没有。可见这两位虽为丞相却一直被吕不韦压制排挤，而无所作为。这一次秦王嬴政刚一掌权，就在危急关头起用这两个人，而把吕不韦放到一边，可见秦王嬴政对吕不韦也已怀有戒心。

嫪毐叛军只是乌合之众，当昌平君、昌文君所率大军一到，即被打得落花流水，战斗迅速结束，被杀的叛军有数百人。嫪毐等大小头目却在混乱中逃走。

咸阳的嫪毐叛乱，之所以轻而易举地被两位不知名的人物率军平定下去，其原因不仅是叛军无人支持，更重要的是秦国的军事制度相当严密，尽管嫪毐为叛乱作了长期准备，但他毕竟无法调动大量军队。所以这种有利于国王而不利于叛军的军制是叛军失败的决定性因素。

咸阳城内战火方熄，秦王嬴政即率众官员从雍城回来。亲政后的嬴政第一件事就是处理平叛后的事宜。这次朝会，秦王身边已不见相国吕不韦，身后帘幕也已撤去。昌文君、昌平君报告平叛经过后，秦王嬴政下令：凡参加平叛有功者，皆按功劳大小拜爵。宫内宦者参加平叛战斗的也均拜爵一级。另外，又下一道诏令悬赏捉拿嫪毐等叛乱头目：凡能生擒嫪毐者，赐钱百万；击毙者赐钱五十万，擒杀其他余党者亦论功行赏。诏令下达后，朝野一片欢腾，拜爵的官宦弹冠相庆。当年九月嫪毐及其余党终于被捕。接着，在咸阳王宫门前和市门口，都挂出处理这些叛乱首领和保卫国都不力的官员的决定，计有：

嫪毐、卫尉竭、内史肆、佐弋竭、中大夫令齐等二十人，皆枭首、车裂示众，并灭其宗。上述诸人的舍人随同叛乱者轻者处以鬼薪之徒刑，重者处死或夺爵流放。

决定公布后立即执行，这是一场恐吓性的惩罚，按照秦国奉行"以刑去刑"的法家主张，即刑罚的作用一在于惩罚犯罪者，二在于威慑未犯罪者。执行的这一天，在咸阳闹市广场已竖起二十根高杆，数十匹烈马在杆下扬蹄嘶叫，百姓们从四面八方聚集在广场周围，等待目睹那惊心动魄的一幕。不一会儿，由二十辆囚车将嫪毐等二十名犯人推入广场，当众将每名犯人四肢及头颅分别拴在五匹马上，五匹烈马各朝一个方向。只听行刑官一声令下，刽子手拼命将烈马狠抽得猛冲。霎时间，但见二十个活人被撕成一百块血肉模糊的碎尸。这种刑罚以前用车执行，故称为"车裂"，后来以马代车，而"车裂"的刑名不变。秦国有名的政治家商鞅就是被处以"车裂"之刑的。这是极为残酷的刑罚，凡目击者无不被吓得胆寒，而等二十名人犯被"车裂"后，尚有刽子手将各个犯人的人头捡起，悬于高杆之上示众，这就是所谓"枭首"。"车裂""枭首"之后，这血淋淋的行刑一幕才告结束。随之散去的围观百姓大概在相当长的时间里也难以抹去重压在心头的暗影。

对于要犯来说，"车裂""枭首"后，还有"灭其宗"，即族刑，满门抄斩和对其舍人的徒刑。在秦国，徒刑是没有刑期的，只有罚作劳役的分工不同。最轻者即为鬼薪，其服役内容是为官府砍柴。女犯则为官府择米，称为白粲。此外，还有城旦，舂，即为官府筑城、舂米。最常见的徒刑称"隶臣妾"，他们劳役的内容包罗从繁重的体力工作到家庭仆役的事务，是秦国最多的一种刑徒。而参与叛变的胁从者中，最轻的处罚是被判为鬼薪，更多的人被夺爵流放，有四千余家被迫迁往蜀地的房陵（今湖北省房县）。是年，蜀地气候异常，已到初夏季节仍天寒地冻，嫪毐叛党被迁往房陵之家，竟有活活被冻死者，从而民间有传说云："秦法酷极，天寒应之。"

王宫内的搜捕仍在进行。

嫪毐事发，其与太后的秽行也无法掩饰。秦王嬴政派人搜查王后所居的寝宫，竟于宫内搜出她与嫪毐所生的二子。此事嬴政虽早有所闻，但目睹之后仍怒不可遏，又兼太后为自己生母，丑闻传出，堂堂一国之主，有何颜面向国人交代。盛怒之下，他命人将两个幼儿当即活活打死，将太后囚禁雍城棫阳宫，不得自由行动。

至此，嫪毐、太后一党，总算被清除，镇压暂告一段落。而嫪毐和吕不韦两派势力的决战还没来得及展开，就以一方失败而告结束。

屠杀嫪毐党人的残酷场面，给秦国国都咸阳留下一片血腥气，也给秦王嬴政本人的心灵染上浓重的阴影。因为亲见太后的淫行给政治带来巨大的灾难，此后的一生，嬴政对男女之间不正当的性关系，表现出异乎寻常的痛恨。直到十余年后统一全国，在他亲自巡行各地时，还不断地立石刻铭，诏告全国百姓严守男女之礼，严厉禁止不正当的男女关系。就在公元前221年（秦始皇二十六年）统一全国后的当年，他在泰山所立石刻铭文中就有"贵贱分明，男女礼顺，慎遵职事，昭隔内外，靡不清净，施于后嗣"的文句，警告百姓恪守男女之大防。直到公元前210年（秦始皇三十七年）即他去世的那一年，临死前在会稽（今浙江省绍兴市）刻石铭文中还留下如此严格的法令："有子而嫁，倍死不贞。防隔内外，禁止淫佚，男女絜诚。夫为寄豭，杀之无罪，男秉义程。妻为逃嫁，子不得母，咸化廉清。"其中规定，有子女的女人若再嫁人为"不贞"，男人若与不是自己妻子的女人发生性关系，就如同睡在不属于自己圈里的公猪一样，应称为"寄豭"，无论什么人，杀死寄豭是不治罪的，且法律给以保护。为人妻者若要与旁人私奔，也被严厉禁止。身为统一中国的皇帝，到咽气之前还念念不忘端正风俗，制裁发生不正当关系的男女，可见秦始皇对这类事多么深恶痛绝，若不是秦国历史上自宣太后到自己生母的浪漫行为给嬴政心灵留下的暗影，上述那些端正风俗的政策会在秦统一中国后出现吗？那些端正风俗的想法会在秦始皇的头脑中出现吗？

公元前237年（秦王政十年）是秦国历史上的多事之秋。当嫪毐叛乱刚刚被镇压下去，吕不韦集团的势力尚未被触动之际，秦国又发现了奸细。

奸细就是韩国来的水工郑国。最初，郑国被派来秦国本就是执行"疲秦"计划的，不过秦国君臣始终没有发觉。当一个巨大的水利工程即将竣工之时，秦王嬴政才得知，郑国之入秦建水渠，乃是韩王的"疲秦"阴谋。将郑国捉来审问，他本人也供认不讳。

这件事又在秦国朝廷内引起轩然大波。联系起刚刚发生过的嫪毐叛乱，激起了秦国的宗室大臣对外来宾客的极大愤恨。一些宗室大臣纷纷上书，要求驱逐外来的宾客，他们说东方各国来秦的宾客都是为他们各自国家效力的，没有一个值得信赖的人，必须将一切从秦国以外来的人全部赶出去！除了出于对郑国及东方各进入秦国的谋士、宾客不满外，当然也针对吕不韦。因为吕不韦身为卫国商人，却在秦国当了十余年丞相，不仅本人总理朝纲，大权在握，而且大量吸收秦国以外的人士，将秦国宗室贵族弃之不顾，这必然引起拥有特权的贵族豪门的不满。成蛟的叛降就是一个信号。这些贵族为保持特权，哪顾得什么国家和社稷！只不过以前吕不韦执政，军政大权集于一身，各宗室贵族敢怒而不敢言，现在见秦王嬴政刚一掌权，就无情地镇压了赵国来的嫪毐，接着又发现韩国来的郑国竟是个奸细，感到驱逐包括吕不韦在内的外来人的时机到了，所以才拼命鼓噪，妄图借秦王嬴政之手，夺回秦国贵族的特权。

吕不韦大约也感到嫪毐失败后自己面临的危机，他开始收敛锋芒，极力佯装超脱，韬光养晦，甚至噤若寒蝉，一声不响。

在顽固守旧的宗室贵族煽动下，年轻的国王嬴政也异常激动，以郑国的奸细事件为由，下令限期将秦国内的所有外来宾客，一律驱逐出境。在秦国的大小城的城门、市肆之旁，不过几天就挂出了秦国朝廷的《逐客令》。

《逐客令》一公布，不免在秦国的众多外来宾客中引起巨大的骚动。他们都人心惶惶，不知为什么秦国竟改变长期以来招揽外来宾客的传统。但面对严厉的《逐客令》，也都无可奈何，纷纷整理行装，准备离开秦国，各自投奔别的国家。

就在这个时刻，在宾客中有一个人勇敢地站了出来，向秦国朝廷大声疾呼："客，逐不得！"在刚刚镇压过嫪毐又发现奸细的时刻，面对着森严的秦法，呼出这振聋发聩之声的又是谁呢？

这个人就是从楚国来到秦国，被吕不韦拜为客卿的李斯。

李斯力阻秦王逐客，是通过他写的一篇奏章《谏逐客书》发出的。在这篇有名的奏书中李斯写道：

"臣听说朝廷下《逐客令》，我以为这样做太过分了。翻开秦国的

历史看：当年秦穆公求贤，从西方戎族人请来了由余，从东方的宛找来
百里奚，从宋国迎来蹇叔，从晋国挖来了丕豹、公孙支。这五位贤人并
不是秦国人，却受到秦穆公的重用，结果使秦国强盛，兼并了西方二十
国，称霸西方。至秦孝公时，用商鞅之法，改变秦国的制度和风俗，很
快地就使秦国富庶起来，百姓安居乐业，东方各诸侯国俯首，战胜了
楚、魏的军队，将秦国领土扩大近千里，至今仍保持着强大的实力。秦
惠文王之时，也是用魏国来的张仪，取得了东方的三川之地，兼并了西
南方的巴蜀地区，北面攻占上郡，南面取得汉中，使原属于楚的鄢、郢
成为秦国的一部分，东面占据了成皋的险要，割取了肥美丰壮的地方，
就此解散了六国的纵约，使他们不敢与秦国公然为敌，直到如今张仪的
功劳还在起着作用。秦昭王时重用了魏来的范雎，贬斥了秦国贵族穰
侯，驱逐了另一支贵族华阳君，使公室强大起来，杜绝了贵族私人势力
的发展，像蚕吃桑叶般地征伐诸侯，使秦国成就帝王之业，这四位君
主，都因了客卿的功劳。如此看来，客卿有什么对不起秦国的？倘使这
四位君主不容纳客卿，不任用外来的贤士，怎么能有今天强大的秦国
呢？”

　　李斯首先追溯秦国任用外来客卿使国家强大起来的历史，接着又用
比喻，深入一步劝说秦国国君：

　　“现在，君王有昆山美玉，有随和的宝璧，挂着明月的珍珠，带着
太阿的宝剑，骑着纤离的骏马，打着翠凤的旗帜，支着灵鼍的皮鼓，这
些珍稀的物品都不是秦国出产，可是君王却很喜欢它们。如果只能是秦
国产的才能用，那么，夜光璧就不能装饰在秦国朝廷，犀和象的器具也
不能成为秦国宫廷内的物件了，郑卫两国的美女也不能在大王后宫侍奉
您了，外来的骏马也不能在您的马厩中供您使用了，江南的金、锡，西
蜀的丹青也都甭运来了，还有那宛地的珠，阿地的绢帛，各地的锦缎，
窈窕的赵国女子，也都不能为大王享用了。现在，秦国宫内流行的是极
其好听的郑、卫之音，如果按照秦国以外的东西都不要的原则，这些音

乐也不能听了，还是演奏那秦国传统的叩着瓦器、弹着竹筝、敲着大腿的声音刺耳的音乐吧！可是，大王还是喜欢听悦耳的郑、卫之声，不愿听那敲水瓶的乐器。这是什么原因呢？无非是称心、快意。现在，用人却不是这样，不问此人才能如何，为人怎样，只要不是秦人，就一律驱逐出去。这岂不是把人看得还不如珠玉和声色吗！这种做法哪里像制服诸侯、统一天下的君主呢？"

在这段里，李斯举出一大串事实，说明秦国仅靠本国、本地物质和文化是不行的，必须广泛吸收各国文明，当然更要重视秦以外的人才。最后，他在上书中指出"逐客"的危险后果：

"臣听说：地方广阔，米粮必多；国家强大，百姓必多；兵将强壮，士卒必勇敢；泰山能容纳泥土，所以才高大；河海能容纳小水，所以才浩荡深长；当君王的对百姓一视同仁才能得到拥护。因此，土地没有国界，人民可以自由移动，五帝三王无敌于天下，就是由于百姓都向他们投奔。现在君王却反而抛弃百姓，驱逐客卿、宾客。这不是资助敌国，让他们为别的诸侯国建立功业吗？这样一来，使天下的有识之士，不敢西来，真所谓'给寇借兵，给盗送粮'。要知道：不生于秦国却对秦国有用的物品不少，而不生于秦国的士人，愿为秦国效力的也不少呢？君王的《逐客令》一下，势必将秦国的客卿赶到故国，内部损害了百姓，外部结怨于诸侯，这样的国家，怎么能没有危险呢？"①

李斯的这篇《谏逐客书》反复论证逐客之令不可行，说理透彻，比喻恰当，有相当大的说服力，是一篇有名的古代散文。

写完这篇《谏逐客书》之后，李斯觉得似乎吐出了胸中的郁闷，顿时感到轻松了许多。但他估计，仅凭这一本奏书很难挽回秦王成命，对此书所起的效果并不抱多大希望。将奏书按程序呈上之后，等了几天不见任何反响，遂打点行装，准备离开秦国，东去另谋出路。

---

① 见《全上古三代秦汉六朝文》。

　　此刻的秦王嬴政还没有来得及翻阅李斯的这个有名的奏本，尽管内侍已把它连同其他一些奏本早放到秦王殿中的案上。

　　面对着案头一大堆奏本，年轻的嬴政陷入深深的沉思。宫女们送上浆水，他连看都不看一眼，膳房传来珍馐美味，他挥挥手示意拿走。内侍不敢多说，悄悄地退出。从下朝直到黄昏，秦王嬴政始终紧锁双眉，在寝殿内来回踱步。宫女们燃起了灯火，这几天秦王破例地没有召见、御幸宠妃，到深夜仍独自待在殿内。显然，他陷于难以解决的矛盾之中，思绪像大海的波涛，一时难以平定下来。让秦王嬴政如此为难的是如何处理吕不韦的问题。

　　嫪毐叛党已铲除，太后被囚，嫪毐和太后的私生子也被处死。但是，秦王嬴政知道，威胁自己国王权力的隐患并没有根除，那就是吕不韦集团还未受到触动。虽然吕不韦集团与嫪毐集团是对立的两派势力，但是他们两家同样都是以侵夺王权为存在和发展的前提的。从对秦王本人权力影响方面看，吕不韦比嫪毐的为害更甚。因为嫪毐毕竟只是个暴发户，在秦国的根基不深，他所依靠的仅是一个淫荡的太后。而吕不韦则为三朝元老，从孝文王时代就来到秦国，在庄襄王时期就身为丞相，掌握秦国军政大权，对秦王嬴政来说他又是"仲父"，或者如传说的那样，他就是嬴政的生身之父。嬴政在深思中，脑际不时呈现出幼年被抛弃在邯郸时和母亲相依为命的景象，那时若不是有吕不韦的安排，怕不知流落到哪里去了，哪里还有今天！想到这里，冷酷的嬴政脸上也不免露出一丝柔情。

　　可是，徜徉在秦王嬴政脸上的柔情并没有停留多久，阴森、沉重的表情又回到他那瘦削的面孔上。双眼射出凶狠的目光，一连串干咳之后重重地吐出一口在喉咙中停留了半天的痰。劈柴似的独特的干咳吐痰声惊动了待在殿外的宫女和内侍，根据经验他们知道，此时萦绕在秦王嬴政脑际的矛盾已经解决，大概决心已定，可以吃饭了。于是，消息传到御膳房，将刚才一箸未动的晚餐重新送上，请秦王嬴政进膳。

秦王嬴政终于从理智和感情的矛盾中解脱了出来。坐在秦国最高权力顶峰的位置上，嬴政对吕不韦专权、独断和跋扈的作风已有数年之久的体会。吕不韦身居丞相要位，又长期养大批游士，其权势远非嫪毐之流可比。尤其是在嫪毐被消灭之后，竟有不少宾客、辩士在秦王嬴政左右为吕不韦歌功颂德。这就更引起秦王嬴政的警惕和不安，而早已在秦王嬴政胸中萌发却不得舒展的权力欲，又似火上浇油，视吕不韦为不共戴天之敌，想到这里，哪里还顾得什么"仲父"的名分！你死我活的决心立刻代替了动摇、犹豫的情绪，坚决铲除吕不韦，不能含糊！决心一下，次日立刻付之于行动。

公元前 237 年（秦王嬴政十年），十月，即嫪毐被处死后的一个月——嫪毐被处死在九年九月，因秦实行的是以十月为岁首，十月即称十年十月，故十年十月实际是九年九月之后的一个月——在一次朝会上，秦王嬴政亲自宣布了一道诏令：

"免去吕不韦相国之职。"

免职的理由并不难找，仅仅援引范雎因荐举王稽和郑安平这一"用人不当"当连坐的先例和秦国固有的法律就足以定下吕不韦保举嫪毐入宫的罪名了。至于吕不韦专权以及他和太后的不正当关系，当然不必公开宣布。早在宣布免除吕不韦相职之前，秦王嬴政已做了周密布置。这位权极一时的相国被秦王派来的武装侍卫严密控制，实际成了瓮中之鳖，企图抵抗是根本不可能的。只有俯首谢恩，免冠罢相归府，等候进一步处理。

朝臣见吕不韦免相，有的拍手称快，有的暗暗同情。不过，因为军权现在已操在秦王之手，即使有人对罢相之举不满也不敢有所表示。

撤掉吕不韦的相国之职，秦王嬴政才轻轻地舒了一口气。

处理了吕不韦之后，秦王嬴政才又想起郑国的奸细案和他所下的《逐客令》。

"韩国派来的那个奸细郑国现在何处？"秦王嬴政向负责审讯的廷尉

垂询。

"启禀大王，郑国现在狱中关押，他对前来'疲秦'的阴谋供认不讳。"廷尉据实回禀。

"为何不快处死，留他何用？"秦王嬴政不悦地问。

"报告大王，对郑国的罪名已定，死刑在即。不过，罪犯希望在被处死之前能面见大王一次。"

可能由于好奇，也可能因为解决了嫪、吕集团后心情特好，秦王嬴政竟答应面见这位隐藏了数年之久、即将被处死的韩国奸细郑国。

"把郑国带上来，看他要对我说什么！"

王令传出，郑国即从狱中被带上殿，别看他身披刑具，在牢中囚禁多日，头发、胡子也未能梳理，身上散发出监中一股特殊的发霉气味。然而在他清癯的面庞上，一双机智的大眼，闪出坚定的光芒，一步步缓缓地来到王宫，一点也不慌张。秦王宫殿的威严似乎并没有影响郑国内心的镇定。相反，秦王嬴政在郑国面前却像是坐在被告席上，忐忑不安。

"奸细郑国，你承认有罪吗？"尽管被郑国的风采所震慑，秦王嬴政表面上仍不失君主的威严，以不可抗拒的口吻发问。

"是的，我的确是韩国派来的奸细！"郑国一点也不否认自己的罪名。然而，他接着侃侃而谈说出一大篇道理，则彻底改变了秦王嬴政的决定：

"我劝说秦国的君臣修渠，确实是为了延缓韩国被吞并的年限。然而，渠成之后难道不也是秦国的万世之利吗？"

秦王嬴政虽然凶残、狠毒，但并不糊涂，对郑国所说的表示赞同。

"现在，兴建在关中的偌大工程即将竣工。"郑国接着说，"何不让我将这项水利建设工程完成呢？"他没有哀求秦王赦免，也没有卑躬屈膝地出卖自己的主子，却以极其理智的道理打动了冷酷而聪明的秦王。

沉吟半晌，秦王嬴政轻轻地吐出了两个字：

"照准。"

于是，郑国当场被释放，阶下囚又成为水利工程的总指挥。郑国冷静而客观的表白救了自己，也救了中国古代的一项伟大的水利工程。秦王嬴政将计就计的精明决定，使韩王"疲秦"的愚蠢计划成为造福关中的举措。郑国从此全力领导修建完成这项水利工程，不久，一条从泾河通过渭北的水渠终于出现。这条被称为郑国渠的人工长河建成后，立即发挥了极大的经济效益，使秦国关中的四万余顷土地（相当于今天二百多万亩）得到灌溉之利，成为旱涝保收的丰产田。在水渠建成之前，渭北有不少盐碱地带，土质瘠薄，庄稼长得很差。郑国渠引来的泾河水中含有大量的沙土，使贫瘠土地得到改良。关中的农业生产面貌根本改变，亩产粮达一"钟"（约合今三百二十斤），在当时那种条件下，这个产量是相当高的。农业生产的稳定发展，给秦国加速统一中国，打下了牢固的物质基础①。

只有在这时，秦王嬴政才有心情静下来仔细阅读堆积在案头的奏本。

这一日，秦王嬴政正在一篇一篇地翻看竹简，突然读到李斯的《谏逐客书》，顿时兴奋起来。奏书中生动的语言、精辟的分析以及严密的逻辑紧紧地抓住秦王嬴政的心。他一面阅读一面不由得赞叹起来：

"说得不错！"

"有道理！"

"这个李斯真是个人才！"

看完后，秦王嬴政的主意已定，撤销"逐客"的决定，并且立即下令：

"快给我把李斯召来，朕要和他面谈。"

内侍将秦王这一决定传达给咸阳守令。守令不敢怠慢，马上派人到

---

①　见《史记·河渠书》。

李斯住舍。没想到李斯这时已携带个人行囊离开了咸阳。

李斯将《谏逐客书》呈上之后，多日不见朝廷有任何反应，眼看秦王下令逐客的时限已到，无可奈何地怀着绝望的心情打点行李上路，准备投奔别的诸侯国，另谋生路。

启程的第一天，刚刚走到咸阳以东数十里的骊邑（今西安市临潼区境内），踽踽独行的李斯就被一位乘快马的官吏追上。追来的官吏向李斯传达秦王决定：令李斯立即返回咸阳，入宫谒见秦王。聪明的李斯得知这一决定后，立刻猜出是《谏逐客书》起了作用，二话没说就随来人赶回宫内。返回的路上边走边把见秦王时对答的话一遍遍地打着腹稿，他想象着在秦王殿上将有一场紧张的答问。这是一生中最重要的时刻，是能不能在秦国飞黄腾达的关键，也可能是自己生死攸关的一次答辩。李斯这样想着，不觉已被人带入秦王的殿上。

李斯一路的充分准备，没想到根本没派上用场。当他来到宫内时，秦王嬴政正忙着处理头绪纷繁的军国大政，听到来人报告说李斯已被召回时，只轻轻地说了一声："令他官复原职！"就忙着处理其他事了。原打算在朝廷上卖弄一下才华的李斯，见秦王无意"垂询"，也只得谢恩下殿，回到从前住的邸舍依然当客卿去了。

《谏逐客书》虽未使李斯立刻得到重用，但毕竟使秦王留住了他，更重要的是这章奏书矫正了秦王"逐客"的错误决定，依然执行一贯的大开国门、广揽人才的政策。随着秦国军事上节节胜利，国土扩大，秦国内部生产发展、富裕繁荣，天下士人、百姓多向往秦国，许多政客、学者、游说之士及知识分子纷纷闻风西向，投奔秦国。

在《逐客令》撤销后涌进秦国的人流中，自然不免有一些随大流、赶浪潮的庸碌无能之辈，但确实有一批具有远见卓识、真才实学的精英人才也来到秦国。大梁人缭就是其中的一个。

和历史上不少有名的人物一样，缭这个人也留给后人很多难解之谜①。

缭，是这个人的名字。他来秦之前干过什么事，已不被人们所知，甚至连姓氏也没有留下来。只知道此人原是魏国大梁人，后因在秦国当国尉，人称尉缭。

尉缭的行踪虽然有点神秘莫测，可是他确实是位军事家这是毫无疑问的。他总结了战争的经验教训，写下了一本军事理论著作。在这部书中他系统地表达了对战争和战略、战术等方面的观点。

他认为军事上的胜利最终取决于国家良好的制度和政策，只有国家富足而安定，才能打胜仗。而治理国家的君主，不能靠天，不能靠地，应当靠自己："苍苍之天，莫知其极；帝王之君，谁为法则？往世不可及，来世不可待，求己者也。"他主张从整顿刷新政治入手，健全国家制度，明确君臣职守，公正审理案件，给受株连的众多良民平反，安抚流离失所的老百姓，使荒芜的土地得到开发利用，注重耕织，把发展农业作为治国之本，坚决实行农战政策，等等。

他认为战争有"义"与"不义"的区别，"诛暴乱禁不义"是战争的基本原则。军队所到之处，应该使农民不离开自己的官府。他认为只要军队所至，不侵害老百姓利益，不耽误农时，"足以施天下"。

在治军方面，缭主张选拔精明能干的将帅，并且"明制度于前，重威刑于后"，指挥官要以身作则，严格要求自己，与士兵同甘苦，要具有自我牺牲的精神，做到忘家、忘亲、忘身，赏罚严明，敢赏敢罚，严格军纪，严格训练。对于惩罚违纪和战败逃跑的军吏和军队编制、指挥信号、着装、训练、演习、从军、戍边、宿营、作战等方面的军事行动，他都在总结前人经验的基础上，提出一套具体规定。

---

① 关于尉缭的种种记载及不同看法见拙著《秦史》，台北五南图书出版公司1992年出版。

在作战指导上，缭极重视研究敌我双方情况，主张先调查对方实力，然后再决定举兵。他还特别提出国家掌握市场对军队保证供应的必要性，没有足够的军需，没有"百货之官"，就无能战之军。这些见解比起古代著名兵家孙子的思想有所发展。

缭的著作被后人称为《尉缭子》。这本书的经历也同缭本人一样具有相当浓重的神秘色彩。流传至今天的《尉缭子》共五卷二十四篇，计有：

卷一

　天官第一

　兵谈第二

　制谈第三

　战威第四

卷二

　攻权第五

　守权第六

　十二陵第七

　武议第八

　将理第九

卷三

　原官第十

　治本第十一

　战权第十二

　重刑令第十三

　伍制令第十四

　分塞令第十五

　　在最早著录本书的《汉书·艺文志》中却记"《尉缭》二十九篇"，归在杂家类，而另在兵形势家类中又记"《尉缭》三十一篇"。后来的《隋书·经籍志》《旧唐书·经籍志》及《新唐书·艺文志》仅记载有"杂家类"《尉缭子》。在传世本《尉缭子》中有"梁惠王问缭子"的字样，而梁惠王的时代远早于秦始皇八十余年之久。由这些缘故，历来对《尉缭子》其书和尉缭其人，出现了不同的看法。《尉缭子》这本书是属于兵家还是属于杂家？还是一部兵家《尉缭子》，又有一部杂家《尉缭子》？尉缭是一个人，还是两个人？是梁惠王时代的还是秦始皇时代的人？相互矛盾的资料令人百思不得其解，甚至有无"缭"这个人的存在也成了问题。1972 年 4 月，山东临沂银雀山一号及二号汉墓出土汉简一批，其中发现兵书若干种，就有《尉缭子》残简。这就为解开尉缭和《尉缭子》之谜提供了可贵的资料。从新旧有关资料可以证明，尉缭其实是秦始皇时代的兵家，而非梁惠王时代的人。《尉缭子》中有"梁惠王问"的文句，乃是当时流行的一种伪托前人的作文方式而已。

　　这里暂时抛开对缭和《尉缭子》的考证。且说公元前 237 年（秦王政十年），缭在秦国开放政策的感召下来到咸阳。

到咸阳后，缭不顾旅途劳顿，风尘仆仆地来到王宫，要求谒见秦王。嬴政听说有人求见，正值心情极好，痛快地应允缭上殿。

"当今秦国够强大的，各诸侯国无可匹敌。"尉缭一见秦王，劈面就开门见山地说，"可是，我担心各国合纵联合起来，那秦国就危险啦。"

秦王表示愿听他的"高见"，鼓励尉缭继续讲下去。

"依本人之见，请大王千万不要舍不得财物。拿出钱财去贿赂各国有实权的大臣，使各国内部产生矛盾。不过用三十万金，就可各个击破。"

尉缭提出的这个办法，倒也不是太新鲜。以前李斯和吕不韦也都这么做过。不过，秦王还是连连点头称是，表示可以按他的办法去干，并且也确实做了布置。在生活上对尉缭照顾备至，衣服饮食的供给和自己一样待遇。哪想到尉缭见到秦王后，对这位相貌丑陋的君主印象极坏。与秦王谈话后不久，他就与人说起对秦王的印象："秦王长得塌鼻，马眼，鸡胸，说话像狼叫。这样的人没有人性，心狠如虎狼，不得志的时候可以对人低三下四，一旦有权势则能吃人。我是个普通百姓，可他见到我后却显得过分的恭敬，此人若真得到天下，天下的人可就要遭殃了。我不能与他为伍。"尉缭大概是一个精通数术的游士，善于从人的相貌上看出各人的性格和作风。从他对秦王嬴政的评判中可以看出他的判断大致不错。尉缭看透了秦王嬴政阴险的个性，不愿与秦王为伍，于是就悄悄地藏起来，打算伺机逃出秦国。然而，秦王嬴政因知尉缭有军事才能，原打算在他面前表现得恭谦一些，没想到尉缭要走。听到这个消息，秦王马上派人坚决挽留，并将全国最高的军事长官职务——国尉，授与他。尉缭无奈，才勉强接受。后来秦国进行的统一战争，举凡大的军事行动，都有尉缭的策划。秦国能在战国末年不断取得统一战争的胜利，是与尉缭的贡献分不开的。

游魂东归

　　咸阳城内，紧挨着王宫的一座富丽豪华的府第，碧瓦朱栏，轩窗掩映，一股清流曲折蜿蜒地从府院内流过。在飞阁流丹、檐牙高啄的堂室中，藏置着无数的珍奇宝物、美女娇姬。这里就是吕不韦的府邸。

　　已被撤去相职的吕不韦，回到暂时尚属个人所有的、从前的相府，威风自不如以前。他眼望着园中枯草败柳，池里的残荷凋萍，秋风瑟瑟，大雁哀鸣，似乎有意衬托自己悲凉的心境。回忆起昔日的景象，不由得一阵阵酸楚涌上心头，那雕梁画栋的幽房曲室也像蒙上一层淡淡的哀愁，平时娇纵得宠的美妾都收敛了笑容，小心翼翼地回避着悒郁不欢的吕不韦。不久前威势赫赫、车水马龙的相府，现在变成一座阴森森的囚笼。住在里面的人都预感到，更大的风暴还在后头。吕不韦更清楚地知道，秦王嬴政对自己的处理决不会至此罢休。依往日的性格，他决不会坐以待毙，等着命运的安排。无奈今天大势已去，兵权不在手，只好躲在府中装死躺下，示意毫无政治野心，侥幸地希冀秦王嬴政把他放过。在罢相的这一段日子里，吕不韦真是度日如年，一会儿想到决不甘心这样失败，要设法夺权，一会儿又估计到自己只有少数家奴，没有一兵一卒，要夺权无异于自寻灭亡，只好听天由命。思绪起伏比渭河洪水期涨落得还要剧烈。此刻的吕不韦早已失去年轻商人的冒险性格，当年在邯郸毁家求奇货孤注一掷的精神，被多年来高官厚禄、养尊处优的生活消磨得一干二净。门下的宾客又纷纷离去，直接投奔了秦王。吕不韦彻底失去依靠，没了主心骨，丢了魂。剩下的只有对往昔的回忆和徒劳的哀叹。

　　秦王嬴政并没有忽略吕不韦，更没有忘记这位"仲父"。只是处理前方的战争事务，略略转移了他的视线。

战国时期的各诸侯国，若生存则必须打仗，而战争的胜负乃是决定一个诸侯国兴衰存亡的关键。到秦王嬴政十年，全国的形势大局已定。秦国如下山猛虎，一片片吞吃东方各国的领土，而各国只有防守的份儿，被秦灭亡仅是时间早晚的问题。秦王嬴政处理毕嫪毐集团之后，感到朝廷内已初步稳固。于是，就将注意力转向前方的军事方面。

十月，秦王嬴政下令，派桓齮将军统兵赴前线。此时，秦军在前线同时与几个国家交战。除较远的齐、燕、楚外，几乎所有的大国都在与秦国作战，争夺土地。桓齮是秦王嬴政亲政后任命的第一位将军。这位将军实际上是秦国几个方面军的总司令。事实证明，秦王嬴政所派的桓齮确是不辱使命，在前线屡建奇功。特别是在以后的岁月里，桓齮的功绩愈来愈大。仅公元前234年，攻赵国平阴（今山西省临汾市西南）一役，就斩首赵国士兵十万之众，成为战国末期有名的战役。

秦王嬴政亲政的这年，照例有外来使者前来祝贺，即使交战之国，也不妨碍这种礼仪性往来。是年，齐、赵两国有使者到咸阳置酒拜谒秦王。接着因秦国撤销了"逐客令"又重新昭示大开国门招揽贤才，于是，就有各国的游说之士纷纷来秦，有的向秦王建议用人之策，有的向其提供战略主张。一时之间秦国的宾客又增多起来，咸阳成为游士、宾客的聚集地。

有一天早朝，经过例行的朝仪后，国尉报告前方军情。这一段时间宫廷内剧烈地夺权斗争，自难免影响前方的军事进展。秦王嬴政听到没什么值得兴奋的消息，心中闷闷不乐，正要宣布散朝之际，忽听宾客班内有人高声请求奏事："臣下有事上奏！"

"说！"秦王嬴政出言一直简单而直率，他不愿听花言巧语，自己也从不多说一个没用的字。

"臣请求陛下赦免太后。"奏事的宾客是个马屁精，他对闹得乌烟瘴气的秦国宫闱内乱了解得一清二楚，见嫪毐已被处置，嫪党也已被粉碎，吕不韦的大权又被剥夺，年轻的国王亲自执政，大权独揽。而国王的亲生母却被幽禁。估计这无非是嬴政一时冲动，又碍于面子，不得不如此表示。既然太后的两个情人皆已被处理，她也不会再闹出什么风流事了。嬴政毕竟是太后的亲生子，母子之情不能不顾，但又矜持着君主的尊严，想赦免亲自幽禁的太后，自己又不好启齿。所以，揣测秦王的心理，这个马屁精宾客竟在朝廷之上提出赦免太后的请求。按说，秦王嬴政幽禁太后，不过是国王自己家中的内部纠纷，与别人有什么关系！可这位急于谄媚的宾客，却找了这么个题目巴结国王。禀报过后他心里美滋滋的，准备聆听国王的夸奖，幻想着领赏时的殊荣。

"胡说！"秦王的怒吼像一声霹雳，把沉醉在幻想中的马屁精吓得魂不附体。待到清醒过后，他才想到要说明一点理由，赶忙语无伦次、结结巴巴地辩解：

"启禀大王：太后乃大王之母，贤德慈惠，于大王有养育之恩，虽说那个什么有点不检点之处。可是，可是……事情已经过去了。若大王开恩……"

"住口！"没等马屁精说完，秦王早已按捺不住怒火，制止他再胡扯下去，"拉下去，把这个不知深浅的小子处死！"

原想谄谀奉迎秦王，没想到得到这样的下场，他伏在地下叩头如捣蒜，连呼"大王饶命"。秦王正在气头上，哪里听得进去，示意廷尉立即执行。

廷尉接旨，同时又请示用何种刑。秦王嬴政冷冷地吐出两个字："蒺藜！"

听到这两个字的满朝文武，以及侍卫和宦官，无不吓得面色如土，大殿内鸦雀无声。有人双腿在发抖，连衣服的抖动声音都能听到。那个可怜的宾客更是魂不附体，发出一阵狼似的哀嚎，凄厉刺耳的声音震动殿前的屋瓦，令人毛骨悚然。所谓"蒺藜"，乃是秦国最残酷的刑罚之一，即用铁制的蒺藜抽打受刑者，每挨一下，立时皮开肉绽，却不能立即死亡，直至血肉模糊、全身开花方慢慢因疼痛而气绝。这种酷刑不用说身受，就是听到的人都感到难以忍受。难怪殿内的人都像三九天被扔进了冰窖，一个个体似筛糠，舌如打结，目瞪口呆地看着那位拍马屁不成反遭毒打的倒霉蛋！

听着一阵阵远去的号叫声，秦王嬴政脸上显出一股得意之色，见殿下的文武官员呆若木鸡的样子，心中十分畅快，从上朝起积郁的一股无名火，也随之烟消云散。然而，表面上他仍然保持着发怒状，阴沉着脸，用他那特有的嘶哑的喉音，发出刺耳的命令。

"今后若有敢以太后之事说项者，均照此例处理！"

从朝会退下来的大臣们，被这一幕血淋淋的场面吓得几天不敢吭一声。过了好久，大家心中还在纳闷：秦王为什么对自己亲生母亲如此无情，为什么对马屁精用这样重刑？那些以忖测主子心理为生的宾客更是反复研究，百思不得其解。其中有人猜想，或许新执政的国王为显示公正、大义灭亲，故意用这一举动做给臣民看的；有人猜想，秦王内心何尝不想将自己母亲赦免？只是太后干的事太肮脏，丑闻扬天下，轻轻放过恐于世人面前落一个护短、以权谋私的恶名。猜来猜去仍然觉得秦王嬴政内心深处，还是希望有人替太后开脱。于是陆续又有人出来，请秦王念母子之情赦免太后，先后又有二十六人在朝廷上进谏，谁知这些不知深浅的进谏者，一个个皆被秦王用同样的刑罚处死。群臣这才亲身体验到，这位年轻的君主决不轻易被人说服的脾气，也懂得了骨肉之情在最高的统治者家族内，已经淡得如白水，以常人的思想感情和思维方式去衡量一个国君，特别是一个杰出的国君，一定有许多事不能理解。无限制的权力和为维持这一权力所要做的种种残酷的斗争，需要坐在权力顶端的统治者摒弃常人的情感，把自己变成冷冰冰的机器。众臣下、宾客见秦王嬴政果真毫无怜悯、宽赦太后之意，且言出法随，不会轻易改变主张，自无人再敢触逆鳞，自寻死路，从此无人敢言太后事。

无论多么惊天动地的事件，随着时光的流逝，也都会在人们的记忆中褪色、淡忘。太后和吕不韦的事，闹腾过一阵之后，因为再没人提起，过不多久，差不多都被人忘了，似乎从来没有发生过一样。

有一天，秦王政在宫中筹划前线战事。突然宫门禀报：有齐国沧州（今河北省沧州市）人茅焦前来进谏，随同他来的还有一群沧州的同乡。一听到"谏"字秦王就有预感似的，令宦者去问："来者不是进谏太后的事吧？"茅焦回答说："本人正是为此而来。"宦者回宫如实向秦王嬴政传达。秦王嬴政说："你去告诉他，难道他没见到宫门前那一堆死人吗？"宦者又返至宫门转告了秦王嬴政的诘问。

"已经见到了。"茅焦平静地回答。

"那你为什么还要找死？"宦者十分不解。

"我听说天下有廿八宿，今死者才有廿七人，我之所以来正是凑足这个数，本人是不怕死的。"茅焦显然是胡诌。

宦者还没有见过这种自己找死的家伙，十分不解地进宫如实向秦王报告。而随同茅焦一起来秦的齐国同乡，也没想到茅焦会说出这种荒谬的言辞，见形势不妙，全都背起行李逃走，以免受其连累。

秦王听到宦者报告后，按捺不住怒火，拍案大叫：

"这小子自己找死，好！把锅准备好，烧上开水，这次你想让尸首埋在宫门口也不行了。"

宦者领茅焦入内，茅焦随使者进宫，却又磨磨蹭蹭慢条斯理，好像饭后散步，既不慌张，也不发怵。

"你快点走啊！"宦者有点不耐烦。

"臣走进去就死，您难道还不可怜我，让我晚死一会儿吗？"茅焦说得让人心酸，可是面部表情一点儿也看不出害怕的样子。宦者只得由着他慢慢走来。

终于，来到秦王嬴政面前，茅焦叩拜如仪，尚未等秦王发问，先说：

"臣听说，有生者不讳言死，有国者不讳言亡。讳言死的不能得生，讳言亡的不能得存。死生存亡这种大事，是圣人所需要了解的。不知大王想不想了解？"

"你说吧！"秦王没好气地说。

"秦国现在正以统一天下为己任。"茅焦巧妙地先恭维一句。不过，这是实情。接下来的话就不那么好听了："可是，陛下车裂假父，暴露出您的嫉妒之心；扑杀两位弟弟，有不慈的恶名；又把令堂囚禁于雍城，落个不孝的骂名。您的名声如此之坏，又用蒺藜打死劝说您的谏士，像古代暴君桀、纣一样专权。这些事让天下人知道，绝对不会再有人投奔秦国了。臣担心秦就会亡在陛下手中。"

这些话犹如当众揭秦王疮疤，指责车裂嫪毐，并当面说这个大坏蛋是秦王的"假父"，又把嫪毐和太后所生的两个私生子说成是秦王的"两弟"。这比任何骂人的语言都恶毒，在旁听到的人无不为之捏一把汗。茅焦自己说完也解开衣服做出准备伏刑挨杀的样子。

殿内气氛异常紧张，在场人都预料秦王的愤怒会像火山一样爆发，大概又要增加一具死尸了。

"啊！"没想到秦王若恍然大悟，忙下殿亲扶起茅焦，"请先生穿好衣服。您的看法很有道理，我一定接受。"

形势戏剧性的变化，令所有的人都松了一口气。

茅焦起身，整理好衣冠。秦王嬴政立即下令立茅焦为"仲父"，赐上卿之爵。

接着，秦王亲自到雍城将太后接回咸阳，奉养于甘泉宫内。被接回咸阳的太后，大喜过望，亲自设酒宴答谢茅焦。席间，说不尽的感谢之辞，把茅焦说得似秦国的第一大功臣：

"平反冤案，扶秦国社稷，使之转危为安，让秦王母子复得骨肉相聚。这全都是茅君之力。"

在欢宴中，太后的风流案就以喜剧的形式结束了①。

_____

①　见《说苑》。

以暴戾、残忍、嗜杀成性而著称的秦王嬴政，为何竟能面对茅焦的辱骂而不怒？特别奇怪的是，在茅焦之前，秦王嬴政已经毫不留情地杀死了二十七个为太后事而进谏的人，何以偏不杀茅焦？甚至还接受他的意见，接回太后？后来有人据此而推测关于太后与嫪毐的私情的传说，乃是别人诬陷。秦王对嫪毐和太后的处理实为冤案，故闻茅焦劝谏之后幡然悔悟，立即平反。但这种推测无法解释何以前二十七人皆被杀？其真实原因大约是茅焦的说项并不是以母子之情打动嬴政，而是以秦国统治的现实需要说服嬴政。从政治上考虑，作为政敌的嫪毐集团，首犯及骨干已被铲除，太后在这一集团中已失去作用，不构成王权的威胁，而当时秦国正进行统一战争，嬴政胸怀横扫六合之雄心，急需笼络天下人向秦。而各国游说之士能量极大，其心向背对国之兴衰、战争胜负有直接影响。若以一个连生母都不认的无情冷酷的国君面目出现于天下，则天下士人必不敢再投奔秦国。一个连对生母都毫无情感的国王，一个对进谏之士处以酷刑的暴君，谁还敢来投奔？茅焦的聪明恰恰表现在：他不是以常人所持的亲情来说服秦王嬴政，而是以嬴政如此面目将给世人留下何种形象，以及这种形象给嬴政自己带来种种不利后果，来拨动嬴政追逐功利、地位、权势、声望的心弦，才使秦王嬴政改变了主意。

秦王改变主意的结果，立刻给秦国和他自己带来好处，冷酷的暴君毕竟因恩赦太后而涂上了一点"慈""孝"的脂粉；刚愎自用、专断拒谏的独夫也因不杀茅焦而蒙上一层"礼贤下士""从谏如流"的面纱。当面咒骂秦王嬴政的茅焦，确是"小骂大帮忙"。而涂上脂粉和蒙上面纱之后的秦王嬴政，也从中得到实惠，在茅焦来秦之前，就有一些宾客来秦，在茅焦说秦王之后，又有大批有识之士投奔秦国，形成了统一中国前人才西流的盛况，而许多来自秦国以外的军事家、政治家都得到秦国的重用。他们在统一战争中为秦国效力，有着不可磨灭的功劳。其中著名的如军事家尉缭、王龁、桓齮、王翦、王贲、李信、王离、赵婴、杨樛、蒙恬等，政治家姚贾、顿弱、李斯、王绾、冯劫、赵亥、隗林、冯无择、王戊、宗胜等。如果没有这些外来的军事家、政治家为秦国做出贡献，秦统一中国历史任务能否完成，大概要画个问号，中国古代的这段历史可能也要重写。

淫荡的太后接到赦免令后，高高兴兴地回到咸阳。她一路上回忆不久前和嫪毐的狂热、和吕不韦的勾搭，以及在几个男人间周旋的甜蜜、温馨的日子，现在一切都成为过去。咸阳城里宫阙依旧，灞河两岸垂柳如故，只是昔日随时可满足自己情欲的多情种嫪毐已下地狱，唯有在深更夜静独卧寒衾之时，才能淋漓尽致地在自己脑海中重温旧梦，聊为画饼充饥。但虚幻的享乐毕竟不能真正满足精神和肉体的急需。幸好还有一个旧情人吕不韦在京城，回去之后鸳梦重温也可解多日饥渴，想到这里不免一阵冲动，自己似乎感到心跳得更快了，四十余岁的半老徐娘，身经百战的荡妇，倒像是初次偷吃禁果的少女一样，陶醉在对往昔的怀念和对未来的憧憬之中，恨不得一下飞到咸阳投到吕不韦的怀抱之中。

她哪里想到心上人吕不韦的厄运，这时才真正开始。

罢相后的吕不韦龟缩在相府内，当然不会像太后那样只想到淫乐，他知道让出相位绝不是最后的结果。根据他多年对秦王嬴政的了解，更严重的打击还在后头。既然无力对抗，只好听天由命。果然，在太后回到咸阳之时，吕不韦在府中也收到秦王嬴政的手令：

"令文信侯就国河南。"

当吕不韦战战兢兢地受领了这道驱逐出国都的君令后，既忧虑又庆幸：忧虑的是担心的事果然来了，秦王嬴政开始把打击的矛头对准了自己。"就国河南"实际就是进一步削弱曾为丞相的吕不韦的势力，令他远离政治中心，至于下一步等着自己的是什么，就难以揣测了！所庆幸的是，君令上还称自己为"文信侯"，表明侯爵还是被秦王承认的，而逐出国都的名义乃是"就国"，即回到自己的领地上去。这种做法不仅给自己留下面子，而且说不定给政治命运的转变带来契机。因为吕不韦曾被封文信侯，赐洛阳十万户领地。但在战国后期，秦国给功臣和贵族所赐的封地，都是供给衣食租税的领地，拥有该领地的王侯贵族不必亲至，只需居住在国都坐食领地租税而已，秦国国君一般不让拥有领地的贵族住在自己封地之内，以免他们的势力膨胀，形成"尾大不掉"之势。拥有领地的王侯贵族也乐于在国都优游享乐，以免遭到国君的猜忌。但吕不韦这次却意外地得到"就国"的君令，不能不令他暗暗高兴。他心想：嬴政毕竟"嫩"了点，没有估计到离开国都、逃脱朝廷直接控制的"文信侯"会有更大的"作为"。为此，遭到驱逐的吕不韦忧中有喜，急忙匆匆收拾行装，赶往河南"就国"去了。

当太后回到咸阳时，吕不韦早已离开了原来的相府，沿着黄尘漫舞的通向东方的大道"就国"去了。

来到自己领地之后，吕不韦就像换了一个人。他精神焕发地接待、拜访当地豪杰、父老，兴致勃勃地研究政治、军事局势，热情洋溢地招纳外来的宾客，不断同东方各国派来的神秘人物频繁交往。他似乎不是失宠待罪的大臣，而是雄踞一方的领主。以"养士"驰名的吕不韦又在极短的时间内招集了一批宾客，在他的领地里又出现了令人生疑的种种迹象。吕不韦想干什么？

不久，一些消息陆续传到秦王嬴政的宫中，有人向秦王报告：

"关东各国诸侯不断派宾客、使者和吕不韦联系。"

"吕不韦家中宾客盈门，有不少人为其歌功颂德。"

"各诸侯与吕不韦信使相望于道，往来密切。"

开始，秦王嬴政对这些消息没有做出任何反应，是因为没在意，还是故意装糊涂？不得而知。但吕不韦却因此逐渐嚣张起来，这个饱经政治风云变幻的政客，在所有的反攻、翻案准备中，处处周详，样样仔细，却唯独忘记"韬光养晦"这一重要策略。他不该在羽翼尚未丰满之际，任宾客颂扬之词流传，更不该毫不掩饰自己声望一天天上升的事实。也许是可怕的虚荣心，或是过高地估计了自己的力量。总之是不够谨慎，使吕不韦招来杀身之祸。

经过一年的观察，秦王嬴政眼见回到河南领地的吕不韦势力迅速膨胀，围绕着吕氏奔走出力的宾客、谋士愈来愈多，吕不韦的野心一天天明显地暴露出来。城府甚深、谙熟谋略的秦王嬴政终于下决心断然除掉这一祸根，管他是不是自己的亲生父亲！

一天，吕不韦正在领地的宅邸内与众宾客闲谈，忽然门卫报告：秦王自咸阳派人传令已至府门。吕不韦慌忙至门前迎接，双手捧过三尺竹简，拆开封泥，只见简上写道：

> 君何功于秦？秦封君河南，食十万户。君何亲于秦？号称仲父！其与家属徙处蜀！

这道诏令的目的是将吕不韦流放到蜀地。但所据的罪状则是以质问的口气说：你有什么功？被封为文信侯，还食十万户！你与秦王有什么亲属关系，敢称"仲父"？这就是说：你吕不韦无亲、无功，根本没有资格自居如此高位！这样一来就等于说吕不韦死有余辜，因为嫪毐事发之后，本应连及吕不韦同罪，而当时秦王嬴政之所以"不忍"处死吕不韦，一是因其"功大"，二是由于他与秦王嬴政的说不清道不明的关系。但这一令中，秦王一口把吕不韦的"功"和"亲"都彻底否定了，一个既无功又与秦王不沾亲的人，竟敢号称"仲父"，又占据洛阳十万户，这岂不是弥天大罪吗！令其迁蜀真是便宜他了。

按秦王嬴政的作风，若要处死一个免官的大臣，本无需说明什么理由，更没有必要大张旗鼓地宣布其罪状，但对吕不韦却例外地诏告天下：吕氏与秦廷"无亲""无功"而枉居高位。这不恰恰从反面透露出吕不韦对秦的贡献和与秦王嬴政的特殊关系吗？否则，他何必极力否认呢？

风流一世的吕不韦最终明白，自己的政治生命已到尽头，无法逆转。既然由本人一手带大的亲生子对自己采取这样的手段，一切挽救的办法都已无济于事。于是，他老老实实遵照秦王手令，按时带领家属一步步踏上通往蜀地的艰难旅途。

从中原的黄土地，经过关中沃土，爬上崎岖巍峨的蜀道山路，终于来到指定的流放地点。吕不韦在遭到一次次厄运的打击后，早已锐气蚀尽，意志磨光。一副孱弱的身躯，残存的仅是一丝苟延生命的可怜欲望。他在数千里长途跋涉的艰苦途程中，昔日邯郸觅宝的成功，秦宫游说的告捷，掌秦国相印的威风，以及在姬妾、王后帐中的温柔，一定会时时闪现在脑际。此时，往事如云烟，他感到人生之无常：一个平凡的商人忽而成为不可一世的大国丞相，又忽而变成阶下囚。谁能想到这前后的变化不过是二十几年的时间。当年，作为一个平凡商人，企望着攫取暴利。当费尽心机，爬上秦国权力顶端的时候，哪里会想到日后欲求当一名平凡商人而不能的日子呢？

吕不韦哀叹着自己不幸的命运，忍辱含恨地在蜀地住下来。但他的悲剧还没有结束：秦王嬴政还没有停止对他的监视。在吕不韦居住的地方，不时有官府派来的人公开盘查或秘密盯梢，使吕不韦如芒刺在背，寝食不安。在这段凄苦难耐的日子里，他一定想起一百年前来到秦国的商鞅和自己十分相似的遭遇。曾经在秦国出现的一幕惨剧，也时时浮现在吕不韦的脑际——

那是公元前338年的一天，在秦国境内的一个小城——渑池，轻风温柔地亲吻着树林，朵朵白云掠过青春的田野。这是一个看不见战场烽火的平静的日子。然而，这天当地的多数百姓没有像往常一样去干活，却拥向城边的广场，惊惧地观看着在此发生的一幕惨剧：在广场中央一个壮年汉子被当众处以"车裂"酷刑。只见那受刑的汉子的头和双手、双脚各被缚在一匹精壮的马后面，而那五匹早已耐不住性子的烈马猛地向各自不同方向窜出。撕心裂肺的惨叫还在广场上空回荡，那汉子的肢体就被扯成五块，血淋淋地拖在五匹马的屁股后面，冲出人群朝远方跑去。这位被撕成五块的人，就是在秦国实行改革变法的商鞅。想到发生的惨剧，吕不韦不禁想起他的这位老乡一生辉煌的业绩，悲叹人生易逝，命运无常。

商鞅出生在战国时中原的一个小国——卫国的贵族家中。他的祖父是卫国的国君，按当时命名的惯例，他原称卫鞅（以国姓），也可称公孙鞅（因祖父是国君，故称公孙），改称商鞅是后来的事。

商鞅自幼好学，曾拜过鲁国著名学者尸佼为师。当时，思想学术界空气十分活跃，各种学派、各种主张都可自由发表，各自宣扬理论、学说。史称"百家争鸣"。而尸佼则是包容各派的"杂家"，他的学生卫鞅当然也对各派主张都有涉猎。不过，在涉猎过各家学说之后，卫鞅独对法家的"刑名之学"特别有兴趣。

商鞅出生的卫国，那时已经衰落，早成为一个被强邻欺辱的小邦。见自己的祖国离灭亡之日不远，待在国内没有前途，卫鞅趁年轻就在公元前365年投奔魏国。

不过，商鞅在魏国待了几年，并没有得到重用，他的才能和抱负也没有得到施展的机会。一直到公元前361年秦国发生了一件大事，才改变卫鞅此后的一生命运。

公元前361年，秦国的国君献公病死，二十一岁的渠梁继位，是为孝公。这位新登基的国君面临极严峻的形势：位居关中的秦国长期处于落后的地位，国内经济停滞不前，又受到东方强国和西部戎、狄少数民族的欺辱，那些实力强的大国如齐、楚等国简直把秦国视为尚未开化的野蛮人，甚至中原各诸侯国会盟都不准秦国参加。这种客观形势对不甘落后的秦孝公有极大的刺激，使他感到作为一个大国竟落到如此地步，真是奇耻大辱。于是，孝公刚一登上王位，就实行富国强兵、稳定人心的措施，赈济贫困孤寡，招兵买马，赏赐有功之士。同时，他还宣布了一条极为重要的法令：

凡能使秦国强大起来的人士，都可以得到官做，分到土地。

这是一项有特殊吸引力的政策，它既无国别限制，又无等级前提，没有任何条件。不论张三、李四，只要"强秦"就可升官发财。

正是在这一大胆开放的法令下，在魏国未能施展其才能和抱负的商鞅来到秦国。

商鞅到秦国后，通过秦国大臣景监去见秦孝公。第一次见到孝公时，商鞅向孝公说以"帝道"。这是属于"道"家学派的一种政治学说。秦孝公对这一套毫不感兴趣，商鞅边讲，孝公边打瞌睡。第二次商鞅又求见孝公，这一次向孝公说以"王道"。这是儒家的学说。孝公仍然不愿听，并十分生气地责备景监竟给他找来这样一个无用之人。商鞅第三次求见孝公，说以"霸道"，这是法家的学说。这一回孝公听后才对商鞅重视起来，开始有用他的意思。于是，商鞅又一次同孝公谈话，向他鼓吹"强国之术"。孝公对此特别有兴趣，听着听着不觉凑到商鞅面前，一连数日也不厌倦。商鞅的"强国之术"就是法家的一套政策和主张，孝公觉得这一套是有效的。因此，他相信了商鞅的学说，准备按照这样的学说，对秦国的制度进行改革。

秦孝公虽相信商鞅的法家理论主张，准备进行变法，但仍有一些犹豫：他顾虑"变法""更礼"改变旧的制度，会遭到守旧势力的反对，一时下不了决心。

依照秦国的惯例，凡国君一时不能决断的大事，允许在朝廷上争论。于是，秦孝公便召集反对变法的两个代表人物——甘龙和杜挚，在朝廷上和商鞅展开辩论。

在辩论中，商鞅首先针对孝公思想状况，直截了当地指出："疑行无成，疑事无功"，若要变法，就不要怕别人反对，而要强国必须变法。这种言论得到孝公支持，但遭到甘龙和杜挚的反对，一场激烈争论就此展开。

由于商鞅的理论、主张，适应了秦国的需要，迎合孝公"图强"的愿望，经过辩论，秦孝公终于下定决心，任用商鞅实行变法。

接到孝公的任命以后，商鞅就制定改革秦国旧制度的法令。在这些改革法令没有公布以前，商鞅曾做过这样一件事。

一天，商鞅将三丈长的一根木头放到国都的南门，并宣布：有能将它移至北门者，赏十金。当时，人民莫名其妙，没有人敢动。接着，商鞅又宣布，能移去者赏五十金。果然，有一人将它移去，商鞅立即赏此人五十金，"以明不欺"。商鞅之所以干这件事，就是为取得国人对法令的信任，表明当政者出令必行，有禁必止。

这件"取信于民"的事做完之后，秦国就实行改革。

秦国实行改革所公布的第一道法令是《垦草令》。"垦草"就是开荒。由于统治阶级压迫、剥削，使劳动人民纷纷逃亡，以致土地无人耕种。秦国境内又有大片未开垦的荒地。《垦草令》就是命令人民开荒地，以增加生产。可见，秦国的改革是从经济建设开始的。

秦国的变法虽自公元前359年就开始了，但由于在这期间商鞅仅系客卿的身份，没有实权，所以一切变法措施仍是由孝公推行。到公元前356年，即商鞅入秦后三年，孝公拜商鞅为左庶长。孝公将实权交给商鞅，就在这一年，商鞅立即实施大规模的改革。

公元前356年（秦孝公六年），商鞅又公布了这样的法令："令民为什伍。"规定五家为一伍，十家为一什。如果一家"犯罪"，其余四家就要连坐。这就是什伍连坐法。

由于秦国人民都编制于伍、什之中，实行什伍连坐法，所以较远的往来和留宿客舍（旅馆）均须有凭证。没有凭证者，客舍主人不得收留。否则，客舍主人就要同罪连坐。

商鞅推行新法的第二个方面，是奖励为封建政权作战，而严格禁止私斗。

奖励军功的办法是：凡有军功者，均可得到赐爵、赐地、赐官等奖赏。根据各种资料记载有下列几项具体规定：

（1）凡在战争中能杀得敌人甲士一人、并取得其首级者，赐爵一级，并且还赐田一顷，宅九亩。得一甲首者，若为官者可当五十石俸禄之官，得二甲首者可为百石之官。也就是说，一爵相当于五十石之官。

（2）斩得敌一甲首者，还可役使一人（或一家）为自己的农奴，"除庶子一人"，得到五个甲首的即可"隶五家"。

与奖励军功紧密关联的是爵制。商鞅变法以前，在秦国也有官爵，如上造、大夫、庶长等，但并不细密。商鞅变法过程中，对秦的爵制进行系统整理，并明确规定了二十等级。

与爵相适应，还有一定特权和待遇，如前述：得爵一级的就可役使农奴性质的"庶子"一人之类。爵至九级五大夫，就可"税邑三百家"，即坐食三百家的税收。七级公大夫，就可以得到同县令相等的待遇。若犯罪，爵高的可以用爵抵罪。

商鞅变法时规定：无军功者虽然是宗室贵族，也不得超越规定的标准占有田宅、臣妾。连穿衣着履都有限制，不得任意铺张。

秦国变法时还规定：凡由耕田和纺织而生产粟帛多的人，则可免除自身的徭役；凡经营商业及怠惰而贫困的，要连其妻子儿女一同没入官府为奴。

当时，将农业称为"本业"，将从事商业称为"末业"，重本抑末从此成为秦国的传统。商鞅变法时推行的这一政策，对发展封建经济有着积极作用：它使更多的劳动力投入到农业生产上来。但由此途径也造成了一批地主，因为法令规定"至帛粟多者，复其身"，帛粟愈多者，负担愈轻。其结果是贫者愈贫，富者愈富，造成"富者田连阡陌，贫者无立锥之地"的现象，这也是封建经济发展的必然规律。

商鞅还制定了严厉的法令，以维护封建地主阶级利益。这些法令制度的原则是"轻罪重刑"，即使犯了很轻的"罪"，也要处以极重的刑罚。据说连"弃灰于道者"（将灰倒在路上），也要处以黥刑。因为先秦的法家都有这样一个理论：认为只有对轻罪处以极重的刑罚，人们才不敢犯更大的罪，"重刑，连其罪，则民不敢试"。由于民不敢犯罪，则"国无刑民"，这叫作"以刑去刑"。

商鞅变法，首先遭到秦国旧贵族势力的反对。新令一公布，太子驷的老师公子虔以及公孙贾为首的一部分旧势力代表人物，就故意违犯法令，阻挠新法的推行。商鞅就将公子虔处刑，将公孙贾黥面。还有许多人认为新法"不便"，议论纷纷。在商鞅的严厉镇压下，这些人再不敢说话，就是用这样的暴力推行了新法。

当然，在地主阶级专政的确立过程中，劳动人民反抗斗争也随之展开了。据《史记·商君列传》载：新法"行之十年"，"山无盗贼"。可见，至少在最初"盗贼"（也就是劳动人民的反抗斗争）还是有的。

总之，商鞅使用严厉的镇压手段推行新法，将议论法令的人均"迁之于边城"，将触犯法令的人处以酷刑。据说，一天就在渭河边上杀死七百余人，"渭水尽赤，号哭之声动于天地"。结果，使新法得以推行，"秦人皆趋令"，取得了初步的成果。

公元前352年（秦孝公十年），商鞅又被升为大良造（又称大上造）。为了进一步保护封建制，继公元前408年，秦简公时代"初租禾"承认封建土地私有之后，商鞅又于公元前350年宣布："开阡陌封疆"，即把标志着国有土地的阡陌封疆去掉，所以也称为"决裂阡陌"。

在公元前350年以后，商鞅又陆续颁布了许多改革的法令。公元前348年（秦孝公十四年）"初为赋"是改革中的一项重要内容。它是以人口为计算对象，即按人口征收"赋"——人头税，也就是除以田亩收"租"外，还要以人头征"赋"。从此"田租"（土地税）和"田赋"（人头税）成为封建社会两种重要的赋税制度。它们像车之两轮、鸟之两翼一样，是封建政府财政收入不可少的两部分。

公元前344年（秦孝公十八年），秦国政府又下令统一度量衡，这也是改革中的一个重要内容。

县，本来是秦国原来就存在的一级行政组织机构。不过，在以前它只设置于个别地区。商鞅在变法时，将县制在全国普遍推广，开始共设县三十余个，以后随着土地的扩展逐步增加，成为封建地方政权的基本组织形式。每县设县令和县丞，这些官吏领取封建朝廷的俸禄，而国君则可随时任免他们，与奴隶社会的世卿世禄制完全不同，是属于封建性质的行政机构和官僚制度。这一套行政组织，为以后数千年的封建国家机器最初的雏形。

第二次大规模进行变法的时候，秦国还将国都从栎阳迁到咸阳。

迁都的目的是十分明显的：秦国的统治阶级急欲向东发展，原来的国都栎阳位于关中平原中部，处于同魏国斗争的重要位置上。由于秦献公晚年同魏国斗争取得一系列的胜利，迫使魏国在公元前 361 年将国都由安邑（今山西省夏县）迁往大梁（今河南省开封市）。这时，河西之地部分已为秦收回，斗争中心转移至函谷关以东，秦国的视线就扩展至更远的东方。这样，栎阳就显得偏北了，这里不是去函谷关的大路，而咸阳（今咸阳市渭城区）北依高原，南临渭河，适在秦岭怀抱，既便利往来，又便于取南山之产物，若浮渭而下，可直入黄河；在终南山与渭河之间就是通往函谷关的大道，这对向东发展极为方便。

商鞅变法是对旧制度的改革。革除了奴隶社会的旧制度，封建制就在秦国确立起来。封建制代替奴隶制，是社会发展过程中的重大进步，新兴的封建制对于当时的生产力发展是起着促进作用的。因此，经过变法后的秦国，"兵革大强，诸侯畏惧"，"家给人足"。其后，随着封建制在秦国的确立，在商鞅变法过程中，秦国就逐渐改变了落后、衰弱的状况，一步步地强大起来。

由于在变化过程中，秦国日益富强，对外战争也逐渐自败而胜，使秦国在各国间的地位步步提高。

在秦孝公实行变法以前，魏国对秦国的威胁是很大的，虽然在公元前 362 年前后，秦国夺回河西一部分地区，并迫使魏国迁都大梁，但河西大部分仍在魏国控制之下。公元前 358 年，在秦国将要大规模变法之前，魏国派大将龙贾沿洛水修了一道长城，从郑向北，将河西、上郡等广大地区圈在长城以内，虎视眈眈地伫立在秦的侧翼。

在商鞅变法最初几年，秦国无暇外顾，魏国也新迁大梁，双方没有发生大战，但各国都在进行着紧张的外交活动。这期间，秦国也开始了大规模的封建改革，并初步显示了成效。见到秦国开始强大，魏国也不敢再把它当作戎狄看待了。公元前 355 年（秦孝公七年），魏惠王与秦孝公在杜平（今陕西省澄城县东）相会，从此结束了中原各国长期以来不与秦国会盟的局面，显示了秦国地位的提高。

公元前 354 年（秦孝公八年），趁魏、赵交兵之际，秦军出兵攻魏，在元里一战大获全胜，斩首七千级，攻取了魏国的少梁，取得变法后第一次对魏的胜利。

当中原几个大国正在酣战之际，商鞅在秦国变法已取得初步成果，商鞅本人也升为大良造，控制着秦国的军政大权。趁魏军的主力在东面与齐、赵等打得难解难分的时候，商鞅率秦军向魏国猛攻。他们穿过河西，直奔魏国过去的国都安邑，迫使安邑守军投降。这一年，魏国虽在固阳继续修筑长城，也依然没有能阻止住秦国的进攻。

公元前 351 年（秦孝公十一年），商鞅率兵围攻固阳。魏国的固阳守军在强大的攻势面前只好投降。秦国取得再次的胜利。

公元前 342 年（秦孝公二十年），商鞅向孝公提出，趁此机会伐魏，魏国必支持不住，只能东徙，秦将魏赶走，"据河山之固，东向以制诸侯，此帝王之业也"。孝公当然同意商鞅的看法，九月，派他率兵伐魏。正在秦国向魏进攻之时，十月，赵国也出兵攻魏，魏国两面应敌，力不能支，被秦国打败。

公元前 340 年（秦孝公二十二年），秦、赵两国又一次向魏进攻，魏国形势危急。商鞅则率领秦兵继续攻魏之西鄙，魏国派公子卬（áng）率兵抵抗秦军。以当时秦魏双方兵力而论，秦军很难迅速取胜，商鞅自忖正面交战不行，就写信给公子卬。原来商鞅在魏时，曾与公子卬有旧交，商鞅假意表示念旧，愿意罢兵和好，并约公子卬前来饮酒会盟。魏国正处于几面受敌之际，公子卬接商鞅来书，自然欣喜异常，信之不疑并应约前去会盟。不料会盟刚一结束，正待饮酒之际，商鞅早已埋伏好的甲士突然出现，公子卬立即成为秦国的俘虏。而秦军则趁势进攻魏军，魏军毫无防范，又失去主将，被打得落花流水。商鞅就是采用了这种手段，取得了巨大的胜利。

由于魏国连年对外作战，屡遭攻击，损兵折将，国内空虚，不敢再战，只得将河西一部分土地割给秦以讲和。秦国战胜魏国，并取得河西的部分土地。从此，在军事实力方面秦国超过了魏国，改变了劣势的地位。

对外战争的胜利，反映了秦国内部变法的成功。经过近二十年的时间，封建制终于在秦国确立起来。秦国封建制的胜利和领地的扩大，也给商鞅带来了高官厚爵。商鞅作为大良造，已经相当于国相的职位，有的国相无权率领军队，而商鞅则集军政大权于一身，孝公对其言听计从。公元前 340 年（秦孝公二十二年），秦打败魏、俘虏公子卬后，商鞅又被封於（wū，河南省内乡县东）、商（陕西省商洛市商州区一带）之地十五邑，因而号为商君。至此，商鞅的权势已达无以复加的程度。

商鞅采取暴力手段，镇压对改革的反抗，因而遭到旧势力的代表人物攻击和反对，自然是不可避免的。如在商鞅相秦十年以后有一个名叫赵良的人，就代表"宗室贵戚"去见商鞅。开始，赵良劝说商鞅让位，继而又劝商鞅放弃酷刑，最后直接攻击说商鞅不得好死。由于商鞅拥有炙手可热的权势，早就在统治阶级中间引起一部分人不满。从赵良攻击商鞅所举出的事实就可以看出：他"相秦不以百姓为事"，残伤民以峻刑，积怨甚多。商鞅自己也了解这种处境，所以也十分害怕，处处严加防范。每次出门，必有"后车十数，从车载甲"，并使武装卫士"旁车而趋"，才敢出行。这表明，商鞅在统治阶级内部也有很多仇敌。

公元前 338 年五月，秦孝公卒，太子驷继位，是为秦惠文王（公元前 356 年至前 311 年）。公子虔之徒诬告商鞅准备反叛，惠文王下令逮捕商鞅。商鞅闻讯后立即出逃，至关下，见天色已晚，准备投宿客舍，但客舍主人拒绝收留他这样没有凭证之人，并告诉他：这是"商君之法"。正是商鞅制定的法律，逼得他自己无处藏身。商鞅无奈又企图奔魏，但魏国早已对商鞅恨之入骨，将他赶出魏国。商鞅归秦后，奔回自己的封地——商邑，并把徒属组织起来进行负隅顽抗。但惠文王派大军粉碎商鞅的抵抗，终于将商鞅俘获，除将商鞅本人处以车裂之酷刑外，还将商鞅全家族灭。当商鞅未死以前，封建制已经在秦国确立起来，所以，商鞅死后，而"秦法未败"，秦国继续发展、壮大起来。但是，使秦国发展壮大的商鞅本人却落了个"作法自毙"的下场。

吕不韦将逝去的繁华胜景与今日凄凉境地对照，这位曾经当过阔少爷、公子哥、豪商、丞相的流放犯，经受着比肉体痛苦更甚的精神刺激。尤其想到商鞅"重本抑末"打击商人的主张。他似乎感到某种神秘的规律，使他和商鞅殊途而同归。想到商鞅的一生，他更感到人世沧桑，命运之难以捉摸。人生的大起大落使他看清楚了一切，也对一切彻底绝望了。这位曾经冒过大险、立过大功、享过大福、掌过大权的大商人吕不韦精神终于彻底崩溃。公元前235年（秦王政十二年），在一个没有被人发现的日子里，吕不韦绝望地饮毒酒自尽，结束了自己跌宕起伏的一生①。

消息传到秦国朝廷，秦王嬴政知道后不由得长出一口气，连他自己也说不出是高兴还是难过。尽管无情的权力之争已练就秦王嬴政一副冷酷心肠，但他毕竟只有二十余岁，刚刚摆脱吕不韦的监护，抚育之情、骨肉之恩尚未完全泯灭，尤其想起幼年时期随吕不韦依附于权贵以求苟活图存时的恓惶情景，一丝怜悯、几缕同情油然而生，甚至有点后悔下手太狠，不该把他逼死！不过这种情绪只是在嬴政头脑中一闪，随即消逝得无影无踪。一种解脱枷锁的感觉使他精神似乎升华；从此秦王真正成为秦国至高无上的权威，在王位旁再也没有权相的位置，在身边也不

---

① 见《史记·吕不韦列传》。

会出现居高临下俯视国王的目光，没有功高震主的元老，更不存在什么
"仲父"之类的威胁。嬴政的权势欲在国内可以达到极大的满足，想到
此他从心眼里感到无比痛快，刚刚掠过心头的一丝阴云，像轻烟一样在
晴空中消失，章台宫的丹墀玉柱，而今显得格外亲切，宜春园的垂柳长
洲、幽曲流水显得更加迷人。秦王的御座似乎突然高大了起来，高得快
要接触天际，大得已经超过秦国的本土。坐在这高高在上王位的嬴政，
当然不能把自己的权力、威势限制在咸阳和关中。一种君临天下、控制
八纮的冲动，随着吕不韦死讯的传来，强烈地勃发出来。

正当秦王嬴政为除掉吕不韦这一心腹之患兴高采烈、为吞并天下而
踌躇满志的时候，出现了一件怪事，给他发热的头脑泼去一瓢冷水。

吕不韦自杀后，尸体无疑就在蜀地掩埋。谁知这样一个要犯的尸
体，却被人从蜀地窃走，并不远千里将其运至洛阳北邙山下，重新埋在
吕不韦从前的领地内。显然，这件千里运尸的举动，一定是吕不韦生前
门下舍人、宾客和忠于他的故旧干的，而且参与其事者绝不是少数人。
这件事显示出吕不韦在秦国势力的根深蒂固，也像是吕不韦的旧党有意
向新掌权的年轻国君示威。当秦王嬴政得知此事后，其惊诧的程度绝不
亚于听到叛乱的消息。刚刚还自鸣得意的他，在这瓢冷水当头一激之
下，稍稍地冷静了一点。他晓得吕不韦在秦执政十余年，尤其是一贯招
揽宾客的"养士"之举，已培植了一大批忠心耿耿，誓为"知己者死"
的士人。对这些人决不可轻视，不彻底扫除以他们为基础的吕氏死党，
秦王的王位很难坐稳。于是，震怒的秦王嬴政亲自颁布极严厉的惩罚
令：

"凡曾参与吕不韦葬礼者，是秦国以外的人，皆逐出秦国；是秦国
人在六百石以上爵位者，处以削爵、流放之刑；爵在五百石以下且未参
加葬礼的吕不韦舍人，虽不削爵，但也要处以流放之刑。今后若有和嫪
毐、吕不韦一样对抗朝廷者，一律处以族刑，灭门抄斩！"

这一道手令打击面之广是前所未有的。大批的吕氏门下宾客、舍

人、亲友、故旧有的被逐出秦国，有的被夺爵、流放。几乎与吕不韦生前稍有瓜葛的人，都遭到不同程度的打击。从此以后，吕不韦的残余势力终于被清扫干净。这时，秦王嬴政才舒了一口气。解除了后顾之忧，他开始全力以赴地解决统一中国的问题了。

天，似乎也在震怒。

就在吕不韦和吕党被消灭的公元前 235 年（秦王政十二年），天下大旱，整整一个春天没有下一滴雨。晴朗的天空很少见到云，就是偶尔有阴天的时刻，只见乌云集聚，旱天鸣雷，但一阵狂风吹过，云散天开，依然是烈日当头。田里的禾苗都已晒成枯草，大地裂得像龟背上的花纹，农民眼巴巴地望着干得似沙漠的庄田，欲哭无泪。因为眼泪像河水一样早已干枯了。尤其可怜的是秦国农民，他们在什伍组织之内，不能擅自离乡。自商鞅变法后，就对脱离耕种"本业"的农民给以严厉制裁。此后的关中农民就形成死守乡土的传统，他们不像中原农民那么潇洒，一遇水、旱灾或有兵匪，就毫不犹豫地弃家逃荒，或流入关中，或远走江南。而关中的农民直到近代也没有"逃荒"的习惯。就在秦王政十二年这场大旱期间，关东各国早有流民出现，而秦国的农民宁可饿死在家乡，也没有人敢离开什伍去加入"流民"队伍。法家的重农政策果然发挥了威力。

幸好，到六月以后，终于下够了雨。

这种反常的气候似乎暗示着人世间也在发生转折性的异常事件。是的，这是一个虽然没有改朝换代，而实际上已由嫪、吕专政进入秦王嬴政独裁的时代。一个大商人从投机发家直至控制一个军事强国的历史也在这一年正式结束，从此以后，秦王嬴政以秦国至高无上的国君地位，指挥着生性酷烈的秦民组成的"虎狼之师"横扫六国，秦军铁蹄所到之处玉石俱焚，六国之师望风披靡。秦王嬴政铲除了吕不韦的余党，却充分利用了吕不韦留下的政治、经济、军事实力，特别是继承了吕不韦招贤纳士、不分畛域地任用秦以外智能之士的策略，使秦国如虎添翼。东方诸侯国像秋风中的落叶，一个个地被秦消灭：公元前 230 年（秦王政十七年），韩亡；公元前 229 年（秦王政十八年），秦兵攻入邯郸，次年赵王迁被俘，赵亡；公元前 226 年（秦王政二十一年），秦军攻克燕国国都蓟；公元前 225 年（秦王政二十二年），秦军水灌魏国国都大梁，魏王假投降，魏亡；公元前 223 年（秦王政二十四年），秦派大将王翦灭楚，攻入寿春，楚亡；公元前 222 年（秦王政二十五年），大将王贲俘燕王喜，燕亡；公元前 221 年（秦王政二十六年），王贲率兵攻入齐国国都，俘齐王建，齐亡。从此，数百年割据分裂的中国全部统一在秦王朝一个政权之下。这一年秦王嬴政大规模建立统一全国的各项制度，最高统治者的称号也由王而改为皇帝。嬴政自称始皇，开创了数千年的帝制时代。

附：吕不韦生平大事年表

公元纪年 （公元前）	秦纪年	主要大事
361	孝公元年	商鞅入秦，孝公决心变法。
338	孝公二十四年	秦孝公去世，商鞅被车裂而死。
337	惠文王元年	楚、韩、赵、蜀入秦朝见。
310	武王元年	惠文王去世，武王继位。
306	昭王元年	昭王继位。
292	昭王十五年	吕不韦生（？）。
282	昭王二十五年	异人（子楚）生。
262	昭王四十五年	吕不韦去邯郸遇异人，秦攻野王。
260	昭王四十七年	秦大胜赵于长平，白起坑降卒四十万。
259	昭王四十八年	异人二十三岁，秦王政生。
257	昭王五十年	吕不韦携异人从赵归秦。
251	昭王五十六年	昭王卒，孝文王继位，嬴政母子由赵返秦。
250	孝文王元年	孝文王卒，庄襄王即位，吕不韦为相，封文信侯。
249	庄襄王元年	灭东周，伐韩，置三川郡。
248	庄襄王二年	派蒙骜攻魏，攻赵，取三十七城。

续表 1

公元纪年 （公元前）	秦纪年	主要大事
247	庄襄王三年	派王龁攻占上党，置太原郡。燕、赵、韩、楚、魏五国联合攻秦，直抵函谷关。秦行反间计，五国败退。李斯入秦。五月庄襄王卒，嬴政继位。吕不韦为相，号"仲父"。任李斯为长史，又拜客卿。郑国来秦执行"疲秦"之计。治骊山修陵。
245	政二年	秦将麃公攻魏国卷，斩首三万。
244	政三年	蒙骜攻韩，取十三城。大将王龁死。十月蒙骜攻魏之有诡。
243	政四年	赵悼襄王使其相李牧来秦约盟，议定秦质子、赵太子各归故国。
242	政五年	蒙骜攻魏，得二十余城，置东郡。
241	政六年	韩、魏、赵、燕、楚五国以楚王为纵长联合抗秦至蕞，撤兵，楚迁都于寿春，仍称郢。 拔卫都朝歌，迁卫君于野王。
240	政七年	蒙骜攻赵，还取魏之汲，旋死军中。异人生母夏太后死。
239	政八年	成蛟攻赵，叛，吕不韦、嫪毐两党对立尖锐化。
238	政九年	嬴政行加冠礼，开始亲政。嫪毐叛乱，被镇压。杨端和攻魏。

续表 2

公元纪年 （公元前）	秦纪年	主要大事
237	政十年	吕不韦罢相。茅焦谏秦王迎太后回咸阳。吕不韦出咸阳，就河南封地。郑国"疲秦"之计揭露，秦王下逐客令。李斯上《谏逐客书》。韩非入秦，上"存韩"策。李斯使韩，不获而归。尉缭至咸阳，任为国尉。
236	政十一年	秦伐赵。
235	政十二年	吕不韦死。